JACQUES HERVIEUX



# *L'évangile de Marc*

Commentaire pastoral

CENTURION
NOVALIS

ISBN 2 227 366 01.X

41, rue François-Ier, 75008 Paris

Pour le Canada

C.P. 990, Outremont Qc H2V 457
ISBN 2-89088-501.1

# SOMMAIRE

# INTRODUCTION

## Un livre pas comme les autres

L'évangile de Marc est d'abord un « évangile ». On a souvent voulu réduire ce genre d'écrit à n'être qu'une « vie de Jésus », au sens moderne du mot. Or ce que la lecture nous en apprend, c'est qu'il s'agit avant tout d'un « témoignage de foi » : la Bonne Nouvelle du salut de l'humanité en la figure originale de Jésus de Nazareth, Messie et Fils de Dieu (1,1). L'heureuse annonce de la vie et de la mort de Jésus, relue à la lumière de sa Résurrection, n'est pas une simple biographie, un livre neutre. Elle engage le lecteur à se mettre en route, dans la foi, à la suite du Sauveur. C'est que — en Jésus Christ — Dieu s'est rapproché de façon décisive des hommes. En sa personne, il leur offre d'être délivrés du Mal et de la Mort.

C'est ce joyeux message que Marc proclame de façon originale. L'Église a retenu sur son fondateur quatre témoignages « à la manière » de Matthieu, Marc, Luc et Jean. Si l'on voulait caractériser d'un mot chacun de ces évangiles, on dirait ceci : Matthieu apparaît comme un avocat qui, en une plaidoirie éloquente, refait le procès de Jésus. De son côté, Luc, plus serein, ressemble à un artiste peintre brossant de savoureux tableaux du Maître. Quant à Jean — avec quelque recul dans le temps — il offre la riche contemplation spirituelle du « Fils », en communion avec le Père et l'Esprit. Dans cette série, Marc, grâce à sa brièveté, sa simplicité même, semble avoir écrit « à la manière » d'un journaliste.

Ce qui frappe, en effet, le lecteur de Marc, c'est son style direct, apparemment parlé. Il utilise un vocabulaire courant, relativement pauvre. Il n'hésite pas à répéter des locutions devenues, sous sa plume, en partie parasites : *et, aussitôt, de nouveau, beaucoup,* etc.

Sans aucune gêne, il mélange les temps des verbes dans une même phrase, tout en privilégiant « le présent historique » qui met les dits et les faits de Jésus dans l'actualité. Davantage, Marc se révèle, au fil des pages, un conteur populaire de talent. Il sait raconter avec art, mettre une vie et un pittoresque étonnants dans ses récits. L'exemple le plus frappant est chez lui l'histoire fabuleuse du possédé de Gerasa (5,1-20). Pour toutes ces raisons, Marc pourrait passer, à première vue, pour un « reporter ». Il aurait suivi Jésus à la trace, aurait « couvert en direct » les événements dont il se fait l'écho. La vivacité de sa prose, son allure parfois gauche le feraient prendre pour l'un de ces « témoins oculaires » de Jésus qui, sur l'heure, a enregistré ses paroles et comme filmé ses actions.

Cette première impression doit être totalement corrigée. Déjà un auteur ancien, digne de foi, Eusèbe de Césarée (IVe siècle), a précisé que Marc « n'avait ni entendu, ni accompagné Jésus. Mais plus tard, comme je l'ai dit, il accompagna Pierre (...) » (*Histoire ecclésiastique* III, XXXIX, 15).

Une étude un peu fouillée de l'évangile de Marc oblige à y déceler un ouvrage profondément pensé. Des récits qu'on pourrait croire pris sur le vif se révèlent, à l'analyse, construits avec un « schématisme » certain, ainsi celui de « la tempête apaisée » (4,35-41) qui est bâti sur le modèle d'un exorcisme (comme celui de 1,21-28). Il est également sûr que des scènes d'apparence spontanée sont habilement calquées sur un moule biblique fort ancien : « l'appel des premiers disciples » (1,16-20) est construit sur le schéma de la vocation du prophète Élisée (en 1 Rois, 19, 19-21). Enfin des séquences entières de l'évangile, qu'on penserait imputables à la composition de Marc, se retrouvent, à l'identique, dans les autres évangiles synoptiques. Marc les a reçues, déjà structurées, de la tradition apostolique : par exemple la séquence du paralytique pardonné et guéri, l'appel de Lévi, le repas avec les pécheurs, la question du jeûne (2,1-22). Tout cela se lit, dans le même ordre aussi, en Matthieu (9,1-17) et en Luc (5,17-39).

Si Marc se montre donc original dans sa manière d'écrire, on aura garde d'oublier, en le lisant, qu'il est porte-parole d'une Tradition déjà vieille. Il faudrait, sans cesse, pouvoir distinguer chez lui les trois étapes qui ont marqué la naissance des évangiles :

1. L'enseignement de Jésus et son activité, avec ses disciples, dans la société juive au début du Ier siècle (les années 28 à 30).
2. La prédication des apôtres qui ont repris les paroles et les actes de Jésus en les expliquant aux communautés chrétiennes naissantes (dans les années 30 à 60).
3. Cette prédication primitive, d'abord transmise oralement, puis progressivement mise par écrit pour répondre aux besoins d'églises fondées en un temps et un espace déjà plus éloignés des origines (dans les années 60 à 100).

Avec son originalité propre, l'évangile « selon Marc » participe de ces trois niveaux de transmission du message de Jésus, même s'il n'est pas facile de les repérer à présent.

## Un évangile bien construit

La suite ininterrompue des épisodes racontés par Marc — sur seize chapitres — n'a rien d'une mosaïque disparate. C'est un ensemble bien construit. On peut y discerner des unités littéraires volontairement assemblées. En voici quelques exemples :

— un cycle de « miracles » enchaînés l'un à l'autre (par exemple de 4,35 à 5,43). Cette collection de gestes sauveurs de Jésus a pu servir d'appui aux premiers missionnaires dans l'annonce d'un évangile « force de salut » ;

— un ensemble de « controverses », de discussions de Jésus avec ses adversaires (sur le jeûne, le sabbat, l'accueil des exclus : 2,1 à 3,6). Ces thèmes ont servi à répondre à des problèmes qui se posaient au sein de la communauté chrétienne ;

— des collections d'« instructions » de Jésus à ses propres disciples sur des sujets divers : comment le suivre en vérité ? (9,35-50) ; comment se comporter en chrétien dans le monde ? devant le mariage, les enfants, les richesses, le service, etc. (10,1-45) ;

— il faut ajouter à cela des groupements de « sentences » de Jésus rassemblées en « discours » entiers : le discours en paraboles (4,1-34) ; le discours sur la fin des temps (13,1-37) ; et enfin des récits ajustés en un tout continu, comme le récit de la Passion et de la Résurrection (14,1 à 16,8).

Tout ceci est révélateur d'un évangile rédigé non seulement pour diffuser la Bonne Nouvelle de Jésus-Christ au dehors, mais pour satisfaire aux besoins d'une communauté chrétienne dans ses activités spécifiques :

1. *Sa vie liturgique.* Par exemple : « la section des pains » (6,30 à 8,21). Sous-jacent aux récits, on découvre le problème posé dans l'Église primitive par l'accès des païens convertis à l'eucharistie avec les judéo-chrétiens.

2. *Sa formation religieuse.* Par exemple, l'instruction de Jésus sur les problèmes de vie en communauté (9,33 à 10,45).

3. *Sa mission dans le monde.* Par exemple les récits de miracles rattachés aux voyages missionnaires de Jésus auprès des païens (4,35 à 5,20).

## La communauté de Marc

Ce serait une erreur totale de penser que l'évangile de Marc a été conçu et rédigé par un écrivain « en chambre ». L'évangéliste est le responsable d'une communauté chrétienne. Il écrit son livre dans et pour cette communauté, dont il partage la vie, les souffrances et l'espérance.

En lisant l'évangile, on peut découvrir les traits originaux de la communauté de Marc :

1. Elle est surtout composée de *païens convertis.* Pour ces non-juifs, Marc est obligé de traduire les mots araméens de Jésus (par exemple en 5,41) et il doit leur expliquer les coutumes juives (7,3-4). Avec beaucoup d'insistance, il montre la démarche entreprise par Jésus pour faire passer la Bonne Nouvelle des juifs aux païens : *cf.* en ce sens l'épisode significatif de la rencontre de Jésus avec la femme syrophénicienne (7,24-30). Ce n'est pas un hasard, enfin, si la profession de foi la plus profonde — Jésus « Fils de Dieu » — est mise dans la bouche d'un païen qui se convertit à la croix (15,39).

2. C'est une communauté qui vit *un temps de crise : la persécution.* L'évangile de Marc revêt, en bien des pages, un aspect dramatique qui ne s'explique bien que si l'Église à laquelle il s'adresse traverse des événements douloureux. Quels événements ? Les années de 60 à 70 forment une décennie de troubles profonds dans l'Empire romain. En Palestine, l'occupation romaine provoque une révolte armée : « la guerre juive », à partir de 66. Elle aboutira à la prise de Jérusalem et à la destruction du Temple, en 70. À Rome même, après la mort de Néron, une guerre civile éclate (en 68-69). La persécution religieuse l'a précédée : c'est entre 64 et 67 que les apôtres Pierre et Paul ont subi le martyre. L'évangile de Marc porte les traces de ces événements tragiques. Sa communauté accuse le contrecoup de ces temps troublés. Dans certaines pages de l'évangile, elle écrit sa propre histoire. Regardez :

— les appels de Jésus à quitter sa famille et ses biens — toutes sécurités humaines — pour le suivre (10,17-31) ;

— l'enseignement du Maître invitant les chrétiens à prendre leur « croix » pour se mettre totalement à sa suite (8,34 à 9,1) ;

— l'insistance de Jésus à rester « vigilants » : à garder fermement la foi au travers des épreuves les plus rudes, comme la persécution (13,9-20).

3. C'est *une communauté missionnaire* qui pratique l'ouverture aux païens. L'un des soucis du Jésus de Marc est de porter sa parole et son action au-delà du monde juif. Au cœur de l'évangile, le banquet messianique est offert aux païens comme aux juifs. C'est le sens de la « double » multiplication des pains et de l'enseignement qui l'accompagne (6,30 à 8,21). Sans cesse, Jésus nous est montré prenant ses distances vis-à-vis des institutions juives et accueillant les païens dans leurs différences : *cf.* l'épisode type sur la foi d'une païenne (7,24-30).

4. Enfin, c'est *une communauté qui s'organise.* Au-delà des foules et des adversaires de Jésus (surtout les scribes, les pharisiens et les chefs des prêtres), Marc braque son objectif sur « les disciples » du Maître. Ce mot désigne d'abord ceux qui ont accompagné Jésus, mais aussi les contemporains de l'évangéliste, qui forment sa communauté. Et ce n'est pas fortuit si Marc insiste sur le rôle joué par « les Douze » (onze fois nommés) que Jésus a constitués en « collège » à ses côtés (3,13-19) ; qu'il a envoyés en mission (6,7-13) ; qu'il a étroitement associés au mystère de sa mort et de sa Résurrection en leur confiant « le mémorial » de l'eucharistie (14,17-25). Tous ces traits sont révélateurs d'une Église en train de se structurer dans la Tradition vivante.

## Date et lieu d'origine de l'évangile de Marc

L'accord n'est pas totalement réalisé entre les spécialistes. Mais bon nombre, parmi eux, pensent que c'est à Rome même — dans les années 67 à 70 — qu'a pris corps l'évangile de Marc. Cette opinion s'appuie, entre autres, sur deux points de repère principaux :

1. Selon la tradition ancienne d'Irénée, évêque de Lyon (avant 200), l'évangile de Marc n'a été consigné par écrit qu'après la mort de Pierre et de Paul, les co-fondateurs de l'Église, à Rome : donc à partir de 67.

2. Le second repère se trouve dans l'évangile lui-même. D'après Marc 13,8-20, il semble que la « guerre juive » soit commencée. Toutefois la ruine du temple ne s'est vraisemblablement pas encore produite : ce sera chose faite en 70.

## Qui était Marc ?

L'évangile ne nous dit absolument rien de la personne de son auteur. L'ouvrage n'est pas signé. Rien d'étonnant à cela quand on sait que la propriété littéraire était peu pratiquée dans l'antiquité. L'œuvre n'est pas davantage mise sous le patronage d'un homme célèbre, comme l'un des Douze. Elle n'est donc pas de la main d'un apôtre, témoin oculaire de la vie de Jésus. Du reste, la mention d'évangile « selon Marc » est relativement tardive. Elle date du IIe siècle seulement et renvoie à un nom d'origine romaine assez répandu : *Marcos* (en grec).

La tradition la plus ancienne fait de Marc un « disciple et interprète » de Pierre (Irénée, mort en 202). Cette tradition est solide. Elle s'enracine dans les données du Nouveau Testament. En effet, c'est dans les Actes des Apôtres qu'on fait la connaissance d'un certain Jean, surnommé « Marc ». Il est en relation avec Pierre à Jérusalem (Ac 12,12).

Mais ce Jean-Marc va surtout se distinguer en devenant l'un des disciples de Paul, qu'il accompagne dans ses missions auprès des païens (Ac 13,5 ; 15,37). Il est enfin intéressant de noter qu'on retrouve Marc à Rome, aux côtés de Paul dans sa captivité (Col 4,10) et comme ami de Pierre en cette Babylone du premier siècle (1 P 5,13).

On le voit, malgré ses liens étroits avec les deux grands apôtres, Marc était un personnage de second ordre. Est-ce la raison pour laquelle jusqu'à récemment — au XIXe siècle — son évangile est resté dans l'ombre de ceux de Matthieu, de Luc et de Jean, plus connus ? Aujourd'hui, la plupart des spécialistes s'accordent à reconnaître en Marc le plus ancien des évangélistes, avec toute son originalité.

## Le « Jésus selon Marc »

Certains pensent qu'un avantage de l'évangile de Marc est de nous offrir de Jésus une image très humaine. Il est vrai que cela peut frapper le lecteur trop habitué à voir en lui d'abord le « Fils de Dieu ». Le Jésus de Marc ne connaît pas le jour de la fin des temps (13,32). Il est effrayé à l'extrême devant sa mort (14,33-34). Il meurt en apparence comme un désespéré (15,34). Ce caractère très humain de Jésus se lit aussi en maints détails de sa vie. On le voit dormir en pleine tempête (4,38), n'avoir pas le temps de manger (6,31), s'étonner du manque de foi de ses congénères (6,6*a*). Il est pris de colère contre ses adversaires (3,5*a*) et même ses amis (10,14). Mais, au-delà de cette mise en présence directe de « l'homme » Jésus, Marc a surtout l'intention de nous faire entrer dans la révélation dont il est porteur.

Dans un premier temps — la première partie de cet évangile (1,14 à 8,30) —, Jésus manifeste qu'il est plus qu'un savant rabbin ou même un prestigieux prophète : « le Messie », c'est-à-dire l'Envoyé spécial de Dieu pour établir son Règne à la fin des temps. Mais sa tâche est délicate. Le monde juif d'alors est travaillé par des attentes multiformes dont celle d'un messie essentiellement terrestre. On le voit surtout comme un libérateur politique et économique, tant se font sentir la pesanteur de l'occupation romaine et la pénurie des biens. Jésus ne veut pas donner libre cours à cette méprise sur son identité réelle et sa mission véritable. C'est là qu'intervient ce que les spécialistes de Marc appellent la pédagogie du « secret messianique ». On voit Jésus, de façon déroutante, imposer le silence le plus rigoureux à tous ceux qui découvrent quelque chose de son être et de sa mission profonde. Ces découvertes semblent prématurées : le mystère plénier de la personnalité et de l'œuvre du Messie ne pourra vraiment être accueilli, dans la foi, qu'après sa mort et sa Résurrection. Jésus est « le Fils de Dieu » venu sauver l'humanité des forces du Mal et de la Mort en traversant lui-même le « scandale » de la croix. C'est ce que révélera la seconde partie de l'évangile (8,31 à 16,20).

Marc n'a pas hésité à rendre presque systématique « le secret messianique », au risque de fortement déconcerter ses lecteurs ! On est surpris par l'incessant paradoxe d'une révélation à la fois offerte et voilée. Il n'est pas aisé à ceux qui parcourent aujourd'hui l'évangile de Marc d'entrer dans les sentiments d'étonnement et d'effroi provoqués par l'action de Jésus (*cf.* 1,27*a* ; 2,12*b* ; 4,41 ; 5,15*b* etc.), par son enseignement (1,22 ; 6,2 ; 10,24-26 ; 11,18*b* ; 12,17*b*), ou par les manifestations furtives de sa divinité (4,41 ; 6,50-51 ; 9,6 ; 16,5*b*). Progressivement, néanmoins, Jésus lève lui-même le secret de son identité profonde : voyez sa déclaration solennelle devant le grand prêtre (14,61-62). Un chemin est tracé pour la foi des disciples : un chemin difficile mais fécond. De tous les obstacles rencontrés sur leur route, le plus redoutable est « le scandale de la croix » comme en témoigne, par trois fois, son annonce (8,31 ; 9,31 ; 10,32-34). Mais cela même ne doit pas entamer l'espérance indéfectible en la victoire finale du Fils de l'homme sur tous les maux (13,24-27). L'Église, en affrontant le Mal, peut connaître de furieuses tempêtes (4,35-41) : elle peut compter sur l'efficace assistance du Ressuscité (16,20).

## Un guide de lecture

L'évangile de Marc n'offre pas, à celui qui l'ouvre, un plan très évident. La tradition ancienne attestait déjà l'absence d'une organisation claire du livre. Papias, évêque de Hiérapolis en Phrygie (vers 125), déclarait : « Marc, qui fut l'interprète de Pierre, écrivit avec exactitude, mais sans ordre (...) »
Pour guider le lecteur moderne, nous proposons un plan, parmi d'autres possibles. Son choix veut tenir compte de deux idées maîtresses de l'évangile :

— la « révélation progressive » du mystère de la personnalité et de la mission de Jésus ;

— l'intérêt soutenu de Marc à « la formation des disciples » du Maître.

1. La *révélation progressive* du mystère de Jésus permet de distinguer *deux grandes parties* dans l'évangile de Marc :

1re partie : 1,1 à 8,30. Jésus dévoile l'originalité de son identité : il est « le Messie ».

2e partie : 8,31 à 16,20. Le Messie, une fois reconnu, fait découvrir à ses disciples l'envergure insoupçonnable de sa personnalité et de son œuvre : il est le « Fils de Dieu » qui, par sa Passion et sa Résurrection, arrache les hommes au pouvoir du Mal et de la Mort.

2. Les *principaux bénéficiaires* de cette révélation de Jésus, Messie et Fils de Dieu, sauveur du monde, sont ses « disciples ». Le mot désigne ceux qui suivent un maître, adhèrent à sa personne et à sa doc-

trine. Dans l'évangile de Marc, le vocable de « disciples » revient jusqu'à 46 fois. Cet emploi est révélateur d'un thème très cher à l'évangéliste : conduire « ceux qui suivent » Jésus, d'étape en étape, jusqu'à la pleine réception de son message dans la foi.

L'évangile de Marc présente *six étapes* par lesquelles, très progressivement, les disciples accueillent la Bonne Nouvelle et sont appelés, en Église, à la porter au monde entier, en la vivant.

Chacune des *quatre premières étapes* commence par une scène où Jésus appelle des hommes à le suivre, à partager sa vie et sa mission :

— *Première étape : 1,14 à 3,12.* De l'appel des premiers disciples à l'institution du groupe des Douze.

— *Deuxième étape : 3,13 à 6,6.* De l'institution des Douze à leur envoi en mission.

— *Troisième étape : 6,7 à 8,26.* De la mission des Douze à la profession de foi de Pierre.

— *Quatrième étape : 8,27 à 10,52.* De la profession de foi de Pierre aux annonces et à l'approche de la Passion.

Les *deux dernières étapes* illustrent « la formation » accélérée des disciples, au travers des événements qui se précipitent :

— *Cinquième étape : 11,1 à 13,37.* À Jérusalem, l'affrontement de Jésus aux autorités religieuses.

— *Sixième étape : 14,1 à 16,8.* La Passion et la Résurrection de Jésus.

L'ensemble de ces étapes est précédé d'un *prologue* et suivi d'un *épilogue :*

— *Le prologue : 1,1-13,* présente la personne de Jésus.

— *L'épilogue : 16,9-20,* résume le message du Ressuscité.

## LE PROLOGUE

# *DE JEAN BAPTISTE À JÉSUS* (1,1-13)

Marc donne un « titre » à son ouvrage (1,1). Puis il fait une présentation du personnage de Jésus, par comparaison avec celui de Jean Baptiste. C'est une première révélation du caractère original de l'être et de la mission du Messie.

Pour ce faire, trois tableaux rapides se succèdent :

— la mission de Jean Baptiste (1,2-8) ;
— le baptême de Jésus (1,9-11) ;
— la tentation au désert (1,12-13).

### LE TITRE (1,1)

**1 Commencement de la Bonne Nouvelle
de Jésus Christ, le Fils de Dieu.**

Marc ouvre son évangile par un titre particulièrement suggestif (v. 1). Chacun des mots a été choisi avec soin.

*« Commencement » :* dans la Bible, le livre de la Genèse et d'autres débutent par ce mot. L'évangéliste a sans doute voulu suggérer que Jésus va inaugurer une nouvelle histoire sainte, une nouvelle création.

*« Bonne Nouvelle » :* l'expression est la traduction du mot grec « évangile ». Elle ne désigne pas un livre, mais un message joyeux. On la rencontre déjà chez le prophète Isaïe (40,9 ; 52,7) pour annoncer l'heureux événement de la libération du peuple de Dieu de l'exil à Babylone (au VI^e siècle av. J.-C.). À l'époque de Jésus, dans le monde profane, une « Bonne Nouvelle » est un événement favorable qui marque l'histoire des hommes : une victoire, une naissance, un couronnement royal, etc. Ici, l'événement heureux qui est proclamé est de taille ! C'est que Jésus de Nazareth est « Christ » et le « Fils de Dieu ». Il s'agit là de deux qualifications très fortes attribuées au prophète de Galilée.

1. Jésus est *« Christ »*. Le vocable grec traduit un mot hébreu qui signifie « Messie ». Le Messie, dans la Bible, est un personnage qui a reçu une « onction » : l'homme que Dieu a consacré, qui est son Envoyé spécial pour établir son Règne dans le monde. Depuis la fondation du royaume d'Israël par David (vers l'an 1000 av. J.-C.), les Juifs attendaient un Roi-Messie qui, mieux que lui, serait fidèle à l'alliance divine (2 S 7,1-17). Au cours des âges, beaucoup de souverains avaient déçu. La figure du Messie à venir avait pris de multiples visages. Certes, pour une majorité des Juifs au temps de Jésus, le Messie serait surtout un homme politique suffisamment pourvu de la puissance de Dieu pour bouter l'occupant romain hors du territoire national. Certains voyaient aussi en lui un prestigieux prophète qui restaurerait la loi de Dieu en sa pureté sur la terre.

Marc est de ceux qui voient en Jésus un Messie au-delà de ces vues trop humaines. Il souhaite faire découvrir à ses lecteurs la vraie messianité de Jésus telle qu'elle s'est progressivement dévoilée au travers de sa mission, surtout de sa mort et de sa Résurrection.

2. Jésus est aussi qualifié comme le *« Fils de Dieu »*. Au temps de Jésus, cette expression est l'un des titres attribués au Messie. Il est, comme tout roi de l'ancien Orient, fils de la divinité par adoption. Mais, au fur et à mesure que s'est déroulée sa vie, Jésus a manifesté une relation privilégiée et unique avec Dieu, son Père. Il s'est révélé être le Fils de Dieu, au sens fort du terme. Certes, il faudra un certain temps aux disciples pour découvrir qu'en la personne de Jésus, c'est Dieu lui-même qui était venu chez les hommes. Cela ne deviendra vraiment accessible aux amis de Jésus qu'après sa Résurrection, grâce au don de l'Esprit, à la Pentecôte (Ac 2,32-36).

Lorsque Marc écrit son évangile, la divinité de Jésus est professée par les chrétiens. Le terme de « Fils de Dieu » a, pour ses lecteurs grecs, une coloration moins juive que celle de Messie. Elle permet aux païens convertis de dire leur foi en celui qui s'est révélé, plus qu'un Messie humain, Dieu venu parmi les hommes.

Marc, en désignant Jésus en tête de son évangile comme « Christ » et « Fils de Dieu », annonce les deux grandes divisions qui articulent son œuvre. La première partie de son livre conduira le lecteur à reconnaître en Jésus, à la suite de Pierre et des disciples : « Tu es le Messie », le Christ (8,29). La seconde partie de l'ouvrage l'amènera à cette profession de foi plus profonde, mise dans la bouche d'un centurion romain au pied de la croix : « Vraiment, cet homme était Fils de Dieu » (15,39).

Ainsi la profondeur du mystère de Jésus s'est progressivement révélée. Marc aura permis au lecteur de découvrir, tour à tour, la messianité et la divinité de Jésus... non sans le faire passer par le paradoxe de la croix !

## 1. LA MISSION DE JEAN BAPTISTE (1,2-8)

**2 Il était écrit dans le livre du prophète Isaïe :**
***Voici que j'envoie mon messager devant toi,***
***pour préparer ta route.***
**3 *À travers le désert, une voix crie :***
***Préparez le chemin du Seigneur,***
***aplanissez sa route.***
**4 Et Jean le Baptiste parut dans le désert.**
**Il proclamait un baptême de conversion**
**pour le pardon des péchés.**
**5 Toute la Judée, tout Jérusalem, venait à lui.**
**Tous se faisaient baptiser par lui dans les eaux du Jourdain,**
**en reconnaissant leurs péchés.**
**6 Jean était vêtu de poil de chameau,**
**avec une ceinture de cuir autour des reins,**
**et il se nourrissait de sauterelles et de miel sauvage.**
**7 Il proclamait :**
**« Voici venir derrière moi**
**celui qui est plus puissant que moi.**
**Je ne suis pas digne de me courber à ses pieds**
**pour défaire la courroie de ses sandales.**
**8 Moi, je vous ai baptisés dans l'eau ;**
**lui vous baptisera dans l'Esprit Saint. »**

La figure qui domine la scène avant la venue de Jésus est celle de Jean Baptiste. C'est lui qui a frayé le chemin à l'arrivée de Dieu en la personne du Messie.

Le passage qui nous occupe débute, de façon abrupte, par une longue citation de l'Écriture mise au compte du prophète Isaïe. En réalité, selon un usage juif très courant, cette citation rassemble trois passages de l'Ancien Testament dont le thème est commun : la route à préparer pour la rencontre de Dieu.

Une première parole dit : « Voici que j'envoie mon messager devant toi pour préparer ta route » (v. 2). Qui parle ? C'est le Dieu d'Israël (en Ex 23,20). Il s'adresse à Moïse pour l'encourager dans la marche entreprise par le peuple de Dieu pour gagner, à travers le désert du Sinaï, la Terre promise de Canaan. Ce même message a été repris par les prophètes du v^e^ siècle avant J.-C., avec un sens nouveau : « Voici : j'envoie mon messager pour qu'il fraye un chemin devant moi »

(Ml 3,1). Cette fois, il s'agit de la venue même de Dieu au-devant de son peuple. Il se fera précéder d'un messager pour lui préparer la route. Dans toute la tradition juive jusqu'à Jésus, ce messager annonciateur de la fin des temps sera Élie, la figure de proue du prophétisme. Enlevé vivant auprès de Dieu, on attend son retour pour préluder l'arrivée du Seigneur : « Voici que je vais vous envoyer Élie, le prophète, avant que n'arrive le Jour du Seigneur, grand et redoutable » (Ml 3,23).

Tout cela paraît bien compliqué. Mais l'évangéliste veut mettre les choses au point. Jean Baptiste est cet Élie dont les Juifs attendaient le retour, dans la fièvre de l'imminence du Salut. Et Jésus, lui, est « le Seigneur » qui vient visiter son peuple, non dans la puissance du jugement, mais dans la faiblesse de l'amour offert.

La dernière parole prophétique citée par Marc énonce ceci : « À travers le désert, une voix crie : ''Préparez le chemin du Seigneur, aplanissez sa route'' » (v. 3). C'est effectivement une citation extraite du livre d'Isaïe (40,3). Elle s'adressait, au départ, aux Juifs exilés à Babylone (au VIe siècle av. J.-C.). Le prophète leur annonçait l'intervention prochaine de Dieu pour les libérer de l'exil. En reprenant ce texte, comme les précédents, l'évangéliste invite ses lecteurs à se préparer à l'accueil de Jésus, dont il montrera qu'il est, en sa personne, Dieu venu au-devant des hommes.

Mais, auparavant, Marc veut souligner l'accomplissement des prophéties rapportées. Le « messager » du Messie entre en scène (v. 4). L'apparition de Jean, surnommé « le Baptiste », dans le désert, peut sembler bizarre ! De quel désert s'agit-il ? Depuis 1947, les savants ont découvert la bibliothèque et l'habitation des esséniens au désert de Juda : à Qûmran, près de la mer Morte. Ces sectaires, repliés sur eux-mêmes, vivaient dans l'attente du Messie, au Ier siècle, en pratiquant des bains de pureté rituelle. Ce n'étaient pas des « baptistes » proprement dit. Mais Jean a pu avoir des contacts avec eux. Lui fut à la tête de l'un de ces mouvements de « réveil spirituel » qui avaient cours à l'époque. Dans la vallée désertique du Jourdain, il engageait les foules au retournement spirituel vers Dieu — la conversion — qu'il accompagnait d'un rite d'immersion du corps dans l'eau vive du fleuve : un « baptême » (c'est-à-dire un plongeon). On peut imaginer la popularité du mouvement baptiste au temps de Jésus (v. 5). On sait, par les sources juives, que beaucoup de petites gens — « le peuple du pays » — incapables de suivre la minutie des règles de pureté (imposées par une élite intellectuelle), recouraient au baptême de Jean pour accéder au pardon de Dieu.

Et Marc, après avoir décrit avec précision l'activité du Baptiste, en brosse le mode de vie très particulier (v. 6). Le prophète vit comme un ascète dans la solitude désertique. Son vêtement ressemble à celui d'Élie (1 R 18-46). Sa nourriture est faite de produits de la nature. C'est un végétarien : les sauterelles n'étaient pas alors considérées comme de la viande. Sans le dire explicitement, Marc donne de Jean une image opposée à celle que Jésus donnera de lui-même. Jamais Jésus ne se distinguera par un habillement particulier. Son alimentation n'aura rien de végétarienne. Il boira du vin et mangera de la viande. Loin de résider au désert comme Jean, c'est au cœur du monde, en pleine vie, qu'il séjournera.

L'évangéliste achève son tableau sur Jean Baptiste en livrant l'essentiel de son message (v. 7-8). Le message est clair. Jean se présente uniquement comme le « précurseur » de Jésus. Il précède celui qui est « plus puissant » que lui. Il a conscience de son infériorité. Il doit s'effacer devant Jésus comme un esclave devant son maître, même pas digne de le déchausser ! Enfin, et surtout, est reconnue la différence fondamentale entre son baptême et celui de Jésus. Jean n'a baptisé que dans l'eau. Jésus baptisera dans l'Esprit saint. Ce qui fait l'originalité du Messie sur son précurseur, c'est qu'il sera détenteur de l'Esprit (*cf.* 1,10). Avec le don de l'Esprit saint, qu'il fera après sa Résurrection, Jésus apporte, de façon décisive, le pardon des péchés (Ac 2,38).

Ainsi, dès la première page de son évangile, Marc remet à leur juste place Jean Baptiste, sa mission et son baptême. Ils n'ont été qu'une annonce et une préparation de la venue du Messie. Cela devait répondre à bien des questions. On sait, en effet, par les textes du Nouveau Testament, qu'au temps de Jésus et après sa mort, il a fallu, au Maître et à ses disciples, lutter contre les groupes baptistes qui tentaient d'accréditer Jean comme Messie (Jn 1,19-34). La suite va éclairer l'étroite parenté qu'il y eut entre Jean et Jésus, mais aussi leur profonde différence.

## 2. LE BAPTÊME DE JÉSUS (1,9-11)

**9 Or, à cette époque,**
**Jésus vint de Nazareth, ville de Galilée,**
**et se fit baptiser par Jean dans le Jourdain.**
**10 Au moment où il sortait de l'eau,**
**Jésus vit le ciel se déchirer**
**et l'Esprit descendre sur lui comme une colombe.**
**11 Du ciel une voix se fit entendre :**
**« C'est toi mon Fils bien-aimé ;**
**en toi j'ai mis tout mon amour. »**

Marc a déjà parlé de Jésus. Mais ici il le fait entrer en scène : « Or, à cette époque, Jésus vint à Nazareth, ville de Galilée » (v. 9*a*). Rien de plus n'est dit sur l'installation du Maître dans la localité où il a été élevé (Lc 4,16). Mais c'est aussitôt pour parler d'un événement majeur (v. 9*b*). L'évangéliste ne précise pas pourquoi Jésus reçoit le baptême de Jean. Cela suppose que Jésus ait été, un temps au moins, le disciple du Baptiste (Jn 3,26). Les premiers chrétiens étaient très au fait des mouvements baptistes de l'époque. Ils s'interrogeaient : Qu'est-ce qui caractérise le baptême de Jésus ?

Marc répond très exactement à cette question. Il passe sous silence le récit de la plongée de Jésus, tout entier, dans les eaux vives du Jourdain. Il porte l'attention du lecteur sur ce qui a suivi cette immersion (v. 10). Malgré l'apparence, cette scène ne relève pas d'un reportage photographique ! Il s'agit d'une mise en scène savante, avec des images bibliques, pour illustrer ce que les premiers chrétiens ont découvert d'original dans le baptême de Jésus.

Dans le livre d'Isaïe se trouvait un puissant appel à Dieu pour qu'il renouvelle ses interventions salvatrices de l'Exode. Marc s'est inspiré de ce passage où il est écrit : « Où est Celui (Dieu) qui fit remonter de la mer le pasteur ( = Moïse) de son troupeau ? Où est Celui qui mit en lui son Esprit ? » (Is 63,11). Ce n'est donc pas par hasard que l'évangéliste dit que c'est « en remontant » de l'eau que Jésus a reçu l'Esprit. Pour Marc, Jésus est le nouveau Moïse. Son baptême, un nouveau passage libérateur de la mer Rouge. Le Pasteur d'un nouveau peuple de Dieu se trouve investi par le Seigneur de « l'Esprit » qui va lui permettre de conduire son troupeau à la Terre promise. L'expression « Jésus vit le ciel se déchirer » est, dans ce contexte, hautement significative. Selon la tradition juive, les cieux s'étaient fermés après la disparition des derniers prophètes (Aggée, Zacharie, Malachie : VI^e^ et V^e^ siècles av. J. C.). La communication entre Dieu et les hommes passait pour être rompue. Avant la venue de Jésus, « l'Esprit est éteint » : il ne descend plus pour inspirer de nouveaux prophètes. Dans ce climat de « manque », une prière ardente montait vers Dieu : « Ah ! Si tu déchirais les cieux, si tu descendais... » (Is 63,19*b*). Voilà donc que tout change avec Jésus. La déchirure du ciel indique la réouverture de la communication entre Dieu et les hommes. C'est le Messie qui est bénéficiaire de cet événement. Marc peut alors décrire « l'Esprit descendre sur lui comme une colombe ». La descente de l'Esprit saint sur Jésus ouvre l'ère nouvelle du Salut. Avec le don de l'Esprit, le Messie apporte aux hommes le pardon de leurs péchés (Ac 2,37-38). On a cherché la signification de la colombe. D'aucuns y ont vu une allusion directe à l'oiseau de paix lâché par Noé au-dessus des eaux du déluge (Gn 8,8-11). D'autres ont pensé à une évocation de la Création quand l'Esprit de Dieu planait sur l'abîme (Gn 1,2). Dans le monde juif au temps de Jésus, on comparait les prophètes à des tourterelles. Ici, Jésus serait donc présenté comme « le prophète » des temps nouveaux.

La finale est un message divin à bien interpréter (v. 11). Le ciel, c'est Dieu qu'on évite de nommer dans le monde juif. Dieu fait entendre sa voix. Sa déclaration est d'importance. L'oracle divin est la reprise de deux passages suggestifs de l'Ancien Testament. D'une part, « tu es mon Fils » évoque un psaume d'intronisation royale, au sens messianique reconnu : « Il m'a dit : "Tu es mon Fils, moi aujourd'hui je t'ai engendré" » (Ps 2,7). Jésus est clairement désigné comme Messie de la lignée de David. Le qualificatif de « bien-aimé », qui lui est donné, rappelle ce que Dieu demandait à Abraham à propos d'Isaac : « Prends ton fils, ton unique, que tu aimes... » (Gn 22,2).

D'autre part, les mots adressés à Jésus, « En toi j'ai mis tout mon amour », renvoient à un poème célèbre du serviteur de Dieu chez le prophète Isaïe : « Voici mon serviteur [dit Dieu] en qui j'ai mis tout mon amour. J'ai mis en lui mon Esprit. Il présentera aux nations le droit » (Is 42,1-2). On voit qu'il s'agit d'une investiture prophétique. Comme le serviteur, Jésus est envoyé en mission. La suite du poème est significative : « Moi [poursuit le Seigneur], je t'ai appelé dans la justice. J'ai fait de toi l'alliance du peuple, la lumière des nations pour ouvrir les yeux des aveugles, extraire du cachot les prisonniers, et de la prison ceux qui habitent les ténèbres » (Is 42,6-7).

Il n'y a donc pas de doute : pour Marc, le baptême de Jésus n'est pas la purification de péchés qu'il n'a pas commis. C'est le signal du Départ, le coup d'envoi en mission que Dieu donne à celui qui est « le Messie » et le « Fils de Dieu » (au sens fort découvert dans la foi pascale).

Jésus est l'Envoyé spécial de Dieu pour établir son Règne. Il peut maintenant partir à l'action pour réaliser cette mission.

## 3. LA TENTATION AU DÉSERT (1,12-13)

**12 Aussitôt l'Esprit pousse Jésus au désert.**
**13 Et dans le désert il resta quarante jours, tenté par Satan.**
**Il vivait parmi les bêtes sauvages, et les anges le servaient.**

La scène du baptême, comme un jet de lumière, est à peine achevée que Marc nous montre Jésus entrer dans une zone d'ombre. « Aussitôt, l'Esprit pousse Jésus au désert. » Notons bien que c'est l'Esprit de Dieu qu'il vient de recevoir (1,10*b*) qui entraîne Jésus au désert. Quel désert ? Vraisemblablement le désert de Juda où parut Jean Baptiste (1,4). Mais la question principale est : pourquoi le désert ? L'arrière-fond de ce déplacement se trouve dans l'histoire d'Israël, à l'Exode. À leur sortie d'Égypte, les Hébreux sont entrés dans le désert du Sinaï. Et là, leur fidélité à Dieu a connu de rudes épreuves (*cf.* Ex 16,1-4 ; 17,1-7). Jésus est amené à refaire, pour son compte, l'itinéraire spirituel du peuple de Dieu. Sa plongée dans les eaux du Jourdain évoquait le passage de la mer Rouge par Israël (Ex 13,17 à 14,31). Poussé au désert sous la conduite de l'Esprit saint, il y revit « les tentations » que l'ancien Israël a subies au désert du Sinaï. Ainsi, tel un nouveau Moïse, Jésus accomplit le nouvel Exode : en sa personne fidèle se constitue déjà le nouveau peuple de Dieu.

« Et dans le désert, il resta quarante jours, tenté par Satan » (v. 13*a*). Ce bref demi-verset est très significatif. C'est bien l'évocation d'une reprise par Jésus de l'épreuve de tentation jadis vécue par Israël. Le nombre « quarante » est parlant. Il renvoie à la durée du séjour des Hébreux au désert du Sinaï (Dt 8,2). Surtout, Marc le souligne : Jésus fut là tenté par Satan. Satan est le nom donné dans la Bible (depuis Jb 1,6) à l'ennemi mystérieux qui s'oppose à l'établissement du Règne de Dieu. On verra Jésus aux prises avec lui dans les exorcismes (*cf.* 3,22-30). Ici, Marc est le seul des évangélistes qui soit resté discret sur le contenu des tentations de Jésus (*cf.* au contraire Matthieu 4,1-11 et Luc 4,1-13). Par là même, notre auteur invite ses lecteurs à rechercher les tentations que Jésus a rencontrées tout au long de sa mission. Maintes fois, on le verra, il a été sollicité d'utiliser sa puissance divine pour imposer, de manière triomphale, le Règne de Dieu (*cf.* 8,11-13, 31-33 ; 12,13 ; 14,38 ; 15,29-32). En chacune de ces occasions de manifester sa divinité avec éclat, Jésus demeurera humblement soumis au Père. Ce n'est donc pas un hasard si l'évangéliste conclut ce court récit en montrant Jésus victorieux des forces du Mal. « Il vivait parmi les bêtes sauvages... » (v. 13*b*). Cette familiarité de l'homme avec les fauves, en un lieu particulièrement hostile, fait penser à la scène idyllique de l'ère messianique brossée par le prophète Isaïe : « Le loup habitera avec l'agneau, la panthère se couchera avec le chevreau. Le veau et le lionceau seront nourris ensemble. Un petit garçon les conduira » (Is 11,6). L'épisode de Marc s'achève en disant de Jésus : « Et les anges le servaient » (v. 13*c*). Dans leur laconisme, ces mots signifient l'assistance divine. Le Messie se présente donc comme l'Homme nouveau, vivant en parfaite harmonie avec le ciel comme avec la terre. Cette finale du prologue est très parlante. Là où le peuple d'Israël avait failli dans sa fidélité à Dieu, Jésus, Pasteur du nouveau peuple de Dieu, va se montrer totalement fidèle.

L'ensemble de Marc 1,2-13 par ses scènes successives, brèves mais très denses, fait penser à quelque chose comme une « ouverture » symphonique. Avant le lever de rideau, alors que l'action n'est pas encore engagée, l'orchestre joue, à la suite, les principaux airs qui seront repris et développés par les solistes et les chœurs durant la représentation. Le prologue est comme « l'indicatif des thèmes » de l'évangile entier. Le ton est donné. L'Action peut commencer.

## PREMIÈRE ÉTAPE

# *DE L'APPEL DES PREMIERS COMPAGNONS À L'INSTITUTION D'UN GROUPE DE DOUZE* (1,14 à 3,12)

Une *première séquence* (1,14-45) nous fait entrer de plain-pied dans l'activité de Jésus qui commence en Galilée.

— *La Bonne Nouvelle de Dieu* (1,14-15) est un sommaire qui résume son message.

— *L'appel des premiers disciples* (1,16-20), placé en ce début de l'évangile, veut être le récit type de l'appel de disciples pour aider Jésus à former le nouveau peuple de Dieu.

Puis, dans le cadre précis de Capharnaüm et alentour, Marc nous montre Jésus donnant trois signes du salut qu'il apporte avec lui :

— *un enseignement donné d'autorité* (1,21-28)

— *la guérison de la belle-mère de Pierre* (1,29-31)

— *la guérison d'un lépreux* (1,40-45)

Ces récits de guérison encadrent deux tableaux plus généraux :

— *Un franc succès* (1,32-34) est un sommaire sur l'activité guérisseuse de Jésus.

— *Prière et mission* (1,35-39) illustre la manière dont Jésus sait unir la prière et l'action, les guérisons et la proclamation de la Bonne Nouvelle.

Une *seconde séquence* (2,1 à 3,12) relate cinq controverses entre Jésus et les leaders du peuple juif : les scribes et les pharisiens. Le conflit de pensée naît toujours d'événements concrets :

— *Le pardon accordé à un paralysé* (2,1-12)

— *L'appel de Lévi et le repas avec les pécheurs* (2,13-17)

— *La question sur le jeûne, et l'Époux* (2,18-22)

— *Les épis arrachés : le Maître du sabbat* (2,23-28)

— *L'homme à la main paralysée* (3,1-6)

À travers ces discussions (à la mode rabbinique) qui naissent de l'attitude de Jésus, ses adversaires et ses disciples sont invités à deviner que le Maître est davantage qu'un simple rabbin : le Messie.

En finale, l'évangéliste montre la renommée grandissante de celui par qui Dieu fait toutes choses nouvelles :

— *Jésus et les foules* (3,7-12)

### LA BONNE NOUVELLE DE DIEU (1,14-15)

14 **Après l'arrestation de Jean Baptiste,**
**Jésus partit pour la Galilée**
**proclamer la Bonne Nouvelle de Dieu ; il disait :**
15 **« Les temps sont accomplis :**
**le Règne de Dieu est tout proche.**
**Convertissez-vous et croyez à la Bonne Nouvelle. »**

Ces deux versets forment un « sommaire » : un panorama sur la mission de Jésus telle qu'elle va prendre corps dans les récits à venir. Marc y campe le héros dans le cadre principal de son activité et résume son message avec vigueur.

Tous les mots de ce passage requièrent l'attention (v. 14*a*). Ils sont soigneusement pesés. On apprend d'abord que Jésus n'a commencé sa mission que lorsque Jean Baptiste, jeté en prison, a interrompu la sienne. Il y a donc un rapport de continuité entre eux. Marc ne nous dit pas que Jésus revient du désert de Judée (1,12). Sans aucune transition, il le montre gagnant la Galilée. C'est la province du nord de la Palestine, où Jésus a été élevé (*cf.* Lc 4,14-16). Mais surtout, par son nom hébreu, « la Galilée » est « le district des nations » (Is 8,23). Là, depuis des siècles, Israël se trouve au carrefour des peuples. Lieu de passage obligé des armées étrangères et des commerçants, la Galilée est une vieille terre de brassage entre Juifs et païens. Chez Marc, cette province va devenir pour Jésus un centre « missionnaire » par excellence. Ses frontières, très floues, mettent les Israëlites en relation avec les territoires païens d'alentour : au nord, la région de Tyr et de Sidon, la Syro-Phénicie (actuel Liban) ; au sud-est, la Décapole (actuelle Jordanie). En faisant de la Galilée le champ d'action prioritaire de Jésus, Marc souligne que s'accomplit la prophétie messianique et universaliste d'Isaïe : « Le peuple qui marchait dans les ténèbres a vu une grande lumière ; sur les habitants du pays, une lumière a resplendi » (Is 8,23 à 9,1).

Là, Jésus commence à « proclamer la Bonne Nouvelle de Dieu » (v. 14*b*). C'est l'annonce joyeuse du salut qui « vient » de Dieu. Jésus apporte avec lui cette « Bonne Nouvelle » : « l'Évangile » (1,1). Les lecteurs de Marc connaissent parfaitement l'expression : « proclamer l'Évangile de Dieu. » C'est la tâche qu'ont reçue les apôtres après la Résurrection de Jésus (1 Th 2,8). Il s'agit de faire savoir à tous que Jésus s'est révélé être le Messie et le Fils de Dieu annoncé par les prophètes. C'est lui le « Sauveur du monde » (Jn 4,42).

L'évangéliste résume ensuite, en deux phrases, le thème fondamental de la proclamation faite par Jésus. D'abord l'annonce que l'heure de la mission est venue (v. 15*a*). Chez les premiers chrétiens, l'expression « les temps sont accomplis » est devenue classique. Elle signifie que la venue de Jésus marque « la plénitude du temps » (Ga 4,4). Le dessein de salut de Dieu a trouvé en Jésus son accomplissement : il est le Messie qui mène l'Histoire à sa fin. « Le règne de Dieu est tout proche » est aussi une conviction biblique. Depuis son retour d'exil à Babylone (VIe siècle av. J.C.), Israël a reporté son espérance sur la venue de Dieu en personne et l'établissement de son Règne sur toutes les nations. Chez les prophètes, cette attente renvoyait à une proximité plus ou moins grande (Mi 4,7 ; So 3,15*b* ; Za 14,9, etc.). Avec Jésus, Dieu est maintenant personnellement à l'œuvre. Son Règne s'est approché (Mt 12,28*b*).

Et Marc de conclure ce résumé du message de Jésus en mettant sur ses lèvres un appel pressant à se convertir pour accueillir dans la foi cet heureux événement (v. 15*b*). Se convertir, c'est — en grec, littéralement — « changer de mentalité ». Cette transformation, essentielle chez l'homme pour un retour vers Dieu, était le fondement même de la prédication des prophètes (Am 4,6-12). Jésus a repris là un point capital du message de Jean Baptiste (1,4). Mais à la conversion est liée « la foi » en la Bonne Nouvelle. C'était aussi l'appel que lançaient les apôtres dans leurs premières proclamations pascales. Ainsi Paul à Éphèse : « J'adjurais Juifs et Grecs de se convertir à Dieu et de croire en notre Seigneur Jésus » (Ac 20,21).

Ce n'est pas un hasard si Marc souligne ici, y compris par les formules utilisées, la continuité de la mission de l'Église avec celle de Jésus. Entre les deux, Jésus a vécu, est mort puis ressuscité. L'annonceur de la Bonne Nouvelle de Dieu est devenu lui-même l'objet de cette annonce. Cela ne peut pas ne pas frapper le lecteur.

## L'APPEL DES PREMIERS DISCIPLES (1,16-20)

**16 Passant au bord du lac de Galilée,**
**il vit Simon et son frère André**
**en train de jeter leurs filets : c'étaient des pêcheurs.**
**17 Jésus leur dit :**
**« Venez derrière moi.**
**Je ferai de vous des pêcheurs d'hommes. »**
**18 Aussitôt, laissant là leurs filets, ils le suivirent.**

**19 Un peu plus loin,**
**Jésus vit Jacques, fils de Zébédée, et son frère Jean,**

**qui étaient aussi dans leur barque et préparaient leurs filets.**
20 **Jésus les appela aussitôt.**
**Alors, laissant dans la barque leur père avec ses ouvriers,**
**ils partirent derrière lui.**

Au commencement de la mission de Jésus, Marc a brossé ce tableau lumineux. Le décor en est planté par quelques mots évocateurs d'un appel à gagner le large (v. 16*a*). Jésus est en marche. La mission presse. Le lac de Galilée — mieux connu sous le nom de lac de Tibériade — est une vaste étendue d'eau de 21 km de long sur 12 km de large. Son rivage est évocateur : il ouvre sur un large horizon jusque vers les terres païennes de Transjordanie. Ce site sera souvent cité par Marc comme un lieu d'appel (ici et en 2,13-14) et d'annonce de la Bonne Nouvelle aux foules (2,13 ; 3,7-12 ; 5,21). L'action qui s'y déroule maintenant prend l'aspect d'une fondation. Jésus « vit Simon et son frère André en train de jeter leurs filets : c'étaient des pêcheurs » (v. 16*b*). Le nord du lac de Tibériade où se passe la scène, avec ses eaux chaudes, était très poissonneux. La côte vivait de pêcheries avec leur industrie de salaison et le commerce des poissons. Le regard de Jésus se porte sur deux pêcheurs en train de jeter leurs filets. Il leur lance cet appel : « Venez derrière moi. Je ferai de vous des pêcheurs d'hommes » (v. 17). On ne sait quelles résonances ce genre de paroles pouvaient avoir sur des marins-pêcheurs. Jésus n'hésite pas à faire un jeu de mots. Il emploie le langage professionnel des pêcheurs pour les engager à leur mission future : « pêcher des hommes », l'expression est curieuse ! Dans l'esprit des Sémites, le mer recèle, dans ses profondeurs, les redoutables puissances du Mal et de la Mort que Dieu seul peut dompter (4,35-41). En appelant ces hommes à devenir des « pêcheurs d'hommes », Jésus les invite, à sa suite, à venir sur terre arracher les humains à tous leurs maux. On est surpris de la rapidité avec laquelle Simon et André répondent à l'appel de Jésus (v. 18). L'expression « laissant là leurs filets » souligne l'abandon du travail auquel se livraient ces pêcheurs. L'action de laisser là leurs instruments de pêche se fait, chez ces hommes, avec une soudaineté étonnante. Il n'y a pas de dialogue avec le Maître. Lui seul a parlé, et les hommes, comme des automates, réalisent sa parole.

L'étonnement grandit encore lorsqu'on lit un deuxième et bref épisode, parfaitement parallèle au premier (v. 19-20). Cette fois-ci, aucune destination n'est donnée à Jacques et Jean. Mais la séparation n'affecte pas seulement leurs outils de travail (filets, barque), mais leurs compagnons de vie (leur père, les ouvriers).

Les deux tableaux présentent un schématisme accusé. Chaque fois, la scène se déroule selon un canevas identique :

— Jésus est en marche.
— Il voit deux hommes qui sont des frères.
— Il les appelle.
— Aussitôt ces hommes, abandonnant tout, se mettent à le suivre.

Il est peu probable que l'événement se soit produit de la sorte et avec une telle automaticité. Simon et André, Jacques et Jean, vont devenir les principaux collaborateurs de Jésus dans sa mission (3,16-17). Les aurait-il choisis par hasard et sans leur donner le temps d'une libre détermination ? On ne s'engage pas à une existence « autre » en se mettant, par un simple coup de tête, à la suite d'un inconnu, si séduisant soit-il ! Le récit de l'appel des premiers disciples que nous rapporte Jean est sûrement plus proche de ce qui se passa dans la réalité (Jn 1,35-51). On y voit Jésus ouvrir un dialogue avec ceux qu'il appelle et leur permettre une décision mûrie, après un temps de connaissance réciproque, le fait de demeurer, un temps, chez lui.

Marc n'a pas du tout retenu l'aspect psychologique de l'événement. Quel sens a-t-il voulu mettre dans cette mise en scène si fortement schématisée ? La réponse à cette question est facilitée si l'on sait que l'évangéliste s'est largement inspiré d'un récit de vocation type dans la Bible. Il s'agit de l'épisode où le prophète Élie appelle Élisée à devenir son disciple (1 R 19,19-21). Dans ce texte, on voit l'appelé rejoindre son Maître toutes affaires cessantes. Il n'obtient même pas du prophète la permission d'aller embrasser père et mère. Sur l'heure, il doit renoncer à sa famille comme à son métier : « Il se leva et suivit Élie comme son serviteur. »

En reprenant le canevas de cette page biblique pour l'appel des tout premiers disciples de Jésus, Marc veut mettre en relief ce que le service du Messie a de radical. Il met l'accent sur deux points. D'abord l'initiative de l'appel : il vient tout entier de Jésus. Ensuite cet appel même : il a l'efficacité souveraine de la Parole de Dieu : « Il dit... et cela fut » (*cf.* Gn 1,3, etc.). Les ruptures nécessaires, avec la famille et la profession, en sont la conséquence. Notons qu'il n'est pas demandé à tout le monde de rompre ces liens essentiels et légitimes. L'appel s'adresse à certains hommes dont la vocation sera très particulière. Simon (Pierre) et André, Jacques et Jean, sont appelés à devenir les proches « collaborateurs » de Jésus dans sa mission d'évangélisation (*cf.* l'institution du groupe des Douze : 3,16-19).

En plaçant ce récit comme une « ouverture » à tout son évangile, Marc a sûrement des intentions précises. La première est que Jésus entreprend un ministère « itinérant » qui requiert un maximum de liberté de vie et d'action. Les attaches professionnelles et familiales sont, de ce point de vue, un obstacle. Ensuite, l'évangéliste veut légitimer la mission apostolique telle qu'elle s'est présentée. Les disciples, constitués en un groupe de Douze, ont été envoyés deux par deux — en signe de vie communautaire — selon un usage qui remonte à Jésus lui-même (*cf.* l'envoi en mission : 6,7). Enfin Pierre et les Douze ont donné pour suivre Jésus l'exemple d'un détachement total (*cf.* 10,28). Peut-être Marc veut-il aussi suggérer à l'Église de Rome, pour laquelle il écrit, que les nouveaux chrétiens dans la persécution peuvent eux aussi être appelés à renoncer aux biens les plus chers : leur situation sociale et leurs liens familiaux ?

Tout au long de son histoire, l'Église a lu dans cette page une invitation au détachement des biens les plus précieux pour ceux qui veulent suivre Jésus « au plus près ».

Le récit qu'on vient de lire donne l'impression d'événements précipités. Il est comme le « générique » d'un film qui va se dérouler tout au long de l'évangile. L'appel du Christ met en marche, à sa suite, « des disciples » qui mobilisent toute leur énergie pour le servir. Il faut noter que le style de Marc est pour beaucoup dans la sensation de rapidité que ressent le lecteur. Il fait une utilisation massive de l'adverbe : « aussitôt ». Deux fois répété ici (aux versets 18*a* et 20*a*), le mot revient jusqu'à onze fois dans le seul chapitre premier. Le plus souvent ces « aussitôt » n'ont, chez Marc, aucune valeur chronologique. Ils sont l'équivalent de la simple conjonction « et ».

## UN ENSEIGNEMENT DONNÉ D'AUTORITÉ (1,21-28)

**21 Jésus, accompagné de ses disciples, arrive à Capharnaüm.**
**Aussitôt, le jour du sabbat,**
**il se rendit à la synagogue, et là, il enseignait.**
**22 On était frappé par son enseignement,**
**car il enseignait en homme qui a autorité,**
**et non pas comme les scribes.**
**23 Or, il y avait dans leur synagogue**
**un homme tourmenté par un esprit mauvais,**
**qui se mit à crier :**
**24 « Que nous veux-tu, Jésus de Nazareth ?**
**Es-tu venu pour nous perdre ?**
**Je sais fort bien qui tu es :**
**le Saint, le Saint de Dieu. »**
**25 Jésus l'interpella vivement :**
**« Silence ! Sors de cet homme. »**
**26 L'esprit mauvais le secoua avec violence**
**et sortit de lui en poussant un grand cri.**
**27 Saisis de frayeur, tous s'interrogeaient :**

**« Qu'est-ce que cela veut dire ?**
**Voilà un enseignement nouveau, proclamé avec autorité !**
**Il commande même aux esprits mauvais,**
**et ils lui obéissent. »**
28 **Dès lors, sa renommée se répandit**
**dans toute la région de la Galilée.**

Marc présente ici, au tout début de son évangile, un récit condensé et très significatif de l'activité messianique de Jésus : son enseignement lié à un exorcisme. Le décor est d'abord clairement planté (v. 21). La scène se passe à Capharnaüm. Le bourg s'étend au bord du lac de Galilée. Jésus en fera le centre de sa prédication (2,1-2) et de ses déplacements missionnaires (9,33). Comme les Juifs fervents de l'époque, Jésus a l'habitude de fréquenter « la synagogue ». C'est le lieu où l'on se rassemble pour la prière et l'écoute de la Parole de Dieu. « Le jour du sabbat » — le septième de la semaine — est jour de repos consacré à Dieu (Gn 2,2-3). On sait comment ce jour-là se déroulait l'office synagogal (Ac 13,14-15). Après la lecture d'un passage de la Loi de Moïse et des prophètes, on invitait un adulte à donner une instruction : le commentaire des Écritures que l'on vient d'entendre. À cette occasion, Jésus donnait son enseignement (*cf.* Lc 4,16-22). Les scribes étaient au premier rang de l'assistance.

Marc, par quatre fois (v. 21*b*-22 et 27), insiste sur « l'enseignement » de Jésus. Rarement, dans son évangile, il en livrera le contenu. Mais, d'emblée, il en souligne l'originalité profonde. Le savoir du Maître surpasse celui des scribes de tout son ascendant personnel (v. 22). Chefs du parti des pharisiens, les scribes étaient des gens savants. Formés par des rabbins célèbres à l'étude des Écritures, ils en étaient les interprètes autorisés. Mais leur enseignement reposait sur les traditions de leurs maîtres. Jésus, lui, n'enseigne pas comme les scribes, mais avec une « autorité » qui lui vient de Dieu. Ici, le terme grec d'« autorité » est très fort. Il est tiré d'un passage de l'Ancien Testament où Dieu remet à son Messie un « Pouvoir » souverain (Dn 7,13-14).

C'est de cette supériorité inédite de sa personne sur celle des rabbins, ses pairs, que Jésus donne un exemple frappant (v. 23-24). Pour comprendre l'étrangeté de cet épisode, il faut savoir que, dans l'Antiquité, tous les maux dont l'homme est affligé sont attribués à l'influence néfaste d'esprits mauvais, opposés à la sainteté de Dieu. Le scénario qui se déroule maintenant est connu des récits de miracles juifs et païens du temps de Jésus. C'est un « exorcisme ». Le canevas en est toujours le même. L'exorciste entre en lutte contre l'esprit mauvais. C'est à qui des deux livrera le nom de son adversaire. Connaître « le nom » de quelqu'un, c'est, dans le monde sémitique, avoir barre sur lui. Ici, l'esprit mauvais connaît l'identité foncière de Jésus : il est le « Saint de Dieu », c'est-à-dire « le Messie ». Mais cet aveu s'accompagne de confusion. L'esprit pressent que Jésus vient pour sa perte et celle de ses semblables. C'est vrai : le Messie engage l'ultime combat pour mettre fin aux forces du mal (*cf.* 3,22-30). C'est pourquoi Jésus se montre le plus fort. Il déloge l'esprit mauvais par sa seule parole souveraine (v. 25-26). L'expulsion du « démon » est racontée, comme dans les récits du temps, avec ses phénomènes spectaculaires : une convulsion et un cri. Il ne faut pas s'en effrayer. Ce qui doit plutôt retenir l'attention, c'est l'ordre impérieux de Jésus à l'adresse de l'esprit : « Silence ! » L'impératif est vigoureux. Il vise la révélation que l'on vient d'entendre : « Je sais qui tu es, le Messie ! » (v. 24*b*).

Pourquoi Jésus impose-t-il si fermement le silence sur son identité ? C'est la première expression de ce que l'on appelle, chez Marc, « le secret messianique ». Tout au cours de cet évangile, nous le verrons, Jésus, avec vivacité et violence même, enjoint de se taire aux démons qui divulguent son identité (1,34*b* ; 3,12 ; etc.), ainsi qu'aux miraculés et aux disciples qui confessent partiellement sa messianité (1,43-44*a* ; 7,36*a* ; 8,30*b* ; etc.). Marc semble avoir systématisé une attitude courante de Jésus vis-à-vis des opinions populaires de son temps. Dans la fièvre de la venue du Messie, les Juifs attendaient une personnalité plus ou moins mythique. On croyait que le Messie transformerait, par un coup de baguette magique, les conditions d'existence sur la terre. Il ferait du désert un grenier à pain (Mt 4,3). Il supprimerait toutes les maladies (Mt 4,24). Certains pensaient même que, venu on ne sait d'où, il ne connaîtrait pas la mort (Jn 12,34). Pour Jésus, laisser proférer trop rapidement ses titres de « Christ » et de « Fils de Dieu », c'était encourager ce faux messianisme populaire au grand dam du dévoilement progressif de sa véritable mission et de sa vraie personnalité. Selon Marc, seules la Passion et la Résurrection de Jésus révéleront — en vérité — le type de Messie auquel il faut croire. Jusqu'à ces événements pleinement révélateurs, il convient de suivre les consignes du silence du Maître.

Le présent récit s'achève, comme il a commencé, par une insistance voulue sur la nouveauté qu'apporte Jésus : une parole salvatrice pleinement efficace comme la Parole de Dieu. On conçoit bien la frayeur et l'interrogation qui s'emparent du public (v. 27*a*). Jésus vient de faire une action inédite. Au cœur du sabbat, le jour de repos intouchable, il ponctue l'autorité de sa parole par un acte de maîtrise absolue sur les forces du Mal. D'où tient-il ce pouvoir ? La question est posée, qui reviendra tout au long de l'évangile : Qui est ce « Jésus de Nazareth » ? Marc n'a plus qu'à souligner l'immense popularité que cette guérison valut à Jésus dans toute la Galilée (v. 28).

LES EXORCISMES

Dans l'évangile de Marc, on voit Jésus, par quatre fois, opérer un exorcisme. Il chasse un ou des esprits mauvais :
— du possédé de Capharnaüm (1,21-28) ;
— du possédé de Gérasa (5,1-20) ;
— de la fille d'une Syro-Phénicienne (7,24-30) ;
— d'un enfant épileptique (9,14-29).

En mettant en œuvre ce type de médication, Jésus ne fait qu'adopter une pratique populaire largement répandue dans le monde juif et païen de son temps. Elle a des racines profondes dans la mentalité des civilisations anciennes : Canaan, L'Égypte, l'Assyro-Babylonie, l'Iran et même la Grèce. Dans tous ces pays, depuis des temps immémoriaux, la maladie est le plus souvent attribuée à la « possession » de l'homme par des esprits mauvais : les démons. On se les représente comme des forces supra-naturelles qui flottent dans l'air et se mêlent à l'existence quotidienne des humains (*cf.* Mt 12,43-45). Dans cette optique, tous les maux dont souffrent les hommes sont « démoniaques ». La source archaïque de cette croyance est *l'animisme* : toutes les choses de la nature ont une âme. Les humains sont sous l'influence d'esprits, bons ou mauvais. Le pouvoir maléfique des esprits mauvais requiert l'intervention de sorciers ou de magiciens. À l'aide de formules imprécatives, d'invocations de noms puissants, l'exorciste tente de délivrer le malade de l'esprit qui l'envoûte. Les récits ne manquent pas de piquant : cris, contorsions des démons débusqués (avant de sortir du corps possédé...).

Dans la Bible, un premier démarquage essentiel s'est opéré vis-à-vis des superstitions païennes. La foi au Dieu unique a rabaissé l'esprit du mal au rang d'une simple créature. « Satan », s'il personnifie les forces du mal, n'est pas un dieu : il est subordonné à la puissance du Créateur. Son rôle se réduit à n'être que « l'adversaire » du dessein de Dieu sur les hommes (*cf.* Jb 1-2).

Jésus a inscrit une petite partie de son action thérapeutique (pas toute !) dans cette traditionnelle conception de la maladie liée au pouvoir de Satan. Aucun historien sérieux ne peut nier ce fait : il a passé sa vie « en faisant le bien et en guérissant ceux qui étaient tombés au pouvoir du diable » (Ac 10,38). Il est vrai qu'aujourd'hui on prendrait plus d'une précaution pour identifier à des « possessions démoniaques » des maladies qui peuvent être rangées parmi les troubles nerveux et mentaux relevant des psychiatres : l'épilepsie (*cf.* 9,14-29), la schizophrénie (*cf.* 5,1-20), la paranoïa, etc. Mais le lecteur moderne ne doit pas, pour autant, succomber à une interprétation « réductrice » des exorcismes de Jésus. Même si son activité s'apparente à la pratique de la magie antique, Jésus ne peut être traité de magicien, et ce, pour deux raisons majeures :

*1.* les exorcismes de Jésus sont indissociables de sa proclamation de la Bonne Nouvelle du salut. Ils sont le signe qu'en sa personne le Règne de Dieu a fait irruption dans l'histoire du monde. La lutte sans merci de Jésus contre Satan est sa victoire sur les forces du Mal et de la Mort qu'il représente (*cf.* l'épisode : *Jésus et Satan,* 3,22-30).

*2.* Même s'il faut bien, avec la science moderne, reconnaître des causalités physiques et psychiques aux maux humains, l'expérience humaine continue à se heurter au « mystère » du Mal réel, concret, qui dépasse la raison humaine. Jésus n'est pas venu révéler l'origine et la nature (trop obscures !) du Mal. Mais en s'affrontant à lui, il a montré son pouvoir divin de délivrer les hommes de toutes « aliénations » physiques, psychologiques et spirituelles.

Les premiers chrétiens ont lu, dans les exorcismes de Jésus, des « actes de libération » de toutes les formes de Mal et de Mort que le Christ a radicalement vaincues, dans sa mort et sa Résurrection.

## LA GUÉRISON DE LA BELLE-MÈRE DE PIERRE (1,29-31)

29 **En quittant la synagogue de Capharnaüm,**
**Jésus, accompagné de Jacques et de Jean,**
**alla chez Simon et André.**
30 **Or, la belle-mère de Simon était au lit avec de la fièvre.**
**Sans plus attendre, on parle à Jésus de la malade.**
31 **Jésus s'approcha d'elle,**
**la prit par la main, et il la fit lever.**
**La fièvre la quitta, et elle les servait.**

Cette seconde manifestation de Jésus pourrait passer pour un fait divers tant le récit tranche, par sa sobriété, avec le précédent. La scène est insérée dans « la journée de Capharnaüm », une séquence narrative commencée en 1,21 et qui prendra fin en 1,32-34. Elle se passe à proximité de la synagogue où Jésus vient de participer à l'office. C'est le jour de sabbat. Ce jour-là, la longueur des déplacements autorisés est codifiée. C'est à la maison de Simon et d'André, dans l'intimité quasi familiale de ses quatre premiers disciples, que va se dérouler l'action de Jésus (1,16-20). Les circonstances en sont brièvement données : la belle-mère de Simon est alitée avec de la fièvre (v. 30*a*). La maladie de cette femme n'est pas décrite avec précision. Son état pourrait passer pour bénin. Pourtant, il semble préoccupant puisque, « sans plus attendre, on parle à Jésus de la malade » (v. 30*b*). Qui intervient ? De quelle manière ! Rien n'est dit de cela. Toutefois la démarche de foi est implicite : c'est à cause de ses dons de guérisseur que Jésus est sollicité par ses amis d'intervenir. Jésus n'a pas une parole.

Seulement un geste simple : il aide la femme à se lever en la prenant par la main (v. 31*b*). On est loin des récits de miracles colportés à l'époque où les guérisseurs, plus ou moins magiciens, usent de force paroles, de formules souvent « abracadabrantes ». Ici, tout se passe dans la plus grande discrétion. La guérison est instantanée (v. 31*c*). La malade recouvre toutes ses forces d'un coup puisqu'elle se met à servir Jésus et ses compagnons.

Ce récit, par son manque de merveilleux, étonne un esprit moderne. Pour saisir qu'il s'agit bien d'un acte messianique de Jésus, il faut savoir que, dans la mentalité antique, la maladie était conçue comme une marque de péché. Plus précisément, de longue date dans l'Ancien Testament, la fièvre figure comme l'un des châtiments promis par Dieu à son peuple infidèle : « Si vous rejetez mes lois, si vous prenez mes coutumes en aversion au point de ne pas mettre tous mes commandements en pratique, rompant ainsi mon alliance, eh bien ! voici ce que moi, je vous ferai : je vous assujettirai au tremblement, ainsi qu'à la consomption et à la fièvre qui usent les yeux et épuisent le souffle » (Lv. 26,15-16*a* ; *cf.* aussi Dt 28,22).

Au temps de Jésus, on attribuait volontiers à la fièvre une origine démoniaque. C'est pourquoi Luc, dans son évangile, a rapporté cette guérison de la belle-mère de Simon comme un exorcisme (Lc 4,39). Il est donc certain que, pour Marc déjà, le geste de Jésus envers cette femme illustre sa maîtrise sur les forces du Mal et de la Mort. Le Messie est là qui donne les signes de l'avènement du Règne de Dieu.

Mais il faut aller plus loin. Marc, à l'adresse de sa communauté chrétienne, a relu cet événement à la lumière de la Résurrection de Jésus. Cela est discrètement souligné par l'emploi d'une formule expressive. En grec, le verbe « Il la fit lever » (v. 31*b*) est celui-là même que Marc utilisera pour dire de Jésus : « Il est ressuscité » (16,6). Il faut en effet nous mettre dans l'ambiance des premiers chrétiens lisant cette page de l'évangéliste. Pour eux, Jésus n'est pas seulement le guérisseur prestigieux des débuts de sa mission. Par sa Résurrection, il est reconnu comme « Christ et Seigneur » (Ac 2,36), celui qui continue, chaque jour, à sauver les hommes du péché, à les arracher à la mort. Il est le Sauveur qui remet debout ceux qui sont prostrés par le mal. Et quand Marc montre la femme, aussitôt guérie, se mettre à servir ses hôtes (v. 31*c*), nul doute qu'il pense au « service » du Christ auquel les chrétiens sont appelés. Le Sauveur ne cesse de libérer ses fidèles du mal pour les mettre à son service.

Sans cesse, nous sommes invités à lire une page d'évangile comme celle-ci à un double niveau. Le premier est celui de l'action de Jésus faisant irruption dans l'histoire. On touche du doigt l'historicité de l'événement rapporté. Mais le second niveau est le plus important : c'est celui de la relecture des faits et gestes de Jésus par la communauté chrétienne à la lumière de sa Résurrection. La foi s'attache alors au « Seigneur » toujours à l'œuvre de salut dans son Église et dans le monde.

L'histoire de la guérison de la belle-mère de Pierre a passionné les historiens à la recherche des moindres renseignements d'ordre historique. Certains ont vu dans ce récit un « souvenir de Pierre » qui fut témoin oculaire de cette histoire. On y apprend que le futur leader du groupe des Douze (3,16) était marié. Le fait que sa belle-mère sert Jésus et ses compagnons signifie-t-il que l'épouse de Pierre est absente, ou défunte ? Nous ne pouvons le dire ; ni non plus conclure du témoignage de Paul (en 1 Co 9,5) que Pierre emmenait avec lui sa femme en mission.

## UN FRANC SUCCÈS (1,32-34)

32 **Le soir venu, après le coucher du soleil,**
**on lui amenait tous les malades,**
**et ceux qui étaient possédés par des esprits mauvais.**
33 **La ville entière se pressait à la porte.**
34 **Il guérit toutes sortes de malades,**
**il chassa beaucoup d'esprits mauvais**
**et il les empêchait de parler,**
**parce qu'ils savaient, eux, qui il était.**

Ce petit paragraphe vient comme un « sommaire » pour récapituler l'activité de Jésus depuis le début de sa mission. Il vient au terme d'une séquence voulue par Marc significative : « la journée de Capharnaüm » (commencée en 1,21). L'évangéliste veut souligner le franc succès que remporte, auprès des foules, Jésus comme guérisseur et exorciste (v. 32-33). On peut s'étonner d'un afflux de monde si considérable. En disant « la ville entière », Marc a certainement amplifié l'événement pour lui donner toute sa portée. Par les sources juives et païennes du temps de Jésus, on sait que les masses populaires étaient friandes de miracles. Au-delà de la médecine courante, trop chère et sans grande efficacité (*cf.* 5,26), les gens couraient après toutes sortes de guérisseurs, exorcistes, magiciens...

Jésus, grâce à ses dons exceptionnels de thaumaturge, connaît rapidement une immense renommée (v. 34*a*). Que Jésus de Nazareth ait été une personnalité charismatique particulièrement attirante, on ne saurait en douter ! Une tradition juive postérieure rapportera qu'il a été pendu parce qu'il « a pratiqué la magie, séduit et égaré le peuple ».

Mais si Marc a bien noté que Jésus a multiplié guérisons et exorcismes, il a pris soin de montrer que ces actions salutaires s'inscrivaient à l'intérieur d'une mission d'évangélisation. Jésus n'est pas un faiseur de miracles. Il donne « des signes » qu'avec lui, le Règne de Dieu advient (1,15). Par ailleurs, Marc conclut ce résumé de l'activité thaumaturgique de Jésus par l'interdit aux « esprits mauvais » de divulguer qui il est (v. 34*b*).

C'est une nouvelle expression du fameux « secret messianique ». Jésus veut bien répondre à la demande miséreuse des foules : il vient apporter le salut. Mais il est obligé d'imposer le silence aux démons qui dévoilent prématurément sa qualité de Messie (1,24). Cette révélation est, en effet, pour le moment, intempestive. Elle risque de fourvoyer les gens en leur laissant croire que Jésus vient anéantir — d'un coup de baguette magique — tous les maux qui les assaillent. Il est vrai, dans la fièvre de l'attente des derniers temps, les contemporains de Jésus courent après « les signes et les prodiges » annoncés par les prophètes (*cf.* 13,22). Le Messie ne veut surtout pas donner suite aux séductions sataniques que réclament de lui ses admirateurs (*cf.* les tentations selon Mt 4,1-11). Ses titres de « Christ » et de « Fils de Dieu » ne pourront être correctement interprétés qu'à la lumière de sa Passion et de sa Résurrection. Tout au long de son évangile, Marc s'est donc fait comme un devoir de multiplier les consignes de silence de Jésus (1,44 ; 3,12 ; 5,43 ; 7,24*b*.36 ; 8,30 ; 9,9.30).

Il invite ainsi son lecteur à s'interroger, sans y répondre encore, sur la vraie nature de la personnalité et de la mission de Jésus. Le « suspens » doit demeurer jusqu'à ce qu'il soit clair que le Messie n'a sauvé les hommes qu'en passant par la mort (8,29-33). Dès lors — c'est la curieuse règle du jeu de cet évangile — toute « indiscrétion » sur l'identité de Jésus doit servir à attirer l'attention du lecteur sur la question de fond que Marc pose à son lecteur : « Qui donc est Jésus de Nazareth ? » On a envie de répondre : « Suivez le guide !... »

## PRIÈRE ET MISSION (1,35-39)

**35 Le lendemain, bien avant l'aube, Jésus se leva.**
**Il sortit et alla dans un endroit désert, et là il priait.**
**36 Simon et ses compagnons se mirent à sa recherche.**
**37 Quand ils l'ont trouvé, ils lui disent :**
**« Tout le monde te cherche. »**
**38 Mais Jésus leur répond :**
**« Partons ailleurs, dans les villages voisins,**
**afin que là aussi je proclame la Bonne Nouvelle ;**
**car c'est pour cela que je suis sorti. »**
**39 Il parcourut donc toute la Galilée,**

**proclamant la Bonne Nouvelle dans leurs synagogues, et chassant les esprits mauvais.**

Marc a un penchant pour les contrastes. À la scène de l'activité débordante de Jésus au service des foules (1,32-34), il oppose maintenant celle du Maître affamé de solitude et de communion avec Dieu (v. 35). Il fallait à Jésus un courage certain, après les fatigues de la veille, pour devancer le jour, fausser compagnie à ses amis endormis, et gagner un lieu solitaire pour prier. La prière de Jésus sera deux fois signalée encore par Marc (6,46 ; 14,35-39), à chaque moment important de son ministère. Ici on peut, sans difficulté, en présumer le contenu : Jésus ne veut pas céder au raz de marée populaire que suscitent ses miracles. Il a besoin de réfléchir à la gravité et au sérieux de sa mission.

Bien évidemment, ses disciples se mettent à sa recherche (v. 36). Ils n'ont pas senti l'ambiguïté, créée chez les gens, par le succès thérapeutique du guérisseur (1,32-33). L'engouement des foules qui courent après Jésus a pris l'allure d'un emballement dangereux. Le Maître met ses amis en garde contre toute interprétation erronée de son rôle (v. 38).

Cette mise au point est capitale. Jésus rappelle avec vigueur ce qui est au cœur de sa mission. « Partons ailleurs… » : Il a entrepris un ministère itinérant. Son but n'est pas de faire des miracles. Ceux-ci ne sont que les signes de puissance qui accompagnent l'annonce joyeuse du salut. C'est cela qui est l'essentiel. Depuis le début de sa mise en route, Jésus n'a d'autre raison d'agir. Il a un devoir très précis : proclamer, en paroles et en actes, que « le règne de Dieu est tout proche » ; il faut accueillir par la foi la Bonne Nouvelle (1,14-15). La justification qu'il donne à ce dessein est foncière : « Car c'est pour cela que je suis sorti » (v. 38*d*). L'expression : « Je suis sorti » a une portée hautement significative. En saint Jean, pour exprimer toute l'amplitude de sa mission, Jésus dira qu'il est « sorti de Dieu » : une affirmation de sa divinité (Jn 8,42 ; 13,3 ; 16,27-28).

Le passage s'achève sur un trait universaliste (v. 39). On le voit : Capharnaüm n'est que le point d'appui d'une mission itinérante. Jésus annonce l'évangile « dans toute la Galilée », cette province du nord de la Palestine, sans frontières bien délimitées avec les pays païens d'alentour. C'est la terre, par excellence, d'une mission ouverte à tous. Jésus y porte la Parole d'abord dans les synagogues des juifs, ces lieux de l'assemblée de prière et d'enseignement des Écritures (1,21). Il y joint des exorcismes qui illustrent son autorité supérieure (1,27). Cette page est précieuse pour attester que le Maître a merveilleusement su concilier tous les impératifs de sa manifestation messianique : la prière, l'annonce de la Bonne Nouvelle, et les signes l'authentifiant.

## LA GUÉRISON D'UN LÉPREUX (1,40-45)

**40 Un lépreux vient trouver Jésus ;**
**il tombe à ses genoux et le supplie :**
**« Si tu le veux, tu peux me purifier. »**
**41 Pris de pitié devant cet homme,**
**Jésus étendit la main, le toucha et lui dit :**
**« Je le veux, sois purifié. »**
**42 À l'instant même, sa lèpre le quitta et il fut purifié.**
**43 Aussitôt Jésus le renvoya**
**avec cet avertissement sévère :**
**44 « Attention, ne dis rien à personne,**
**mais va te montrer au prêtre.**
**Et donne pour ta purification**
**ce que Moïse prescrit dans la Loi :**
**ta guérison sera pour les gens un témoignage. »**
**45 Une fois parti,**
**cet homme se mit à proclamer et à répandre la nouvelle**
**de sorte qu'il n'était plus possible à Jésus**
**d'entrer ouvertement dans une ville.**
**Il était obligé d'éviter les lieux habités,**
**mais de partout on venait à lui.**

Ce récit commence de façon abrupte, sans aucune précision de temps ni de lieu (v. 40*a*). Surtout, le verbe « venir » est au présent historique. Marc a certainement voulu mettre en valeur « l'actualité » de l'événement pour la communauté chrétienne à laquelle il écrit. Par ailleurs, le texte pose en lui-même quelques questions. Pourquoi Jésus chasse-t-il, avec une brutalité non feinte, l'homme qu'il vient de guérir (v. 43) ? Pourquoi ce lépreux guéri brave-t-il la consigne de silence que Jésus lui a imposée (v. 45) ? Ces paradoxes qui nuiraient sûrement à la cohérence d'un reportage en direct s'expliquent assez bien — on va le voir — dans l'optique d'un événement relu dans la foi.

Le malade s'approche de Jésus pour une requête humble et confiante : il s'agenouille devant lui et le supplie, s'il le veut, de le guérir (v. 40*b*). Pour comprendre cette requête, il faut savoir qu'à l'époque, le lépreux était un homme totalement « exclu » de la société. Atteint d'une maladie grave et contagieuse, il était tenu à l'écart de la collectivité. Depuis la plus haute Antiquité, les précautions les plus grandes étaient prises pour éviter tout contact physique des gens bien portants avec ce redoutable malade. Le portrait qu'en brosse la loi de Moïse accuse fortement son exclusion : « Le lépreux, atteint de ce mal, portera ses vêtements déchirés et ses cheveux dénoués. Il se couvrira la moustache et il criera : "Impur ! Impur !" Tant que durera son mal, il demeurera à part : sa demeure sera hors du camp » (Lv 13,45-46). Dans la Bible en effet, la lèpre n'est pas seulement ce mal horrifiant qui ronge l'homme et le défigure (au point qu'on se voile la face devant lui !). C'est aussi un mal religieux : la marque du péché et le châtiment divin de fautes jugées particulièrement graves. Certains rabbins contemporains de Jésus allaient jusqu'à prétendre que la lèpre punit sept péchés capitaux : la calomnie, l'homicide, le faux témoignage, le libertinage, l'orgueil, le vol et l'avarice. Depuis les temps immémoriaux, le lépreux était considéré comme un mort ambulant. Celui qui était atteint de lèpre était banni de la cité, rejeté comme un cadavre source « d'impureté », c'est-à-dire de non-communion possible avec Dieu, comme avec les hommes. La guérison d'un tel mal était réservée à Dieu même. Lui seul qui l'avait envoyé comme un châtiment pouvait en délivrer (*cf.* l'histoire de Myriam, la sœur de Moïse en Nb 12,1-16).

Or l'on voit comment Jésus réagit à la supplique de ce malade totalement marginalisé par la société et la communauté religieuse de son temps (v. 41). Le geste de Jésus est sobre, mais hautement significatif : il ose toucher l'intouchable. Et sa parole a la souveraine efficacité de la Parole de Dieu : Il dit et cela fut (v. 42).

Lorsqu'il rapporte ce fait, Marc entend bien lui donner toute sa signification. La guérison des lépreux figurait parmi les signes auxquels on reconnaîtrait l'inauguration des temps messianiques (*cf.* Mt 11,1-5, la réponse de Jésus aux envoyés de Jean Baptiste). Le Messie est donc là qui restaure l'homme en parfaite santé physique et spirituelle. On est cependant étonné, une fois de plus, par le cours que prend la rencontre de Jésus avec l'homme guéri (v. 43-44*a*). L'action du Maître est bien rude. Il renvoie l'ex-lépreux : le verbe grec employé signifie « chasser ». C'est celui-là même que Marc utilise pour « l'expulsion » des démons (1,34-39 ; 3,15-22 ; 6,13 ; etc.). La véhémence de Jésus s'accompagne d'une injonction catégorique au silence : c'est la mise en œuvre du « secret messianique ». Le Maître ne veut pas qu'on se méprenne sur le sens de sa messianité. Il n'est pas ce magicien attendu qui supprimerait tous les maux de la Terre. La profondeur de son être et de sa mission ne pourra vraiment se comprendre qu'à la lumière de sa Passion et de sa Résurrection.

Le récit continue avec cette demande de Jésus à l'ex-lépreux : « Va te montrer au prêtre... » (v. 44*b*). En envoyant l'homme guéri au prêtre, Jésus veut lui assurer sa réinsertion dans la communauté religieuse. C'était le prêtre qui, officiellement, était chargé de reconnaître la guérison (Lv 14,1-9 et suivants). Cette démarche rituelle auprès des représentants du peuple servira « de témoignage » aux Juifs : ils apprendront l'accomplissement par Jésus de l'attente séculaire du Messie. Ils devraient en conclure que le temps du salut est arrivé.

Mais voilà l'étonnement : le lépreux transgresse l'ordre donné par Jésus de taire sa guérison (v. 45*a*). L'homme « proclame » la nouvelle. Le verbe est celui qui exprime l'annonce de l'évangile. Il est évident que Marc a enjambé ici le temps de Jésus pour situer ses lecteurs dans l'actualité. L'ex-lépreux est le type du missionnaire de la Bonne Nouvelle. Avec la Résurrection de Jésus, le « secret messianique » est devenu caduc. Maintenant, les lecteurs éclairés par les événements du salut sont invités, à l'exemple de ce miraculé, à répandre le joyeux message libérateur de Jésus.

Cependant l'évangéliste, en concluant son récit, revient au temps de Jésus. À cause de cette action salvifique et de la publicité qu'on en fait, le Maître est obligé de fuir la foule qui vient à lui de partout (v. 45*b*). La boucle est bouclée. Au début de l'histoire, c'est un grand malade isolé, contraint à la solitude, qui ose s'approcher de Jésus. En finale, une foule de gens accourt auprès du guérisseur. Pour cette foule, comme pour le lecteur, la question ne fait que rebondir : « Quel est cet homme » qui apporte avec lui la réhabilitation des exclus, leur communion avec Dieu et la vie en commun avec leurs frères ?

### LE SECRET MESSIANIQUE

Un phénomène bizarre s'offre au lecteur de l'évangile de Marc qu'on appelle : « le secret messianique ». De quoi s'agit-il ?

Dès le début de sa mission, Jésus dévoile, de façon presque irrésistible, le mystère de sa personnalité et de son action. Sa gloire de Messie (« le Saint», « le Fils de Dieu », etc.) y transpire tout naturellement, comme malgré lui, dans les cris des possédés (1,24 ; 3,11 ; 5,7), dans l'enthousiasme des miraculés (1,45 ; 5,7) et des foules (2,12*b* ; 7,37), dans la foi des disciples enfin (8,29*b* ; 9,9).

Or, chaque fois ou presque, Jésus impose un silence absolu à ceux qui reconnaissent ainsi une part de son identité profonde. C'est même souvent avec une certaine rudesse qu'il enjoint « le secret » sur la vérité qui émane de sa personne (1,25*b*. 34-34*a*. 43 ; 3,11-12 ; 5,43*a* ; 7,36*a* ; 8,26-30 ; 9,9).

Cette attitude de Jésus est surprenante ! De sa part ce n'est pas une simple demande de discrétion pour faire brèche à sa renommée croissante. Peut-il, à la fois, vouloir dévoiler ce qu'il est et ce qu'il fait tout en empêchant que cela se sache ? Quelle est donc la raison vraie du « secret messianique » ?

Historiquement, il est sûr que Jésus a dû résister, de toutes ses forces, aux pressions faites sur lui par les foules juives de l'époque. Elles avaient du Messie une conception quasi mythique. Non seulement l'Envoyé spécial de Dieu aux derniers temps mettrait fin à l'occupation romaine (par la force) et rétablirait la royauté en Israël, mais il ferait disparaître de la terre tous les maux (famine, maladies, mort). Il restaurerait le paradis terrestre. Jésus, tout au long de sa mission, s'est bien gardé de tomber dans ces tentations messianiques (décrites par Matthieu en 4,1-11). Il a tout fait pour ne pas se laisser enfermer dans cette vision toute humaine de sa personne et de sa fonction.

Mais il est certain que Marc a considérablement renforcé et rendu « systématique » — au moins dans la première partie de son livre (1,14 à 8,30) — le secret messianique. Pourquoi ? C'est que la pleine identité de Jésus, le mystère profond de son être, la parfaite originalité de l'agir de Jésus ne se sont totalement révélés qu'au travers de sa mort et de sa Résurrection. Lorsqu'il rédige son évangile à Rome, dans les années 67-70, tout est clair. Finalement le Messie a été rejeté par les autorités religieuses du peuple juif. Il a été condamné et exécuté sur une croix. Cette mort ignominieuse — une crucifixion — est pour l'ensemble des Juifs la preuve formelle que Jésus n'était pas le Messie. Les chrétiens aussi, d'origine juive ou païenne, butent dans leur foi contre « le scandale » de la croix. Marc, en relisant l'événement des plus choquants à la lumière de la Résurrection, veut lever ce scandale. Il entend conduire ses lecteurs à l'accueil du Messie « crucifié ». Avec la réflexion de presque quarante ans de la Tradition apostolique sur l'Écriture, il voit dans la figure du Christ souffrant l'accomplissement d'un mystérieux dessein de Dieu pour le salut de l'humanité. « Ne fallait-il pas que le Christ endurât la souffrance et la mort pour entrer dans sa gloire ? » (Lc 24,26, qui renvoie implicitement à la prophétie du Serviteur souffrant et relevé d'Isaïe 52,13 à 53,12).

Voilà pourquoi Marc fait du secret messianique le plus puissant ressort de la révélation entière du mystère de Jésus. Lorsque ses disciples parviennent, non sans mal, à professer qu'il est bien « le Messie » (8,29), aussitôt Jésus les entraîne à accepter la perspective de son destin souffrant (8,31-33 ; 9,30-31 ; 10,32-34). L'incompréhension des amis de Jésus devant l'annonce et l'approche de sa mort est totale. Elle ne sera dépassée, paradoxalement, que par un païen qui, témoin de la façon dont Jésus meurt, s'exclame : « Vraiment cet homme était Fils de Dieu » (15,39).

Tels les disciples de Jésus, les lecteurs de Marc sont sans cesse appelés à ne reconnaître la véritable nature de l'être et de la mission de Jésus « Messie » et « Fils de Dieu » qu'en accueillant, dans la foi, sa Passion et sa Résurrection. C'est dans ces événements-là qu'il a pleinement arraché les hommes aux forces du Mal et de la Mort, qu'il s'est révélé le Sauveur du monde.

Chaque fois donc que Jésus fait taire impérieusement ceux qui découvrent un pan de sa vraie personnalité, Marc en a fait comme « une règle du jeu » de son évangile. Le lecteur doit continuer sa route sur un chemin qui n'est pas celui des hommes, mais celui de Dieu (8,33*b*). Une page merveilleuse dit tout cela en un raccourci admirable : *la Transfiguration* (9,2-8).

## LE PARDON ACCORDÉ À UN PARALYSÉ (2,1-12)

**1 Jésus était de retour à Capharnaüm,**
**et la nouvelle se répandit qu'il était à la maison.**
**2 Tant de monde s'y rassembla**
**qu'il n'y avait plus de place, même devant la porte.**
**Jésus leur annonçait la Parole.**
**3 Arrivent des gens**
**qui lui amènent un paralysé, porté par quatre hommes.**
**4 Comme ils ne peuvent l'approcher à cause de la foule,**
**ils découvrent le toit au-dessus de lui, font une ouverture,**
**et descendent le brancard sur lequel était couché le paralysé.**
**5 Voyant leur foi, Jésus dit au paralysé :**
**« Mon fils, tes péchés sont pardonnés. »**

**6 Or, il y avait dans l'assistance quelques scribes**
**qui raisonnaient en eux-mêmes :**
**7 « Pourquoi cet homme parle-t-il ainsi ? Il blasphème.**
**Qui donc peut pardonner les péchés, sinon Dieu seul ? »**
**8 Saisissant aussitôt dans son esprit**
**les raisonnements qu'ils faisaient,**
**Jésus leur dit :**
**« Pourquoi tenir de tels raisonnements ?**
**9 Qu'est-ce qui est le plus facile ?**
**de dire au paralysé : "Tes péchés sont pardonnés",**
**ou bien de dire :**
**"Lève-toi, prends ton brancard et marche" ?**
**10 Eh bien ! Pour que vous sachiez que le Fils de l'homme**
**a le pouvoir de pardonner les péchés sur la terre,**
**11 je te l'ordonne, dit-il au paralysé :**
**Lève-toi, prends ton brancard et rentre chez toi. »**
**12 L'homme se leva, prit aussitôt son brancard,**
**et sortit devant tout le monde.**
**Tous étaient stupéfaits et rendaient gloire à Dieu, en disant :**
**« Nous n'avons jamais rien vu de pareil. »**

Dans sa forme actuelle, le récit de la guérison d'un paralysé trouve sa pointe dans une controverse de Jésus avec les scribes sur le pardon des péchés (v. 5*b*-10).

Tout débute par une scène paisible (v. 1). Nous voici revenus à Capharnaüm où Jésus a inauguré sa mission (1,21). La maison où il se tient peut bien être celle de Simon et d'André (1,29). Marc souligne l'afflux de monde et surtout la situation bloquée où se trouve Jésus

(v. 2). La foule qui se presse pour l'écouter est si nombreuse que la porte de la maison est obstruée. Le Maître est comme prisonnier de son public. Et ce dernier fait un sérieux obstacle à quiconque voudrait le rejoindre de l'extérieur. Or justement voici qu'arrivent quatre hommes portant un paralysé (v. 3). Il y a là une urgence notoire. Le paralysé est un être doublement « exclu » : et des gens bien portants et de la communauté qui entoure Jésus.

L'ouverture du toit — cet ingénieux stratagème trouvé par les porteurs (v. 4) — étonne beaucoup le lecteur. Il s'explique bien par le mode de construction de l'époque. La maison palestinienne, sans étage, possédait un toit en terrasse très accessible. Dans ce toit, fait de branchages et de terre battue, un trou pouvait être facilement creusé. Il n'empêche que c'est un exploit digne d'admiration. Jésus prend bien en compte la foi manifestée par ces intrus qui osent s'interposer entre le Maître et son public (v. 5*a*). Mais c'est surtout les paroles de Jésus qui surprennent à plus d'un titre. On pouvait s'attendre à un ordre de guérison du malade. Il est reporté plus loin (au v. 11). À la place, Jésus déclare au paralysé que ses « péchés lui sont pardonnés » (v. 5*b*). La formule est, à dessein, à la forme passive : on évite ainsi, en bon juif, de nommer Dieu. Mais c'est pour faire entendre que c'est bien lui l'auteur du pardon.

Aussitôt cette maîtresse parole prononcée, la controverse se déclenche. Dans leur tête, les scribes accusent : « Il blasphème » cet homme qui se prend pour Dieu en pardonnant les péchés (v. 6-7). La réaction de ces spécialistes des Écritures est compréhensible. Dans la Bible, seul Dieu est détenteur du pouvoir de pardonner leur péché aux hommes. Mais l'accusation de Jésus comme blasphémateur transporte déjà le lecteur dans l'atmosphère empoisonnée du procès fait au Maître lors de sa Passion (14,63-64).

Pour l'heure, Jésus démasque les pensées de ses adversaires. Avant même qu'ils ne s'expriment, il va, par ses questions pertinentes, mettre les scribes, si fiers de leur savoir, au pied du mur (v. 9). Assurément, il est plus facile de prononcer une parole d'ordre spirituel, à l'efficacité invérifiable, que de rendre la marche à un paralysé. Mais cet affrontement trouve sa pointe dans une formule solennelle de Jésus qui fera date (v. 10). Pour le première fois dans son évangile, Marc met sur les lèvres de Jésus l'expression : « le Fils de l'homme ». Son sens est obscur et discuté. En hébreu, comme en araméen, un « fils d'homme » est simplement un humain (*cf.* Ez 2,1 ; 3,1-4 ; etc.). Mais au IIe siècle avant Jésus-Christ, dans le livre de Daniel, on voit apparaître « comme un Fils d'homme » mystérieux auquel Dieu confère toute souveraineté sur la terre (Dn 7,13-14). Et cette figure énigmatique a pris, dans la tradition juive jusqu'au temps de Jésus, une signification ouvertement messianique. Le Fils de l'homme est le Messie que Dieu a investi des pleins pouvoirs divins de Juge et de Sauveur universel de la fin des temps.

Ici Jésus s'arroge donc ce titre de « Fils de l'homme » et ses pouvoirs divins pour justifier le pardon fait à l'homme de ses péchés. Il se présente comme le Messie pleinement associé à la puissance de Dieu. Revendication considérable. Le pardon des péchés était annoncé par les prophètes comme l'un des événements réservés au temps du salut (Jr 31,31-34 ; Ez 36,25-29). C'est même le cœur de l'alliance nouvelle, l'acte essentiel du salut puisque Jésus donnera sa vie pour cela (*cf.* Mt 26,28). Et ce qui ne peut manquer de scandaliser les scribes, c'est que Jésus remet les péchés par une simple parole prononcée en pleine vie, alors qu'un appareil imposant de « sacrifices pour le péché » demeure en place dans le temple de Jérusalem (Lv 6,17-23). La guérison du paralysé devient la preuve visible que Jésus détient le pouvoir de remettre les péchés (v. 11-12*a*). L'homme gisait couché comme un mort. Le voilà remis debout et capable de porter sa civière. En lui disant : « Lève-toi », Jésus utilise le verbe qui sera employé pour dire sa propre Résurrection (16,6). L'ordre peut se lire : « Ressuscite ! » On voit par là que Marc a relu l'événement à la lumière de Pâques pour les chrétiens de son temps. De plus, la « maison » où Jésus enseigne est devenue, dans la primitive Église, le lieu habituel de rassemblement de la communauté chrétienne (Ac 12,12). L'évangéliste a bien noté, au début, que Jésus y « annonçait la Parole » (v. 2*b*). Cette expression est devenue technique, dans l'Église naissante, pour désigner la proclamation de la Bonne Nouvelle (Ac 4,29-31 ; 8,25). Et ici (comme en 1,21-27), il est remarquable que, pour Marc, le meilleur de l'enseignement de Jésus est son action de salut. Un salut qui concerne l'homme tout entier, l'âme et le corps. Dans l'Ancien Testament, la maladie — et la paralysie en particulier — était le signe du péché (Lv 21,16-21). Jésus vient arracher l'homme à la maladie et au péché. La signification profonde de tous ses miracles est donnée en clair dans ce récit. La série de controverses inaugurée en cette page va se poursuivre (2,13 à 3,6).

Cette première discussion avec les scribes insinue le pouvoir surhumain de Jésus. Il vient bousculer tout le système sacrificiel monté par les autorités juives pour obtenir le pardon de Dieu. Son action salutaire et le titre mystérieux de « Fils de l'homme » qu'il s'adjuge posent avec force la question de sa personnalité profonde : Qui est cet homme ?

La finale du récit (v. 12*b*) montre à l'évidence que les spectateurs sont restés cois devant l'attitude du Maître.

### L'APPEL DE LÉVI ET LE REPAS AVEC LES PÉCHEURS (2,13-17)

**13 Jésus sortit de nouveau sur le rivage du lac ;**
**toute la foule venait à lui, et il les instruisait.**
**14 En passant, il aperçut Lévi, fils d'Alphée,**
**assis à son bureau de publicain (collecteur d'impôts).**
**Il lui dit : « Suis-moi. »**
**L'homme se leva et le suivit.**

**15 Comme il était à table dans sa maison,**
**beaucoup de publicains et de pécheurs**
**vinrent prendre place avec Jésus et ses disciples,**
**car il y avait beaucoup de monde.**
**16 Même les scribes du parti des pharisiens le suivaient aussi,**
**et, voyant qu'il mangeait avec les pécheurs et les publicains,**
**ils disaient à ses disciples :**
**« Il mange avec les publicains et les pécheurs ! »**
**17 Jésus, qui avait entendu, leur déclara :**
**« Ce ne sont pas les gens bien portants**
**qui ont besoin du médecin,**
**mais les malades.**
**Je suis venu appeler non pas les justes,**
**mais les pécheurs. »**

Cette deuxième controverse débute par un petit tableau plein de saveur (v. 13). La scène évoque le moment paisible des débuts de la mission de Jésus avec son décor familier : le bord du lac, la foule, l'enseignement. Tout est là pour que Jésus lance son appel comme jadis aux premiers disciples (1,16-20). Mais cette fois, celui dont on vient d'apprendre le pouvoir de pardonner les péchés (2,10) s'avance au-devant des pécheurs (v. 14*a*).

Lévi est un douanier, l'un de ces petits fonctionnaires chargés du recouvrement des taxes publiques : les publicains. Ces gens-là n'ont pas une bonne réputation, et cela pour deux raisons. La première, c'est que, jouissant de la liberté de fixer le montant des impôts, ils s'enrichissent injustement ; la deuxième, c'est qu'ils travaillent pour le compte de l'occupant romain. On les accuse de frayer avec les païens. Ces motifs font que cette catégorie d'homme est méprisée par le peuple et plus encore par les Juifs respectueux de la Loi. C'est bien un pécheur public que Jésus invite à rejoindre les siens. « Il lui dit : "Suis-moi." » L'homme se lève et le suit (v. 14*b*). Par les termes employés, ce récit veut évoquer la vocation des premiers disciples

(1,18-20). Une fois encore, on est frappé par la souveraine initiative de Jésus et par l'étonnante faculté des hommes à se mettre à sa suite. Mais le plus curieux est que Jésus porte son choix sur un pécheur notoire.

Marc a disposé l'épisode à cet endroit pour introduire directement à la controverse qui suit (v. 15-16). Le scénario que l'évangéliste nous décrit maintenant ressemble à un événement type. Marc nous y présente Jésus en train de partager un repas — peut-être dans la maison de Lévi (*cf.* Lc 5,29) — en compagnie d'une foule de pécheurs. Pour comprendre le sens de ce qui se passe ici, il faut connaître le caractère religieux du repas chez les Juifs. C'est le lieu par excellence de la communion, mais aussi de l'exclusion. Il importe aussi de savoir qui sont les acteurs du drame qui commence à se nouer : les publicains et les pécheurs, les scribes et les pharisiens.

« Les publicains et les pécheurs » (v. 15*b*). La société juive au temps de Jésus rangeait sous le nom de « pécheurs » (souvent accolé à celui de publicain) des gens de toutes sortes. Certains ont une conduite immorale (adultères, prostituées, faussaires, etc.), d'autres exercent des métiers poussant à la malhonnêteté, comme ceux des transports (âniers, chameliers, voituriers, matelots) ou ceux du commerce (boutiquiers, bouchers, médecins). Sont aussi moralement douteuses les professions qui mettent en rapport avec les femmes (blanchisseurs, colporteurs, tisserands, etc.). Enfin sont classés dans une liste de personnes à ne pas fréquenter ceux qui pratiquent des tâches répugnantes (tanneurs, fondeurs, ramasseurs d'ordures, etc.). On le voit, par un jeu de discriminations plus sociales que morales, c'est un vaste monde qui se trouvait exclu des relations humaines et religieuses. Pour les Juifs très soucieux de pureté légale, tout contact physique avec les pécheurs publics était prohibé. *A fortiori,* un repas partagé créait-il une souillure grave, punie d'exclusion.

« Les scribes du parti des pharisiens » (v. 16*a*). Les scribes nous sont déjà connus (*cf.* 1,22 ; 2,6). Leur savoir étendu dans le domaine des lois juives en faisait les chefs du parti des pharisiens. Les pharisiens formaient, au temps de Jésus, l'un des mouvements religieux les plus spirituels et ouverts. Ils avaient une haute idée de Dieu et de ses exigences à l'égard des hommes. Leur influence était grande sur le peuple. Par leur piété profonde, ils cherchaient à inculquer à tous une pratique religieuse qui imprègne toute la vie. Interprètes avisés des Écritures, à l'esprit novateur, ils étaient les fervents adeptes des traditions orales comme guide des croyants dans l'action quotidienne. Leur grand souci de vie communautaire, leur ardente attente du Messie, leur vibrante aspiration à purifier Israël de tout péché, en faisaient les zélés défenseurs de la loi de Moïse et de la Tradition. Jésus partageait beaucoup d'idées soutenues par les pharisiens. Mais sur des points discutés de la Loi et certains de leurs comportements, le Maître s'est rudement opposé à ces Juifs fervents. Nous en avons ici la preuve.

Marc nous dit le plainte scandalisée qui, par le biais de ses disciples, atteint Jésus (v. 16*b*). Le Maître, qui a entendu cette récrimination, y répond par une déclaration péremptoire (v. 17). Le parallèle avec la controverse précédente est flagrant. Là Jésus revendiquait le pouvoir de pardonner les péchés en tant que « Fils de l'homme » (2,10). Ici, dans la même ligne, il affiche sa prétention d'être « le médecin » qui vient guérir ces malades que sont les pécheurs. En parlant de « médecin », c'est un nouveau titre divin que Jésus s'approprie. Dans l'Ancien Testament, chez les prophètes, Dieu est présenté comme le seul Médecin capable d'arracher Israël à ses péchés (*cf.* Os 6,1-3 ; Jr 30,17).

Jésus ouvre donc l'ère de la rémission des péchés. Pour lui, les pécheurs ne sont pas des gens contaminés à écarter, à exclure, mais des hommes et des femmes appelés à la réconciliation, à la communion. Son repas en compagnie d'une foule d'exclus signifie que le temps du pardon est arrivé. Le Messie est là !

Le récit ne nous dit pas la réaction des disciples qui participent au banquet. Lévi est devenu l'un des leurs, un « disciple ». Même l'apostolat est ouvert aux pécheurs repentants. Jésus, par son comportement révolutionnaire, brouille les rituels religieux de son temps et les rend caducs.

La levée de toutes les exclusions par Jésus fera date. Les pharisiens eux-mêmes, une fois devenus ses ennemis, en feront l'aveu flatteur : « Maître, nous le savons : tu es toujours vrai ; tu ne te laisses influencer par personne, car tu ne fais pas de différence entre les gens, mais tu enseignes le vrai chemin de Dieu » (12,14).

Lorsque Marc, avec beaucoup de soin, raconte le banquet de Jésus avec les pécheurs sous l'œil soupçonneux des scribes et des pharisiens, la discrimination sociale et religieuse continue de sévir au sein même de l'Église naissante des années 60-70. Les textes du Nouveau Testament montrent quels problèmes épineux a posé la commensalité entre les chrétiens d'origine juive et ceux d'origine païenne (*cf.* Ac 10-11, 2-3 ; Ga 2,16).

Cette page d'évangile garde toute son actualité dans les situations d'exclusion de toutes sortes, au nom d'exigences religieuses ou morales.

## LE JEÛNE ET L'ÉPOUX (2,18-22)

**18 Comme les disciples de Jean Baptiste et les pharisiens jeûnaient, on vient demander à Jésus :**

**« Pourquoi tes disciples ne jeûnent-ils pas,**
**comme les disciples de Jean et ceux des pharisiens ? »**
19 **Jésus répond :**
**« Les invités de la noce pourraient-ils donc jeûner,**
**pendant que l'Époux est avec eux ?**
**Tant qu'ils ont l'Époux avec eux, ils ne peuvent pas jeûner.**
20 **Mais un temps viendra où l'Époux leur sera enlevé :**
**ce jour-là ils jeûneront.**
21 **Personne ne raccommode un vieux vêtement**
**avec une pièce d'étoffe neuve ;**
**autrement la pièce neuve tire sur le vieux tissu**
**et le déchire davantage.**
22 **Ou encore, personne ne met du vin nouveau**
**dans de vieilles outres ;**
**autrement la fermentation fait éclater les outres,**
**et l'on perd à la fois le vin et les outres.**
**À vin nouveau, outres neuves. »**

La troisième controverse entre Jésus et ses adversaires commence sans préavis de temps et de lieu. Elle se déroule comme la précédente (2,15-17). À partir d'un fait qui dérange, une question est posée à Jésus. Elle entraîne de sa part une mise au point péremptoire.

Voyons le fait (v. 18*a*). La pratique du jeûne était très prisée des milieux religieux juifs. Jeûner est une tradition ancienne dans le peuple de Dieu. Une manière de se préparer à la rencontre du Seigneur (ainsi Moïse en Ex 34,28). À l'époque de Jésus, les disciples de Jean Baptiste sont les plus ardents défenseurs de cette abstinence volontaire. Dans l'attente fiévreuse du jour de Dieu, ils invitent à une conversion radicale. Dans leurs repas, ils refusent l'usage de la viande et des boissons alcooliques.

La question posée au Rabbi est grave (v. 18*b*). Il doit justifier la dérogation de ses amis à l'une des trois pratiques qui, chez les juifs pieux, charpentent la vie de foi authentique : l'aumône, la prière et le jeûne (*cf.* Mt 6,1-18).

On pourrait penser que Jésus va donner tort à ses disciples pour leur trop facile manquement à la règle commune. Il n'en est rien. Au contraire, le Maître les excuse en avançant un motif supérieur, inattendu (v. 19). De quoi s'agit-il ? En clair, Jésus s'arroge ici un titre nouveau, le troisième, celui d'« Époux ». C'est un titre divin. Dans l'Ancien Testament, l'alliance conclue par Dieu avec son peuple est comparée à des épousailles. Dieu est l'Époux d'Israël (Is 54,5-6 ; 62, 4-5). Et les prophètes ont annoncé qu'au-delà des infidélités de son épouse, le Seigneur rendrait ses noces avec l'humanité définitives, à la fin des temps (Os 2,18-22). Aussi la venue du Messie était attendue comme l'ouverture du temps des noces. Un banquet fabuleux de viandes grasses et de vins décantés serait offert à tous les peuples pour célébrer la victoire décisive de Dieu sur le Mal et la Mort (Is 25,6-9).

Jésus prend donc ses contemporains à témoin. Si ses disciples ne jeûnent plus, c'est qu'ils sont les premiers « invités à la noce ». Ils sont le signe vivant de l'événement historique en cours : l'Époux est là. Le temps des noces de Dieu avec les hommes est inauguré. Le Messie ouvre la fête du Salut, que tous devraient accueillir dans la joie. Il faut reconnaître que les propos de Jésus sont choquants pour ses interlocuteurs comme est choquante, scandaleuse même, l'attitude de ses disciples qui est aussi la sienne. Les évangiles ont gardé certaines traces du conflit qui s'est fait jour entre les fortes personnalités de Jean Baptiste et de Jésus. Le précurseur a vécu en ascète qui ne mange ni ne boit. À l'opposé, Jésus était traité de jouisseur : « Voilà un glouton et un ivrogne... » (Mt 11,18-19).

On devine le violent contraste qu'a produit l'irruption du Messie à cette époque-là. Cependant le climat de fête instauré par Jésus (*cf.* les noces de Cana en Jn 2,1-12) s'est trouvé modifié par la suite des événements. Jésus a été mis à mort. C'est ce qui est suggéré par la phrase : « Un temps viendra où l'Époux leur sera enlevé ; ce jour-là, ils jeûneront » (v. 20). Lorsque le Maître est disparu, les disciples ont remis le jeûne à l'honneur, dans l'attente ardente de son retour (Ac 13,1-3).

Mais la controverse s'achève en revenant sur la situation nouvelle créée par Jésus : l'inauguration des temps nouveaux. Deux brèves paraboles viennent élargir la perspective ouverte (v. 22*a*). Par ces images très parlantes, Jésus fait entendre qu'avec Lui une économie vraiment neuve est apparue. Elle fait craquer le vieux tissu des usages rituels. Elle rend caduc l'ordre ancien. Et Jésus conclut ce débat — avec les milieux les plus religieux de son temps — par un petit proverbe, bien frappé, qui défie les siècles : « À vin nouveau, outres neuves » (v. 22*b*).

Marc a bien mis en valeur la conscience qu'avait la communauté chrétienne d'être entrée, avec le Christ, dans une ère nouvelle. Le vieux vêtement, les vieilles outres, évoquent le judaïsme que des mouvements de « réveil spirituel » — comme les pharisiens et les baptistes — prétendaient rajeunir. Ils ne faisaient, au dire de Jésus, que le compromettre davantage. En refusant les rapiéçages et les surcharges, Jésus a substitué un régime entièrement nouveau à l'ancien. Jean l'évangéliste a parfaitement résumé cette radicale nouveauté advenue avec le Messie lorsqu'il écrit : « Oui, de sa plénitude nous avons tous reçu grâce sur grâce. Si la Loi fut donnée par Moïse, la grâce et la vérité nous sont venues par Jésus Christ » (Jn 1,16-17).

### LES ÉPIS ARRACHÉS : LE MAÎTRE DU SABBAT (2,23-28)

**23 Un jour de sabbat, Jésus marchait à travers les champs de blé ;**
**et ses disciples, chemin faisant, se mirent à arracher des épis.**
**24 Les pharisiens lui disaient :**
**« Regarde ce qu'ils font le jour du sabbat !**
**Cela n'est pas permis. »**
**25 Jésus leur répond :**
**« N'avez-vous jamais lu ce que fit David,**
**lorsqu'il fut dans le besoin et qu'il eut faim,**
**lui et ses compagnons ?**
**26 Au temps du grand prêtre Abiathar,**
**il entra dans la maison de Dieu**
**et mangea les pains de l'offrande**
**que seuls les prêtres peuvent manger,**
**et il en donna aussi à ses compagnons. »**
**27 Jésus leur disait encore :**
**« Le sabbat a été fait pour l'homme,**
**et non pas l'homme pour le sabbat.**
**28 Voilà pourquoi le Fils de l'homme**
**est maître, même du sabbat. »**

Cette quatrième controverse entre Jésus et les pharisiens épouse le modèle des précédentes. On part d'un fait divers (v. 23). Ce fait soulève chez les Juifs une question religieuse. On la soumet à l'appréciation de Jésus (v. 24). La réponse du Maître est d'une pertinence sans égal (v. 25-26). Et Jésus la justifie par une affirmation péremptoire (v. 27-28). En suivant ce schéma, Marc montre que Jésus ne se comporte pas autrement que les rabbins de son temps : il participe au débat d'idées entre les écoles rabbiniques. Mais il le fait avec une supériorité incontestable.

Voici le fait incriminé. Les disciples de Jésus, chemin faisant à travers les champs, arrachent des épis de blé (v. 23). Le lecteur non averti ne voit pas ce qui peut faire problème dans ce simple événement : les amis de Jésus, qui sont en route, satisfont leur faim tout en marchant. Mais les pharisiens, spécialistes des prescriptions de la loi juive, sont choqués de cette attitude. Ils la dénoncent aussitôt à Jésus (v. 24). Le respect rigoureux de la loi du sabbat est violé. Selon la loi de Moïse, le jour du sabbat est un jour de repos absolu consacré à Dieu (Ex 20,8-11). Depuis l'exil à Babylone (VI^e^ siècle av. J. C.), le peuple de Dieu a fait du sabbat l'une des pierres de touche de sa fidélité à la volonté de Dieu remontant aux origines (Gn 2,1-4*a*). Et avec le temps, la tradition israélite a codifié l'interdiction d'une foule d'actions concrètes jugées incompatibles avec le respect du repos sacré du sabbat. À l'époque de Jésus, les pharisiens veillent avec un souci scrupuleux à ce qui, à leurs yeux, n'est pas admissible pour garder au jour du sabbat sa sainteté. Trente-neuf activités sont prohibées ce jour saint. Parmi elles, se trouvent toutes les opérations qui relèvent de la moisson. C'est ainsi que le simple fait de glaner est interdit : il se trouve assimilé au travail des moissonneurs.

Jésus, comme les rabbins de son temps, est appelé à condamner la cueillette d'épis de blé par ses disciples. Mais, ressourcement oblige, il renvoie les spécialistes de la loi à ses dérogations célèbres dans l'Écriture (v. 25-26). En prenant cet exemple d'un viol caractérisé de la loi par David en personne (*cf.* 1 S 21,1-7), Jésus entend légitimer l'action de ses disciples, et en premier la sienne. David est l'une des figures les plus marquantes du Messie à venir. Aux adeptes tatillons de la loi de Moïse, Jésus fait savoir qu'avec lui les temps nouveaux sont arrivés. Le Messie est là qui — au-delà de la loi — instaure une ère nouvelle.

Ce message — pour ceux qui n'auraient pas encore compris —, Jésus le délivre en clair, à la pointe du récit. Avec une de ces formules bien frappées qui passeront les siècles, il déclare : « Le Sabbat a été fait pour l'homme et non pas l'homme pour le Sabbat » (v. 27). C'est un total renversement de perspective pour ses auditeurs. Le repos sabbatique était devenu une institution pesante. Jésus rappelle sa finalité originelle : libérer l'homme pour le service de Dieu et des hommes. Et le Maître, pour finir, fournit la justification de cette prise de position : « Voilà pourquoi le Fils de l'homme est maître même du sabbat » (v. 28). Cette revendication est énorme ! Sans ambages, Jésus affirme avoir autorité sur une institution dont l'origine était tenue pour remonter à Dieu même (Gn 2,1-4*a*). Décidément ce mystérieux « Fils de l'homme » (comme en 2,10) s'arroge des pouvoirs exorbitants que Dieu seul détient. Quel peut bien être ce rabbi qui — sans aucun complexe — revendique des privilèges qui n'appartiennent qu'à la divinité ? La question de la nature de sa personnalité est relancée avec force : quel est donc cet homme ?

## L'HOMME À LA MAIN PARALYSÉE (3,1-6)

**1 Une autre fois, Jésus entra dans une synagogue ;**
**il y avait là un homme dont la main était paralysée.**
**2 On observait Jésus pour voir s'il le guérirait le jour du sabbat ;**

**on pourrait ainsi l'accuser.**
3 **Il dit à l'homme qui avait la main paralysée :**
**« Viens te mettre là devant tout le monde. »**
**Et s'adressant aux autres :**
4 **« Est-il permis, le jour du sabbat,**
**de faire le bien, ou de faire le mal ?**
**de sauver une vie, ou de tuer ? »**
**Mais ils se taisaient.**
5 **Alors, promenant sur eux un regard de colère,**
**navré de l'endurcissement de leurs cœurs,**
**il dit à l'homme : « Étends la main. »**
**Il l'étendit, et sa main redevint normale.**
6 **Une fois sortis,**
**les pharisiens se réunirent avec les partisans d'Hérode**
**contre Jésus, pour voir comment le faire périr.**

Ce court récit, très condensé, se présente comme un véritable drame. C'est la cinquième — et dernière — controverse entre Jésus, les scribes et les pharisiens. La confrontation n'a fait que s'aggraver (depuis 2,1). Toutefois, Jésus s'en est tenu, la plupart du temps, à un affrontement verbal. Maintenant il passe à l'acte : c'est l'épreuve de force.

L'histoire commence de la manière la plus banale en apparence (v. 1). On ne nous dit pas si Jésus se trouve à Capharnaüm, où il a déjà fait scandale en guérissant un autre paralysé (2,1-12). Mais la synagogue est par excellence le domaine des Juifs pratiquants, le lieu de la proclamation de la loi de Moïse où l'on peut s'attendre à ce qu'elle y soit respectée. Mais cette fois les pharisiens sont aux aguets. Ils cherchent à prendre Jésus en flagrant délit de violation de la loi (v. 2). Comme en témoignent les verbes utilisés (observer, accuser), la tension est extrême entre Jésus et ses adversaires. L'on est déjà transporté dans le procès qui lui sera fait.

Après les propos qu'il a tenus (2,28), l'observance du sabbat, au sein même de l'assemblée synagogale, est l'enjeu direct du conflit. À l'origine, les Juifs célébraient par le repos hebdomadaire la libération de l'esclavage du peuple au pays d'Égypte (Dt 5,12-15). Avec le temps, l'esprit légaliste a transformé cette fête en une contrainte redoutable. À l'époque de Jésus, toutes sortes d'actions, même élémentaires, étaient prohibées. À peine tolérait-on de rompre le repos sacré si un malade se trouvait en danger de mort. Ce n'est pas le cas ici. Jésus entend faire du handicapé qu'il rencontre un exemple vivant du salut. Il le convoque personnellement (v. 3). Bien mis en vedette, au cœur de l'assemblée, l'homme doit éprouver quelque gêne. Jésus n'hésite pas pourtant à différer quelque peu son intervention. Au-delà des cas de conscience sur les soins autorisés ou non, il lance à ses détracteurs cette question primordiale : Qu'est-il permis de faire le jour du Sabbat : le bien ou le mal ? Sauver la vie ou la laisser à la mort ? (v. 4*a*). Le dilemme posé appelle une réponse immédiate, sans difficulté. Mais Marc, laconiquement, souligne l'irresponsabilité des observateurs de la loi du repos (v. 4*b*). Il faudrait aux pharisiens prendre le parti de faire le bien, alors qu'ils sont prisonniers d'habitudes qui leur interdisent toute action. Le silence coupable de ses interlocuteurs remplit Jésus de fureur et de tristesse. Son irritation se lit dans ses yeux (v. 5*a*). Par la suite, Marc relèvera souvent ce regard circulaire de Jésus qui exprime un jugement réprobateur sur ceux qu'il vise (3,34 ; 5,32 ; 10,23 ; 11,11). Et il ajoute que Jésus était « navré de l'endurcissement de leur cœur » (v. 5*b*). Ces mots sont sévères. Ils expriment la fermeture volontaire des pharisiens à la Bonne Nouvelle. Jésus ne se laisse pas arrêter par ce refus. Un mot lui suffit pour rendre au paralysé l'usage normal de sa main (v. 5*c*). En Maître du sabbat qu'il est, Jésus montre qu'il sait parfaitement concilier le repos sacré et l'activité de salut qu'il tient de Dieu (*cf.* Jn 5,16-17). Le récit s'achève sur un coup de théâtre. Le geste du Maître déclenche ce qui ressemble fort à un début de complot (v. 6).

La leçon que Jésus vient de donner est claire. Il l'avait solennellement annoncé : le sabbat est fait pour l'homme et non l'inverse (2,27). S'il viole l'interdit de la Loi, c'est pour mieux rendre celle-ci à sa pureté originelle. Le sabbat est fête de la libération. En redonnant au paralysé une totale validité, Jésus fait œuvre de libération. Il est tout à fait dans le rôle dévolu au Messie. Traditionnellement, celui-ci est l'Envoyé de Dieu pour restaurer le monde dans le Bien et la Vie. Avec lui, s'inaugure l'ordre nouveau où l'homme est rétabli dans sa dignité première. Les auteurs du Nouveau Testament insisteront sur cette « remise en ordre » que le Messie vient opérer (Mc 9,12 ; Ac 3,21). Marc le suggère discrètement à ses lecteurs chrétiens en notant que la main du paralysé « redevint normale » (v. 5*b*).

Le récit que l'on vient de lire — joyau de concision et de vivacité — a fait l'objet d'études attentives. On s'est demandé comment Marc parvenait à un art si merveilleux de raconter. À ceux qui prétendaient que l'évangéliste, tel un journaliste, laissait sa plume épouser le cours des événements, d'autres ont opposé la construction rigoureuse de l'épisode qui nous occupe. On y découvre un savant montage. Chaque élément du récit trouve son opposé, le tout dans un emboîtement remarquable.

On peut relever les oppositions suivantes, en partant des extrémités du récit et en allant vers son centre :

— au début, Jésus « entre » dans la synagogue (v. 1*a*). À la fin, les pharisiens en « sortent » (v. 6*a*).

— Ensuite l'homme à la main paralysée est campé (v. 1*c*). À l'autre bout, il se présente avec sa main guérie (v. 5*c*).

— Jésus est épié par ceux qui l'observent (v. 2). À cela correspond son regard réprobateur (v. 5*a*).

— Jésus pose sa question radicale (v. 4*a*). À quoi répond le silence de ses adversaires (v. 4*c*).

Ainsi, de touche en touche, on parvient au cœur du récit. Là encore il se trouve exprimé par une opposition voulue : faire le bien ou le mal, sauver la vie ou tuer (v. 4*b*).

L'ensemble forme un jeu parfait de correspondances. Ce procédé est courant dans la littérature sémitique. La preuve est faite que Marc n'écrit pas avec la pure spontanéité du témoin. Il sait composer sa narration selon les règles littéraires établies en son temps. Son récit ici — comme ailleurs —, au-delà de l'apparence trompeuse du compte rendu de l'événement, se révèle une minutieuse « mise en scène » qui porte le lecteur à la réflexion.

Mais revenons à l'importance de ce morceau. Il marque dans l'évangile un certain sommet et un point de non-retour. Depuis le début des controverses, Marc a savamment illustré l'hostilité croissante des scribes et des pharisiens à Jésus. Les joutes oratoires du chapitre 2 ont toutes pour fond commun la question qui se pose sur la personnalité de Jésus : Qui est donc cet homme ?

Marc, au fil de son récit, a mis en valeur la figure hors pair du prophète galiléen. Il est « le Fils de l'homme » qui a sur la terre le pouvoir de pardonner le péché (2,10). Il est « le Médecin » qui vient guérir les hommes de tous leurs maux (2,17). Il est « l'Époux » par qui les noces de Dieu avec l'humanité sont inaugurées (2,19). Pour finir, il vient de démontrer en acte qu'il est le souverain « Maître du sabbat » (2,28).

L'évangéliste, en même temps, met en place le cadre dynamique de tout son livre. Même si, dans notre épisode, le complot meurtrier des pharisiens et des Hérodiens arrive trop tôt (3,6). Marc profile la Passion à l'horizon des conflits en cours. L'emploi des verbes « accuser » (v. 2*b*) et « faire périr » (v. 6*b*) sont très révélateurs. Le procès et la mort de Jésus s'originent dans la manière dont il remet en cause l'ordre établi des gens du système.

En cela Marc 3,1 à 6 se présente comme un micro-évangile. Toute la Révélation que Jésus y fait de sa personne et de sa mission lui attirent l'incompréhension et les projets meurtriers des autorités religieuses d'Israël. Le drame de sa mort est là en germe. Et il est réconfortant de voir que Jésus oppose au dessein mortifère des hommes, le dessein salutaire de Dieu.

**JÉSUS ET LES FOULES (3,7-12)**

**7 Jésus se retira avec ses disciples au bord du lac;**
**et beaucoup de gens, venus de la Galilée, le suivirent;**
**8 et aussi beaucoup de gens de Judée, de Jérusalem, d'Idumée,**
**de Transjordanie, et de la région de Tyr et de Sidon**
**avaient appris tout ce qu'il faisait, et ils vinrent à lui.**
**9 Il dit à ses disciples**
**de tenir une barque à sa disposition**
**pour qu'il ne soit pas écrasé par la foule.**
**10 Car il avait fait beaucoup de guérisons,**
**si bien que tous ceux qui souffraient de quelque mal**
**se précipitaient sur lui pour le toucher.**
**11 Et lorsque les esprits mauvais le voyaient,**
**ils se prosternaient devant lui et criaient:**
**« Tu es le Fils de Dieu ! »**
**12 Mais il leur défendait vivement de le faire connaître.**

En contrepoint du récit continu qui déroule l'activité de Jésus, Marc sait, par moments, marquer un temps d'arrêt. Il aime alors résumer en un court tableau suggestif la situation présente. Cela a déjà été le cas au début de sa mission de Jésus, après la guérison de la belle-mère de Pierre (1,32-34). Maintenant qu'il a dépeint la méfiance dont les scribes et les pharisiens entouraient Jésus, l'évangéliste fait le point. Quelle atmosphère règne entre le prophète et le peuple ? Comment évolue l'attitude de Jésus envers son public ?

La scène présente fait bien le point. Elle épingle l'évolution en cours des rapports de Jésus avec la foule. Après les joutes épuisantes qu'il a soutenues, Jésus semble vouloir souffler un peu. Il se retire, avec ses amis, au bord du lac (v. 7*a*). Ce lieu de retraite s'avère vite illusoire. Jésus se trouve aussitôt assailli par la multitude qui court après lui. Les gens viennent de partout. De toutes les provinces juives : la Galilée, la Judée, Jérusalem (v. 8*a*) ; mais aussi des régions païennes d'au-delà des frontières d'Israël : l'Idumée (au sud), la Transjordanie (à l'est), le pays de Tyr et de Sidon (au nord). C'est la renommée exceptionnelle du guérisseur qui les attire en grand nombre (v. 8*b*). Jésus se sent envahi par cette marée humaine. Il est obligé de prendre des mesures de sécurité : il se distance du rivage en s'embarquant avec ses amis (v. 9). Marc souligne fortement que cet afflux de monde est bien motivé par les succès thérapeutiques de Jésus. C'est le faiseur de prodiges qui fait courir les gens (v. 10). La ruée sur le guérisseur s'explique par la croyance populaire de l'époque qu'un seul contact avec lui procure le soulagement immédiat de tous les maux.

Victime de sa réussite médicale, on comprend que Jésus veuille prendre quelque distance vis-à-vis de cet enthousiasme délirant. Pour lui, les miracles qu'il opère ne sont que des « signes » offerts à l'appui de son enseignement. Signes accordés à la foi, les miracles ne doivent pas entretenir chez les foules le faux espoir d'un monde qui serait — dans le présent — débarrassé de tout mal.

Les foules, aveugles, sont avides de merveilleux. Mais Jésus n'entend pas répondre à l'armada des folles espérances. Il n'est pas comme les guérisseurs de son temps. Sa mission primordiale est l'annonce du Règne de Dieu. Déjà à ses propres disciples qui le pressaient : « Tout le monde te cherche », il avait répondu : « Partons ailleurs (...), afin que je proclame la Bonne Nouvelle ; car c'est pour cela que je suis sorti » (1,37-38).

En finale de sa mise au point, Marc revient, comme en refrain, sur le scénario connu des esprits mauvais (v. 11). Ils ne cessent, par des révélations furtives, de clamer l'origine surnaturelle du Maître. On se souvient de l'épisode du possédé de Capharnaüm (1,23-25). C'est toujours le même jeu. Les démons, par la bouche des malades, crient leur parfaite connaissance de l'identité de Jésus : il est le Messie, le Fils de Dieu. Mais Jésus leur impose silence : c'est la sempiternelle mise en scène du « secret messianique » (v. 12). La proclamation des titres révélant la personnalité de Jésus est prématurée. Elle risque d'entraîner les foules crédules — et les disciples eux-mêmes — à la croyance erronée en un Messie d'ordre temporel. Les titres donnés à Jésus, la vérité sur sa profonde et insondable identité divine ne prendront toute leur force qu'après sa Passion et sa Résurrection. On en est encore loin !

DEUXIÈME ÉTAPE

## *DE L'INSTITUTION DES « DOUZE » À LEUR ENVOI EN MISSION* (3,13-6,6)

La première étape (1,14 à 3,12) nous a campé Jésus dans son activité de libérateur. Par sa Parole puissamment efficace, il est porteur d'une Bonne Nouvelle qui n'a pas fini d'étonner. Cette deuxième étape (3,13 à 6,6) nous le montre continuant, par ses faits et gestes, à poser à tous la question : « Qui donc est cet homme ? »

Trois séquences font progresser ce questionnement, surtout dans la tête de ses disciples.

— Une *première séquence* (3,13-35) fait comprendre que Jésus, au-delà de ses liens charnels, veut constituer une nouvelle famille ouverte à tous :

— *Jésus institue les Douze* 3,13-19) ;
— *l'intervention des proches de Jésus* (3,20-21) ;
— *Jésus et Satan* (3,22-30) ;
— *la vraie famille de Jésus* (3,31-35).

— Une *seconde séquence* (4,1-34) rassemble l'enseignement de Jésus en paraboles. Accessible à tous, cet enseignement demande réflexion aux disciples sur son sens profond. On y trouve successivement :

— *la parabole des semailles* (4,1-9) ;
— *le pourquoi des paraboles* (4,10-12) ;
— *l'explication des semailles* (4,13-20) ;
— *la parabole de la lampe* (4,21-23) ;
— *la parabole de la mesure* (4,24-25) ;
— *la parabole de la semence qui pousse toute seule* (4,26-29) ;
— *la parabole du grain de moutarde* (4,30-32) ;
— *la fin du « discours » en paraboles* (4,33-34).

— Une *troisième* et dernière *séquence* (4,35 à 6,6) regroupe quatre gestes de puissance de Jésus. Ces gestes révèlent que Jésus met en œuvre l'enseignement des paraboles dans ses actes sauveurs. Il montre

à ses disciples que la Bonne Nouvelle doit être portée non seulement en Israël, mais auprès des païens. C'est le sens qu'il faut découvrir dans les récits suivants :
— *La tempête apaisée* (4,35-41) ;
— *Le possédé de Gérasa* (5,1-20) ;
— *La fille de Jaïre et la femme incurable* (5,21-43).

Au terme de cette longue étape, Marc fait le point sur la façon dont Jésus demeure perçu par son milieu d'origine et ses propres disciples. Ceux-ci ont encore du chemin à faire pour parvenir à la foi :
— *Jésus à Nazareth* (6,1-6).

## JÉSUS INSTITUE LES DOUZE (3,13-19)

**13 Jésus gravit la montagne, et il appela ceux qu'il voulait.**
**14 Ils vinrent auprès de lui, et il en institua douze**
**pour qu'ils soient avec lui, et pour les envoyer prêcher**
**15 avec le pouvoir de chasser les esprits mauvais.**

**16 Donc, il institua les Douze :**
**Pierre (c'est le nom qu'il donna à Simon),**
**17 Jacques, fils de Zébédée, et Jean, le frère de Jacques,**
**(il leur donna le nom de « Boanerguès »,**
**c'est-à-dire : « Fils du tonnerre »,**
**18 André, Philippe, Barthélemy, Matthieu,**
**Thomas, Jacques fils d'Alphée,**
**Thaddée, Simon le Zélote,**
**19 et Judas Iscariote, celui-là même qui le livra.**

Quittant le bord du lac, « Jésus gravit la montagne » (v. 13*a*). Alentour du lac, il n'y a que des collines. Mais la « montagne » veut sans doute évoquer ici le mont Sinaï, où Moïse a rassemblé les douze tribus d'Israël pour en faire le peuple de Dieu (Ex 24,4).

« Il appela ceux qu'il voulait. Ils vinrent auprès de lui » (v. 13*b*). Cette souveraine initiative rappelle celle de Dieu. Aucune considération des personnes n'intervient. Marc insiste par deux fois : il fonde le collège des Douze (v. 14*a* ; 16*a*). Le chiffre est là pour montrer qu'il veut donner naissance au nouveau peuple de Dieu. N'oublions pas qu'Israël était constitué de l'union de douze tribus (Gn 49,28*a*). La fonction des Douze disciples est aussitôt précisée. Elle est double (v. 14-15). La première est de former la communauté de Jésus : d'être « avec lui ». La seconde consiste en une participation à sa mission : l'annonce de la Bonne Nouvelle avec la force de poser des signes de salut.

Immédiatement après leur investiture, Marc donne la liste des Douze, ces hommes qui partageront au plus près la vie et la mission de Jésus. Cette liste se retrouve chez les autres évangélistes, avec quelques variantes dans l'ordre des noms (Mt 10,2-4 ; Lc 6,14-16).

En premier, les quatre disciples choisis par Jésus lorsqu'il est entré en activité (1,16-20) : Pierre, Jacques, Jean, André. Marc souligne que trois d'entre eux reçurent de Jésus un nom nouveau. Dans le monde sémitique, le changement de nom indique une vocation. En tête, vient Simon que Jésus a surnommé Pierre (v. 16). En araméen comme en grec, ce nom signifie « roc ». C'est une claire allusion à la primauté qui sera reconnue à Simon-Pierre (Mt 16,15-19). À Jacques et Jean, les deux fils de Zébédée, Jésus « donna le nom de ''Boanerguès'', c'est-à-dire ''Fils du tonnerre'' » (v. 17). Il s'agit là d'une évocation du caractère particulièrement violent des deux frères (Lc 9,54). D'autres surnoms sont accolés, sans plus, à la personne. Ainsi le second Simon est dit « le zélote » (v. 18*b*). L'expression ne désigne pas, comme on le croit souvent, un patriote résistant de la guerre juive (qui éclata en 66 ap. J.C.) : ce serait un anachronisme ! Il suffit d'y voir évoqué un zélé défenseur de la loi. Quant au dernier de la liste : « Judas Iscariote » (v. 19*b*), il porte le surnom de son propre père (*cf.* Jn 6,71). Le sens de ce surnom n'est pas élucidé. Du moins la formule « celui-là même qui le livra » est au passé et non au futur. Elle montre à quel point les premiers chrétiens avaient été marqués par l'épisode de la trahison de Judas dans le récit de la Passion (14,17-21).

L'ensemble du passage montre le souci de Marc, qui est celui de la primitive Église, d'authentifier sa fondation par Jésus en personne. C'est une institution qui remonte au cœur de sa mission.

## L'INTERVENTION DES PROCHES DE JÉSUS (3,20-21)

20 **Jésus entre dans une maison,**
**où de nouveau la foule se rassemble,**
**si bien qu'il n'était pas possible de manger.**
21 **Sa famille, l'apprenant, vint pour se saisir de lui,**
**car ils affirmaient :**
**« Il a perdu la tête. »**

La petite scène qui se déroule maintenant ne manque pas de piquant. On ne la trouve que chez saint Marc. Elle est très originale. La situation qui s'est passée à Capharnaüm au début de la mission de Jésus (2,1-2) se reproduit ici (v. 20*a*). Jésus et ses disciples se trouvent bloqués à l'intérieur d'une assemblée à domicile à cause de l'afflux des gens qui se pressent pour l'entendre. Sans doute il ne s'agit plus des multitudes qui l'assaillaient au grand air au bord du lac et dont il devait se protéger (3,7-12). On pense à un groupe plus restreint qui s'est mis à écouter le Maître et qui l'a suivi jusqu'en ses retranchements. Marc souligne toutefois que les circonstances ne sont pas heureuses. Le monde qui emplit la maison, et sans doute en bouche les issues, menace l'équilibre du Maître. Il n'a même plus la possibilité de prendre sa nourriture (v. 20*c*). C'est un comble et cela menace directement sa vie.

La réaction des parents de Jésus est bien compréhensible (v. 21). Ils viennent, pendant qu'il est encore temps, arracher leur progéniture à un esclavage jugé intolérable. Mais leur démarche ne semble pas dénuée de mauvaises intentions. N'est-il pas téméraire de la part de ceux qui le connaissent de l'accuser d'être devenu fou ? Ce sont pour le moins des sentiments outranciers qui manquent à l'élémentaire bienveillance. Marc lui-même en notant leur volonté de « se saisir de lui » accrédite l'idée d'un rapt. L'expression « se saisir de » reviendra jusqu'à quatre fois dans le récit de la Passion pour désigner l'arrestation de Jésus (14,46 ; etc.). L'évangéliste ne se fait pas faute non plus de classer catégoriquement la famille de Jésus parmi ses adversaires. Cette opinion est confirmée par la place même où il a situé ce court épisode : tout juste avant l'éprouvante polémique que Jésus va avoir avec les scribes, ses ennemis déclarés (3,22-30).

L'entreprise des parents de Jésus de mettre fin à une mission qu'ils jugent trop folle a-t-elle réussi ? Le lecteur ne le saura qu'en allant voir comment s'achève leur nouvelle intervention, après celle des scribes (*cf.* 3,31-35).

## JÉSUS ET SATAN (3,22-30)

**22 Les scribes, qui étaient descendus de Jérusalem, disaient :**
**« Il est possédé par Béelzéboul ;**
**c'est par le chef des démons qu'il expulse les démons. »**
**23 Les appelant près de lui, Jésus disait en parabole :**
**« Comment Satan peut-il expulser Satan ?**
**24 Si un royaume se divise, ce royaume ne peut pas tenir.**
**25 Si une famille se divise, cette famille ne pourra pas tenir.**
**26 Si Satan s'est dressé contre lui-même, s'il s'est divisé,**
**il ne peut pas tenir ; c'en est fini de lui.**
**27 Mais personne ne peut entrer**
**dans la maison d'un homme fort et piller ses biens,**
**s'il ne l'a d'abord ligoté.**
**Alors seulement il pillera sa maison.**

[28] **Amen, je vous le dis :**
**Dieu pardonnera tout aux enfants des hommes,**
**tous les péchés et tous les blasphèmes qu'ils auront faits.**
[29] **Mais si quelqu'un blasphème contre l'Esprit Saint,**
**il n'obtiendra jamais le pardon.**
**Il est coupable d'un péché pour toujours. »**
[30] **Jésus parla ainsi parce qu'ils avaient dit :**
**« Il est possédé par un esprit impur. »**

Entre les deux interventions hostiles de sa famille (3,20-21 et 31-35), Marc intercale une altercation majeure du Maître avec les scribes, ses ennemis jurés (v. 22*a*). L'attaque est sérieuse. Les chefs des pharisiens viennent de Jérusalem, le siège des autorités religieuses en Israël. Leur accusation est majeure. Jésus n'est pas seulement cet homme dont les parents disent qu'il n'a plus son bon sens (3,21) : c'est un agent du diable ! Beelzeboul est l'une des appellations de Satan, tirée du nom donné à une divinité païenne : « Baal le prince ». Certes, ces Sages ne contestent pas le fait que Jésus fasse des exorcismes. La fonction d'exorciste était assez répandue dans le monde juif de l'époque, elle était bien reçue (Ac 19,13). Mais ils accusent Jésus d'agir par une force surnaturelle qui ne vient pas de Dieu mais de Satan lui-même (v. 22*c*).

Le Maître ne laisse pas passer une pareille calomnie (v. 23). C'est la première fois que Jésus fait usage de la parabole comme genre littéraire : il s'agit d'une « comparaison » qui force à réfléchir à partir d'images choisies dans la vie quotidienne. Le Maître évoque l'exemple d'une famille divisée : elle est vouée à sa ruine (v. 24-25). La logique de Jésus est implacable : si Satan s'est dressé contre lui-même, c'est sa perte (v. 26) ! Jésus en tire habilement la conséquence en une seconde et très courte parabole (v. 27). Le Maître n'a pas a discourir pour expliquer cette énigme. Il est sûr qu'elle décrit, en images, ce que l'on peut constater. Le Messie est en train de piller la maison de Satan, cet « homme » fort. Sa victoire sur celui qui personnifie les forces du Mal vient de ce que, au préalable, il a pu ligoter son adversaire. Au contraire de ce qu'estiment les scribes, en Jésus, le Messie est en train de mettre fin au « règne de Satan ». Que l'on se souvienne du cri des esprits mauvais que Jésus venait déloger de leurs victimes : « Que nous veux-tu, Jésus de Nazareth ? Es-tu venu pour nous perdre ? » (1,24). La mise au point s'imposait. Non seulement Jésus n'est pas un suppôt de Satan, mais son souverain Maître.

La polémique s'achève par un avertissement sévère du Maître à ses opposants : le Pardon de Dieu qu'il met en œuvre concerne bien tous les péchés des hommes, à une exception près qui mérite réflexion (v. 28-29). La solennité particulière de cette parole et son tour assez cassant ont intrigué de tous temps les lecteurs. On a beaucoup épilogué sur ce « blasphème contre l'Esprit saint » qui demeure impardonnable. Quel est-il au juste ? On a dressé des listes de péchés que l'on qualifiait de « mortels ». Mais on n'a pas trouvé de fautes qui soient vraiment impardonnables. Pour saisir le propos de Jésus, il ne faut pas l'arracher au contexte qui lui donne son sens : « Jésus parla ainsi parce qu'ils avaient dit : "Il est possédé par un esprit impur" » (v. 30). Les scribes poussent la perversion à attribuer à Satan une œuvre qui vient de l'Esprit saint. Marc a bien pris soin de montrer que, dès le début de sa mission, Jésus a été investi de l'Esprit de Dieu. C'est cet Esprit qui l'habite depuis son baptême et le fait agir pour libérer les hommes du Mal (1,9-12). Prétendre que Jésus dans ses exorcismes est l'agent du Diable, c'est délibérément se fermer au pardon de Dieu largement offert. Ce péché contre l'Esprit est le seul qui soit impardonnable.

On le voit — au temps où Marc écrit son évangile — les chrétiens devaient être fortement en butte aux accusations perverses de milieux juifs très hostiles à reconnaître en Jésus le Messie victorieux du Mal. Il faut pourtant choisir entre Jésus et Satan.

## LA VRAIE FAMILLE DE JÉSUS (3,31-35)

**31 Alors arrivent sa mère et ses frères.**
**Restant au-dehors, ils le font demander.**
**32 Beaucoup de gens étaient assis autour de lui ;**
**et on lui dit :**
**« Ta mère et tes frères sont là dehors, qui te cherchent. »**
**33 Mais il leur répond :**
**« Qui est ma mère ? qui sont mes frères ? »**
**34 Et parcourant du regard**
**ceux qui étaient assis en cercle autour de lui, il dit :**
**« Voici ma mère et mes frères.**
**35 Celui qui fait la volonté de Dieu,**
**celui-là est mon frère, ma sœur, ma mère. »**

La scène qui se déroule maintenant est l'aboutissement de la démarche entreprise en 3,20-21. Les parents de Jésus se sont mis en route pour venir s'emparer de lui. Leur motif ? Il se laisse déborder par la foule : « Il a perdu la tête » (v. 21*b*). Un conflit est dans l'air. Le voici qui éclate (v. 31). C'est le même entêtement que précédemment. Jésus, lui, est à la maison, sans doute en train d'enseigner (v. 32*a*). On annonce à Jésus la visite surprise de sa mère et ses frères (v. 32*b*). Par deux fois Marc insiste : la famille de Jésus reste « dehors ». Elle se heurte au cercle qui entoure le Maître. Surtout, elle voudrait le faire sortir de la maison : l'arracher à sa mission. De là, sans aucun doute, la rudesse du propos de Jésus en sa question provocatrice (v. 33). On s'est étonné que Jésus parle si durement de sa propre mère. Mais Marc n'a pas l'habitude de s'embarrasser de problèmes psychologiques. On s'est également demandé qui sont ces « frères » de Jésus, alors que la tradition le présente comme un fils unique. Savoir qu'en milieu sémitique le terme de « frère » désigne aussi bien un proche parent n'a pas grand intérêt ici. Ce que l'évangéliste souligne, c'est une prise de distance vigoureuse de Jésus par rapport aux liens du sang. La pointe du récit vient le confirmer. Le Maître jette un regard circulaire sur tous ceux qui sont assemblés autour de lui (v. 34*a*). Chez Marc, ce regard appuyé signale toujours un moment important (*cf.* 3,5 ; 10,23 ; 11,11). De fait, Jésus fait une déclaration capitale (v. 34*b*). Sa vraie famille, il la situe non dans sa parenté charnelle, mais dans ces hommes et ces femmes qui écoutent sa parole. Et il le précise sans détour : « Celui qui fait la volonté de Dieu, celui-là est mon frère, ma sœur, ma mère » (v. 35).

C'est pour Marc une façon, claire et simple à la fois, de présenter l'Église aux chrétiens de son temps. La persécution romaine a poussé les familles à des séparations douloureuses. Les membres qui se convertissent sont souvent acculés à faire un choix entre leurs liens familiaux et leur appartenance à la communauté chrétienne. L'évangéliste leur montre que Jésus lui-même a été contraint d'opérer une rupture totale vis-à-vis des siens. Ils ne pouvaient plus réclamer de prérogatives à son endroit. Ainsi, chemin faisant, Marc indique les deux types de rapports qui se sont établis entre Jésus et ses contemporains : il y a ceux qui le rejettent et ceux qui l'accueillent.

D'un côté donc, les opposants. Les plus résolus sont les pharisiens et les scribes. Ceux-ci vont jusqu'à blasphémer contre l'Esprit saint lorsqu'ils disent de Jésus : « Il est possédé » (v. 30). Mais les parents de Jésus tombent dans un péché analogue quand ils déclarent : « Il a perdu la tête » (v. 21). On s'est interrogé sur le fait que Marc ait encadré la discussion de Jésus sur Beelzeboul (v. 22-30) par l'intervention intempestive de ses parents (v. 20-21 et 31-35). Ces deux épisodes, apparemment étrangers l'un à l'autre, ont plus d'un point commun. De part et d'autre, c'est l'hostilité à la « mission » de Jésus qui est à l'œuvre. Pour Marc, la famille de Jésus n'agit pas autrement que « la famille divisée contre elle-même » dont il est parlé dans le conflit avec les scribes (3,25). Le couplage des deux morceaux est donc significatif.

De l'autre côté, il y a les disciples de Jésus. Ce sont d'abord les Douze qui l'ont suivi (3,13-19). Mais aussi, plus largement, cet auditoire de gens qui, dans la foule, accueille de sa bouche la Bonne Nouvelle. Au début de l'épisode, la foule ne fait que « se rassembler » autour de Jésus en le suivant chez lui (v. 21). À la fin elle a pris corps : elle est davantage organisée puisqu'elle se trouve « assis(e) autour de lui (v. 32*a* et 34*a*). Face aux gens « du dehors », la communauté des disciples s'accroît. Et Jésus fait savoir que le critère de ceux qui lui appartiennent, c'est de faire la volonté de Dieu. Un jour viendra, après la Pentecôte, où les chrétiens seront effectivement appelés « frères » et « sœurs » de Jésus, parce qu'ils fondent sa lignée spirituelle : sa vraie famille dans la communauté « Église » (*cf.* Phm 1-2).

## Le discours en paraboles (4,1-34)

Une série des cinq paraboles paraît ici. On appelle cet ensemble : « le discours en paraboles ». Marc y poursuit un dessein qui lui est cher : la formation des disciples. Certes, les paraboles sont un enseignement de Jésus qui s'adresse aux foules. Mais, on va le voir, celles-ci sont peu réceptives. C'est pourquoi Jésus profite de cette occasion pour prendre ses disciples à part et leur livrer le secret de son message.

En ce chapitre, l'évangéliste illustre bien sa conception du secret messianique. Pour lui et les chrétiens de Rome, le mystère du Règne de Dieu apporté par Jésus a été rejeté par le peuple juif. Pour entrer dans la foi à cette nouveauté radicale que sont la personne et la mission de Jésus, il faut se laisser initier par le Maître. Seules sa Passion et sa Résurrection permettront aux fidèles de déchiffrer en toute clarté le message maintenant délivré.

Les paraboles restent un langage énigmatique pour qui n'en a pas « la clé », donnée dans la suite des événements. En apparence, dans ces récits imagés, Jésus ne parle pas de lui-même ni de sa mission, mais du Règne de Dieu. En réalité, nous allons le découvrir, Jésus s'y exprime et agit comme si quelque chose d'entièrement neuf venait de faire irruption dans le monde avec lui, qui devait changer la face des choses.

### LA PARABOLE DES SEMAILLES (4,1-9)

**1 Jésus s'est mis une fois de plus à enseigner au bord du lac,**
**et une foule très nombreuse se rassemble auprès de lui,**
**si bien qu'il monte dans une barque où il s'assoit.**
**Il était sur le lac et toute la foule était au bord du lac,**
**sur le rivage.**
**2 Il leur enseignait beaucoup de choses en paraboles**
**et il leur disait, dans son enseignement :**
**3 « Écoutez ! Voici que le semeur est sorti pour semer.**
**4 Comme il semait, il est arrivé que du grain**

**est tombé au bord du chemin,**
**et les oiseaux sont venus et ils ont tout mangé.**
5 **Du grain est tombé aussi sur du sol pierreux,**
**où il n'avait pas beaucoup de terre ;**
**il a levé aussitôt,**
**parce que la terre était peu profonde ;**
6 **et lorsque le soleil s'est levé, ce grain a brûlé**
**et, faute de racines, il a séché.**
7 **Du grain est tombé aussi dans les ronces,**
**les ronces ont poussé, l'ont étouffé,**
**et il n'a pas donné de fruit.**
8 **Mais d'autres grains sont tombés sur la bonne terre ;**
**ils ont donné du fruit en poussant et en se développant,**
**et ils ont produit trente, soixante, cent pour un. »**
9 **Et Jésus disait :**
**« Celui qui a des oreilles pour entendre, qu'il entende ! »**

Le décor où la scène se passe est déjà connu (v. 1*a*) : le bord du lac, la foule nombreuse, la barque où Jésus prend place à distance du rivage (2,13 ; 3,7-9). Tout cela donne au tableau une certaine solennité. C'est assis dans la barque que Jésus enseigne, comme les rabbins à la synagogue (v. 1*c*). Le public rassemblé à terre paraît être dans un état d'écoute favorable. Pourtant, par deux fois, Jésus le presse de se rendre particulièrement attentif à sa parole au début (v. 3*a*). Et à la fin de son enseignement, il a cette formule frappante : « Celui qui a des oreilles pour entendre, qu'il entende ! » (v. 9).

Pourquoi ce double appel à une attention spéciale ? C'est que, pour la première fois, Jésus s'adresse à son public « en paraboles ». « En paraboles », voilà le mot lâché (v. 2*a*). Dans sa forme la plus simple, la parabole est une histoire tirée de la nature ou de la vie courante. Par son caractère d'étrangeté, elle est faite pour frapper l'auditeur et l'obliger à réfléchir sur ce qui est exactement visé au travers des images.

Nous en avons ici un premier exemple : la sortie du Semeur pour semer (v. 3*b*). D'emblée, l'histoire oriente l'attention du lecteur sur les différents terrains et leurs rendements (v. 4-7). Voilà donc trois expériences malheureuses : le bord du chemin (v. 4), le sol pierreux (v. 5), les ronces (v. 7), sont, pour des raisons variées, improductifs. Mais quand le grain trouve un terrain favorable, il porte des fruits étonnants : les nombres 30, 60, 100, marquent une progression fabuleuse (v. 8).

On ne peut s'empêcher de penser qu'à travers ces images simples et rapides, Jésus dresse un premier bilan de sa propre activité. Même si cela vient bien tôt dans l'évangile, Jésus a engagé sa mission : c'est lui le semeur « sorti » d'auprès de Dieu (1,38) pour semer la Bonne

Nouvelle. Sa semence a rencontré la terre des hommes avec des succès divers. Les résultats sont là. Il y a des échecs patents. Par trois fois le récit s'appesantit sur les obstacles qui ont enrayé la croissance de la Parole. Jésus s'est bien heurté aux forces destructrices du Mal (les esprits mauvais, les scribes et les pharisiens, sa parenté même). Mais il y a aussi l'espoir de la réussite. Elle est venue de ceux qui se sont mis à croire : les disciples. C'est assez peu, mais c'est encourageant ! Au-delà de Jésus, Marc reprend ses propos à l'adresse de ses lecteurs de Rome. Ils ne doivent pas se décourager des avatars de la diffusion de l'évangile en Palestine. Ils doivent concourir à sa réussite au-delà des frontières d'Israël, là où ils sont : au cœur même de l'empire romain.

### LE POURQUOI DES PARABOLES (4,10-12)

10 **Quand il resta seul, ses compagnons, ainsi que les Douze,**
**l'interrogeaient sur les paraboles. Il leur disait :**
11 **« C'est à vous qu'est donné**
**le mystère du royaume de Dieu ;**
**mais à ceux qui sont dehors,**
**tout se présente sous l'énigme des paraboles,**
12 **afin que se réalise la prophétie :**
***Ils pourront bien regarder de tous leurs yeux,***
***mais ils ne verront pas ;***
***ils pourront bien écouter de toutes leurs oreilles,***
***mais ils ne comprendront pas ;***
***sinon ils se convertiraient***
***et recevraient le pardon.* »**

Rien n'est plus choquant, à première vue, que ces trois versets de l'évangile de Marc. Jésus semble y réserver à ses seuls disciples (comme à des initiés) « le mystère du Royaume de Dieu » (v. 11*a*). Et il voue « ceux du dehors » à rester aveugles et sourds « sous l'énigme des paraboles (v. 11*b*). On croyait ces paraboles adressées à la foule comme un langage simple mis à portée de tous. On découvre qu'elles sont un facteur d'aveuglement voulu par Dieu lui-même, afin que se réalise la prophétie d'Isaïe (6,9-10) : « Ils pourront bien regarder de tous leurs yeux, ils ne verront pas... » (v. 12).

Comment expliquer cela ? La vérité historique oblige à dire d'abord ceci : jamais Jésus n'a voulu cacher son message aux foules, empêcher « ceux du dehors » de se convertir. Au contraire, ses paraboles conviaient un large public à découvrir le secret du Royaume (4,1*b*). Mais une compréhension des versets 10 à 12 devient possible si l'on se place à l'époque où Marc rédige son évangile, vers 70, à Rome. À ce moment-là, le message de Jésus a largement connu l'échec en Palestine. La majorité des Juifs, auxquels il était adressé, y sont restés imperméables. Seuls quelques-uns s'y sont ralliés : les disciples. Ce groupe a fait boule de neige en s'agrégeant des païens. L'Église qui est à Rome en est l'exemple-type. À partir de là tout s'éclaire.

Reprenons verset par verset. C'est en aparté de la foule que Jésus se trouve interrogé sur les paraboles (v. 10). On n'a pas assez remarqué que ceux qui l'interrogent ne sont pas seulement les Douze, mais ceux qui sont autour de lui, avec eux. Il s'agit de la nouvelle famille de Jésus, ceux « qui font sa volonté » (selon 3,35). Le mystère du Règne de Dieu, inauguré par Jésus, est pleinement révélé à tous ceux qui l'ont suivi : les Douze et un certain nombre de nouveaux venus à la foi. Eux tous, juifs et païens convertis, sont entrés « au-dedans » de l'Église. Par contre, ce mystère demeure inaccessible à « ceux du dehors », la masse du peuple juif et des païens non convertis. Voilà le sens probable du verset 11. Paul a bien relevé ce « fait historique » : Jésus crucifié a été « un scandale pour les Juifs et une folie pour les païens » (1 Co 1,23). Il était urgent pour les premiers chrétiens d'élucider ce problème. Tout naturellement, pour expliquer l'aveuglement des Juifs, ces premiers chrétiens ont eu recours à l'Écriture. Ils ont compris le rejet du Messie par Israël comme inscrit dans un mystérieux dessein divin (*cf.* Ac 13,44-48). C'est pourquoi ils font référence à la parole d'Isaïe (6,9-10) : « afin que se réalise cette prophétie : "Ils pourront bien regarder de tous leurs yeux, mais ils ne verront pas. Ils pourront bien écouter de toutes leurs oreilles, mais ils ne comprendront pas ; sinon ils se convertiraient et recevraient le pardon" » (v. 12). Ces paroles qui sont, pour nous, dures à entendre, ne voulaient, dans le livre d'Isaïe, que souligner la chose suivante : le prophète a été envoyé à un peuple rebelle (au VIIIe siècle av. J.C.). Sa mission fut un échec provisoire, qui ne devait pas se transformer en une fatalité inexorable. Il en est de même pour Jésus. Marc, à l'aide de l'expérience malheureuse d'Isaïe, veut expliquer à ses chrétiens l'échec de leur Maître, pour les exhorter à prendre part à la réussite de l'évangile. Comme on l'a vu dans la parabole du semeur (4,1-9), il y a encore des « yeux » qui voient Jésus et ne le reconnaissent pas, des « oreilles » qui l'écoutent mais sans accueillir son message (c'est le cas des disciples eux-mêmes, *cf.* 8,17*b*-18). En sorte que la conversion du cœur ne se produit pas et que le pardon divin demeure en suspens... Cela est encore vrai aujourd'hui même !

## L'EXPLICATION DE LA PARABOLE DES SEMAILLES (4,13-20)

13 **Il leur dit encore :**
**« Vous ne saisissez pas cette parabole ?**

**Alors comment comprendrez-vous toutes les paraboles,**
**14 Le semeur sème la Parole.**
**15 Ceux qui sont au bord du chemin où la Parole est semée,**
**quand ils l'entendent,**
**Satan survient aussitôt et enlève la Parole semée en eux.**
**16 Et de même, ceux qui ont reçu la semence**
**dans les endroits pierreux ;**
**ceux-là, quand ils entendent la Parole,**
**ils la reçoivent aussitôt avec joie ;**
**17 mais ils n'ont pas en eux de racine,**
**ce sont les hommes d'un moment ;**
**quand vient la détresse ou la persécution**
**à cause de la Parole, ils tombent aussitôt.**
**18 Et il y en a d'autres qui ont reçu la semence dans les ronces :**
**ceux-ci entendent la Parole,**
**19 mais les soucis du monde, les séductions de la richesse**
**et tous les autres désirs**
**les envahissent et étouffent la Parole, qui ne donne pas de fruit.**
**20 Et il y a ceux qui ont reçu la semence dans la bonne terre :**
**ceux-là entendent la Parole, ils l'accueillent, et ils portent du fruit :**
**trente, soixante, cent pour un. »**

C'est à l'interrogation de son entourage, ainsi que des Douze, que Jésus continue de répondre (v. 13). Il s'agit donc des premiers chrétiens. Le Maître commence par leur reprocher leur incompréhension ; il faut sans aucun doute traduire : « leur manque de foi ». On saisit là que, pour être ses auditeurs privilégiés, les disciples de Jésus n'en demeurent pas moins sujets à l'aveuglement et à la surdité spirituels. Il y a des gens qui ne voient ni n'entendent même s'ils ont des yeux et des oreilles (*cf.* v. 12*b*) !

L'explication qui est maintenant donnée de la parabole des semailles (4,1-9) manifeste un déplacement du thème. L'intérêt qui, dans la parabole, portait sur le rendement des différents terrains prend ici pour objet les dispositions mêmes des auditeurs. Le langage est celui de l'Église primitive. D'emblée (v. 14) la semence est identifiée à « la Parole ». Cette expression va revenir huit fois dans le passage. « La Parole », rappelons-le, est le terme technique dont usent les premiers chrétiens pour désigner « l'Évangile » (2,2*b*). C'est dire que nous sommes transportés au cœur de la communauté chrétienne, interrogée sur son accueil de la Bonne Nouvelle. Les obstacles à la croissance de l'évangile dans les cœurs sont d'abord dénoncés. En premier, il y a les hommes que Satan, l'adversaire du Règne de Dieu, rend vulnérables au mal (v. 15). Le malheur ou la persécution religieuse font aussi « tomber » les croyants insuffisamment enracinés dans la foi, même s'ils ont accueilli l'Évangile avec joie (v. 16). Le temps et les épreuves de la vie mettent à mal (v. 16-17) les gens trop superficiels. D'autres croyants, aussi, voient leur foi littéralement « étouffée » par toutes sortes d'attraits et de séductions : ces passions mondaines entravent leur disponibilité (v. 18-19).

Chaque lecteur est invité à cet examen de conscience : quelles réalités — étrangères ou intérieures au « moi » — nuisent à la germination de la Parole ? Heureusement, il y a ceux, comparés à « la bonne terre », qui accueillent la Parole de Jésus et portent un fruit qui peut croître (v. 20). Ces derniers mots exhortent les chrétiens à faire grandir en eux les germes de l'évangile au maximum.

## LA PARABOLE DE LA LAMPE (4,21-23)

**21 Jésus disait encore à ses disciples cette parabole :**
**« Est-ce que la lampe vient**
**pour être mise sous le boisseau ou sous le lit ?**
**N'est-ce pas pour être mise sur le lampadaire ?**
**22 Car rien n'est caché, sinon pour être manifesté ;**
**rien n'a été gardé secret, sinon pour venir au grand jour.**
**23 Si quelqu'un a des oreilles pour entendre, qu'il entende ! »**

Jésus poursuit son enseignement en paroles imagées. Les destinataires en sont les mêmes que précédemment : ses disciples (v. 21*a*). Il s'agit de ceux qui l'entourent, un cercle plus large que les Douze (4,10), dans lequel Marc inscrit sûrement les chrétiens de Rome. La question qu'il leur pose est toute simple (v. 21*b*). À l'évidence, on n'apporte pas une lampe pour la dissimuler sous un meuble. On la place au centre de la pièce pour qu'elle en éclaire les occupants au maximum. Mais quelle réalité recouvrent ces images ? Jésus donne une explication qui reste bien vague (v. 22). De quoi s'agit-il au juste ? On peut penser au Règne de Dieu. Son mystère, révélé à quelques-uns, doit être largement diffusé. Mais il semble plutôt qu'il s'agisse de Jésus en personne. Remarquons que la phrase du début présente l'arrivée de la lampe comme un événement (v. 21*b*). « La lampe vient » — l'expression est surprenante ! — comme Jésus est venu. Il en va ici comme du Semeur sorti pour semer (4,3).

La manifestation de Jésus s'est voulu discrète. Il n'a pas cédé à cette publicité intempestive qui risquait de fourvoyer les gens sur sa personnalité et sa mission véritables. Mais il n'a pas non plus prétendu former autour de lui « un club » fermé d'initiés. « Lumière du Monde » comme le dira saint Jean (8,12), il doit illuminer tous les hommes. Son message n'a rien d'un savoir ésotérique réservé — comme un secret — à ses proches. Non ! La Bonne Nouvelle doit être portée en plein jour pour éclairer le plus grand nombre. Mais il est toujours nécessaire d'ouvrir large ses oreilles (v. 23). C'est le même appel à l'attention que pour la semence-Parole (4,9). Ceux qui sont bénéficiaires de la lumière du Christ seraient mal venus de l'étouffer, de l'éteindre. Ils sont interpellés sur l'accueil qu'ils font à l'évangile : le font-ils connaître autour d'eux ?

### LA PARABOLE DE LA MESURE (4,24-25)

24 **Il leur disait encore :**
**« Faites attention à ce que vous entendez !**
**La mesure dont vous vous servez servira aussi pour vous,**
**et vous aurez encore plus.**
25 **Car celui qui a, recevra encore ;**
**mais celui qui n'a rien, se fera enlever même ce qu'il a. »**

Cette parabole imagée est des plus courtes mais, par là même, pas des plus faciles. Elle commence donc par une exhortation à une sérieuse écoute (v. 24*a*). Mais l'image qui suit est floue (v. 24*b*). La « mesure » en question est-elle « l'importance » donnée à l'accueil de la semence-Parole ? Si cet accueil est large, Dieu saura l'accroître encore. Cette interprétation est plausible, vu le contexte précédent où il s'agit de la disposition des cœurs, de la façon — étroite ou ample — de recevoir la Bonne Nouvelle. Mais nous n'en sommes pas sûrs. L'explication aussitôt donnée est encore plus obscure que la parabole elle-même (v. 25). On sait l'amour des Orientaux pour les paradoxes. C'en est un de taille ! Remarquons d'abord que ce propos de Jésus est resté fort énigmatique pour les premiers chrétiens eux-mêmes. La preuve en est dans le fait qu'on le retrouve dans la tradition évangélique en des contextes très variés (Mt 13,12 et 25,29). C'est ce type de parole qu'on appelle « baladeuse » parce que l'on en a très tôt perdu le contexte propre et fixe. Ici — dans cette hypothèse — elle pourrait viser le peuple juif. Le peuple élu, dans son ensemble, n'a pas accueilli la Bonne Nouvelle. N'est-il pas en train de se voir ravir les promesses mêmes de Dieu par les païens qui entrent dans l'Église ? Tout ceci est sujet à caution, tant la phrase de Jésus reste sibylline. Du moins le lecteur est-il invité à sonder sa propre qualité d'écoute de la Parole de Dieu qu'il a reçue.

### LA PARABOLE DE LA SEMENCE QUI POUSSE TOUTE SEULE (4,26-29)

**26 Il disait :**
**« Il en est du règne de Dieu**
**comme d'un homme qui jette le grain dans son champ :**
**27 nuit et jour, qu'il dorme ou qu'il se lève,**
**la semence germe et grandit, il ne sait comment.**
**28 D'elle-même, la terre produit d'abord l'herbe,**
**puis l'épi, enfin du blé plein l'épi.**
**29 Et dès que le grain le permet,**
**on y met la faucille, car c'est le temps de la moisson. »**

Ce récit se présente avec simplicité et clarté. Il est propre à l'évangile de Marc. Il commence par « Il disait » sans mention des destinataires. On peut supposer que Jésus ne s'adresse plus à son entourage immédiat, comme auparavant, mais à la foule qu'il a rejointe. La finale du chapitre sur les paraboles le laisse entendre (4,33).

Il est, tout d'abord, clairement dit que l'image concerne le Règne de Dieu (v. 26*a*). L'établissement de ce Règne ressemble à un processus agricole complet : semailles, croissance du grain, de la semence à l'épi de blé (v. 26*b*-28). Sur quoi, donc, l'attention de l'auditeur doit-elle se porter ? La réponse paraît évidente : sur la puissance même de Dieu, mystérieuse, irrésistible, qui fait naître et se développer son Règne sans que les hommes y soient pour quelque chose.

Les paraboles sont souvent dites par Jésus pour débloquer des situations difficiles. Marc est, sans doute, heureux de mettre ses lecteurs devant l'assurance que Dieu mène à bien son entreprise — le Royaume — par une action continue, silencieuse, mais efficace. L'Église de Rome, pour laquelle il écrit, vit alors des jours d'épreuve où Dieu semble absent de la scène du monde. Quel réconfort de le savoir à l'œuvre malgré tout ! La parabole du grain qui pousse tout seul s'achève sur l'évocation du temps de la moisson (v. 29). Que les hommes y réagissent bien ou mal, Dieu poursuit fidèlement son dessein jusqu'au bout : la récolte du grain. C'est une grande espérance pour ceux qui ne voient pas mûrir la moisson !

### PARABOLE DU GRAIN DE MOUTARDE (4,30-32)

**30 Il disait encore :**
**« A quoi pouvons-nous comparer le règne de Dieu ?**
**Par quelle parabole allons-nous le représenter ?**

**31 Il est comme une graine de moutarde :**
**quand on la sème en terre,**
**elle est la plus petite de toutes les semences du monde.**
**32 Mais quand on l'a semée,**
**elle grandit et dépasse toutes les plantes potagères ;**
**et elle étend de longues branches,**
**si bien que les oiseaux du ciel**
**peuvent faire leur nid à son ombre. »**

Jésus poursuit son enseignement en langage imagé (v. 30). Voici la dernière des cinq paraboles sur le Règne de Dieu. Comme les précédentes, elle est tirée de la vie rurale. Elle exprime un contraste saisissant. La petite graine de moutarde qui devient une plante imposante (v. 31-32*a*). Y a-t-il une commune mesure entre cette minuscule graine et l'ampleur de la plante qu'elle produit ? Le Règne de Dieu connaît un paradoxe similaire. La petitesse de ses commencements ne doit pas tromper ! Il est promis à une réussite exceptionnelle. Souvent les paraboles offrent un détail inhabituel, déroutant, qui pique l'imagination. Ici, il concerne l'ampleur inattendue du moutardier (v. 32*b*). L'image de l'arbre gigantesque, abritant la multitude de la gente ailée, est biblique. On la trouve chez le prophète Daniel (4,7-9) où elle évoque déjà le Règne de Dieu assuré du succès universel.

Aux yeux de Marc, il y a dans la parabole du grain de moutarde la plus belle expression du secret messianique. Jusqu'à maintenant, l'action de Jésus peut être jugée comme insignifiante, et le Règne de Dieu, une humble réalité. Pourtant — les chrétiens de Rome en font l'expérience — les nations païennes en voient la progression extraordinaire. Malgré sa faiblesse, l'Église primitive a conscience de prendre part à la réussite d'une œuvre d'une immense vitalité qui doit, au terme de son développement, atteindre l'univers entier.

## CONCLUSION DU DISCOURS EN PARABOLES (4,33-34)

**33 Par de nombreuses paraboles semblables,**
**Jésus leur annonçait la Parole,**
**dans la mesure où ils étaient capables de la comprendre.**
**34 Il ne leur disait rien sans employer de paraboles,**
**mais en particulier, il expliquait tout à ses disciples.**

Le recueil, que Marc présente, de cinq paraboles ne prétend pas être exhaustif (v. 33*a*). Jésus a, bien entendu, raconté un grand nombre de ces histoires imagées. Marc fait bien de rappeler que c'était un enseignement parfaitement adapté aux auditoires populaires. Les foules étaient sûrement aptes à en saisir l'essentiel. Cependant l'évangéliste précise que le Maître ne leur annonçait la Parole sous cette forme que dans la mesure où elles étaient capables de la comprendre (v. 33*b*). Marc revient ainsi sur un fait, avéré de son temps, qu'il a tenté d'expliquer (en 4,11-12) : un grand nombre de Juifs n'a pas accueilli l'évangile. Les paraboles, malgré leur but manifeste d'atteindre un vaste public, sont restées des « énigmes » pour l'ensemble du peuple élu.

Et l'évangéliste conclut ce « discours » du chapitre 4 en restant fidèle à son idée du secret messianique. Jésus parlait aux foules en paraboles, mais il devait prendre ses disciples en particulier pour les leur expliquer (v. 34). Pour Marc, on le sait, le mystère de Jésus (sa personne et son message) demeure inaccessible à ceux « du dehors » (4,11). Pour entrer dans ce mystère, il faut croire et, davantage encore, se mettre à la suite de Jésus sur la route (combien déroutante !) qui mène à sa Passion et à sa Résurrection. Seuls ces événements donneront accès, dans la foi, à la vraie nature et à la véritable mission du Messie.

## Quatre gestes de puissance de Jésus (4,35 à 5,34)

À la suite du discours en paraboles (4,1-34), Marc a regroupé quatre gestes de puissance de Jésus :

— *la tempête apaisée* (4,35-41) ;
— *le possédé de Gérasa* (5,1-20) ;
— *la guérison de la fille de Jaïre* (5,21-24 et 35-43) ;
— *la guérison d'une femme incurable* (5,25-34).

Par là même, l'évangéliste veut montrer que le Règne de Dieu ne se manifeste pas seulement dans l'enseignement de Jésus, mais dans son action. Ces deux faces de la mission du Messie — paroles et gestes — sont indissociables.

On découvre aussi qu'un parcours géographique significatif se dessine ici. En un premier mouvement, Jésus entraîne ses disciples dans une traversée du lac de Génésareth : c'est « la tempête apaisée ». Parti de la rive ouest, en Galilée, le Maître va aborder à l'est, sur l'autre rive, en terre païenne de la Décapole. Là se déroule le second récit : « la guérison du possédé de Gérasa ». Enfin, c'est revenu à son point de départ, au pays d'Israël, que Jésus va rendre la vie à « la fille de Jaïre » et la santé à une femme incurable. Ces deux derniers récits sont racontés, emboîtés l'un dans l'autre, selon un procédé déjà utilisé par Marc (*cf.* 3,20-35). Parcourons cet ensemble de gestes de Jésus qui mettent bien en lumière le sens de sa mission.

## LA TEMPÊTE APAISÉE (4,35-41)

**35 Ce jour-là, le soir venu, il dit à ses disciples :**
**« Passons sur l'autre rive. »**
**36 Quittant la foule,**
**ils emmènent Jésus dans la barque, comme il était ;**
**et d'autres barques le suivaient.**
**37 Survient une violente tempête.**
**Les vagues se jetaient sur la barque,**
**si bien que déjà elle se remplissait d'eau.**
**38 Lui dormait sur le coussin à l'arrière.**
**Ses compagnons le réveillent et lui crient :**
**« Maître, nous sommes perdus ;**
**cela ne te fait rien ? »**
**39 Réveillé, il interpelle le vent avec vivacité et dit à la mer :**
**« Silence, tais-toi. »**
**Le vent tomba, et il se fit un grand calme.**
**40 Jésus leur dit :**
**« Pourquoi avoir peur ?**
**Comment se fait-il que vous n'ayez pas la foi ? »**
**41 Saisis d'une grande crainte, ils se disaient entre eux :**
**« Qui est-il donc,**
**pour que même le vent et la mer lui obéissent ? »**

Ce petit récit très coloré est bien dans la manière de Marc. Tout commence à l'initiative audacieuse de Jésus (v. 35). D'emblée, la traversée du lac est mise sous le signe d'une aventure périlleuse. Le soir est venu : la nuit passe, dans la mentalité antique, pour un moment propice au déchaînement des forces du mal. Les eaux profondes sont, pour ces terriens qui ont peur de la mer, le lieu par excellence où résident les puissances démoniaques. La rive opposée, à l'est de la Galilée, est le territoire hostile des païens. Les disciples se trouvent donc embarqués pour ce qui ressemble à une rude épreuve. Avec la tempête qui survient (v. 37*a*), Marc souligne le pathétique de la situation, la barque est submergée par les flots (v. 37*b*). À l'affolement des amis de Jésus, l'évangéliste oppose, comme en gros plan, l'inconscience sereine du Maître : il dort (v. 38*a*). On entend les cris de ces hommes que la mort menace (v. 38*b*). Jésus, réveillé, « exorcise » la mer comme il a exorcisé l'homme tourmenté de Capharnaüm (1,25). Il commande à l'abîme (v. 39*b*). Aussitôt, par un merveilleux contraste, tout rentre dans l'ordre (v. 39*c*). Mais le Maître fait de gros reproches à ses compagnons : pourquoi cette peur, ce manque de foi (v. 40) ? Nous n'avons pas la réaction des disciples à ces accusations. Le récit s'achève sur l'effroi sacré des témoins devant cette manifestation de puissance cosmique de Jésus (v. 41).

Ce récit de Marc est conduit avec ses ressources de conteur habile qu'on lui connaît. Tout le drame, sous-tendu par une tension constante, vise finalement à mettre en relief la question finale : « Qui est-il donc ce Jésus ? » D'où tient-il cette majesté souveraine qui lui permet d'apaiser le tumulte des flots déchaînés et de sauver les occupants de la barque ?

On peut dire que l'événement ne se présente pas comme un simple récit de miracle. Il offre, symboliquement, comme un condensé du destin de Jésus. S'il a entraîné ses disciples dans la bourrasque, ce n'est pas par hasard ! Toute sa vie est un dur combat contre les forces du Mal. Et il va au-devant de l'affrontement le plus violent qui soit : celui de sa propre mort. Qu'il dorme, l'air totalement absent au cœur de la tempête, est hautement significatif. Dans l'Écriture, le sommeil est le symbole fréquent de la mort. Ici, la Passion de Jésus est comme mimée par avance. Jésus s'endort dans la mort au sein du chaos infernal que suggèrent les flots déchaînés. On comprend que les disciples, devant le sommeil de leur Maître, soient en plein désarroi ! À la croix comme ici, leur manque de foi sera flagrant.

Cependant Marc, aux qualités littéraires vraiment rares, ménage à ses lecteurs un contraste étonnant : au sommeil de Jésus, succède son réveil. « Ressuscité », Jésus manifeste maintenant sa victoire sur les forces du Mal et de la Mort. Et cette maîtrise souveraine provoque chez les disciples l'interrogation majeure : « Quel est cet homme habité d'un pouvoir surhumain ? » Car, dans la Bible, Dieu seul a le pouvoir de dompter les eaux de la mort (Ps 107,23-30).

D'un événement aux bases historiques certaines (les tempêtes du lac de Tibériade sont fulgurantes !), Marc a tiré un enseignement précieux sur l'identité de Jésus. En sa personne, Dieu agit avec une puissance suprême. Les disciples sont appelés à repositionner leur foi.

L'évangéliste, en dressant ce tableau réaliste, poursuit un double dessein. D'abord, manifester en l'homme Jésus quelqu'un d'Autre qui a la maîtrise absolue du Mal et de la Mort. Ensuite, et du même coup, répondre aux besoins actuels de l'Église de son temps. Les chrétiens de Rome sont pris dans la tourmente des persécutions. Comme les disciples dans la barque, ils sont prisonniers de la peur. Pour eux aussi, le Christ semble dormir. Son « absence » apparente des événements tragiques qu'ils vivent leur crée plus d'un doute ! Que fait le Seigneur pour les arracher à une mort certaine ?

Enfin, ne l'oublions pas, la tempête survient alors que Jésus a décidé d'emmener ses amis en mission, au-delà de la traversée, auprès des païens. On peut se demander si les premiers chrétiens, à Rome, ne ressentaient pas la transmission de la Bonne Nouvelle à leurs contemporains comme une entreprise redoutable ?

## LE POSSÉDÉ DE GÉRASA (5,1-20)

1 Ils arrivèrent sur l'autre rive du lac,
dans le pays des Géraséniens.
2 Comme Jésus descendait de la barque,
aussitôt un homme possédé d'un esprit mauvais
sortit du cimetière à sa rencontre ;
3 il habitait dans les tombeaux
et personne ne pouvait plus l'attacher,
même avec une chaîne ;
4 en effet, on l'avait souvent attaché
avec des fers aux pieds et des chaînes,
mais il avait rompu les chaînes, brisé les fers,
et personne ne pouvait le maîtriser.
5 Sans arrêt, nuit et jour,
il était parmi les tombeaux et sur les collines,
à crier, et à se blesser avec des pierres.

6 Voyant Jésus de loin,
il accourut, se prosterna devant lui
et cria de toutes ses forces :
7 « Que me veux-tu, Jésus, fils du Dieu Très-Haut ?
Je t'adjure par Dieu, ne me fais pas souffrir ! »
8 Jésus lui disait en effet :
« Esprit mauvais, sors de cet homme ! »
9 Et il lui demandait :
« Quel est ton nom ? »
L'homme lui répond :
« Je m'appelle Légion, car nous sommes beaucoup. »
10 Et ils suppliaient Jésus avec insistance
de ne pas les chasser en dehors du pays.
11 Or, il y avait là, du côté de la colline, un grand troupeau de porcs
qui cherchait sa nourriture.
12 Alors, les esprits mauvais supplièrent Jésus :
« Envoie-nous vers ces porcs,
et nous entrerons en eux. »
13 Il le leur permit.
Alors ils sortirent de l'homme et entrèrent dans les porcs.
Du haut de la falaise, le troupeau se précipita dans la mer :
il y avait environ deux mille porcs,
et ils s'étouffaient dans la mer.
14 Ceux qui les gardaient prirent la fuite,
ils annoncèrent la nouvelle dans la ville et dans la campagne,

**et les gens vinrent voir ce qui s'était passé.**
15 **Arrivés auprès de Jésus, ils voient le possédé**
**assis, habillé, et devenu raisonnable,**
**lui qui avait eu la légion de démons,**
**et ils furent saisis de crainte.**
16 **Les témoins leur racontèrent l'aventure du possédé**
**et l'affaire des porcs.**

17 **Alors ils se mirent à supplier Jésus**
**de partir de leur région.**
18 **Comme Jésus remontait dans la barque,**
**le possédé le suppliait de pouvoir être avec lui.**
19 **Il n'y consentit pas,**
**mais il lui dit :**
**« Rentre chez toi, auprès des tiens,**
**annonce-leur tout ce que le Seigneur**
**a fait pour toi dans sa miséricorde. »**
20 **Alors cet homme s'en alla,**
**il se mit à proclamer dans la région de la Décapole**
**tout ce que Jésus avait fait pour lui,**
**et tout le monde était dans l'admiration.**

Ce récit est cocasse et haut en couleurs. Il est bien attesté dans la tradition évangélique (*cf.* Mt 8,28-34 et Lc 8,26-39), mais Marc en fait un chef-d'œuvre de l'art narratif. Il s'y révèle un conteur remarquable par la fraîcheur de son style et la richesse de son vocabulaire.

L'épisode se déroule comme un film tragi-comique. La traversée dans la tempête, son prélude, est achevée (4,35-41). Jésus et ses disciples arrivent « sur l'autre rive du lac, dans le pays des Géraséniens » (v. 1). Ce nom inconnu désigne une terre étrangère au peuple juif. Marc nous y montre Jésus directement affronté au monde païen, dépeint comme le repaire absolu du Mal et de la Mort. Le possédé qui survient vit à l'état sauvage (v. 2). Il habite les tombeaux, ces cavernes où l'on jetait les cadavres jugés impurs loin des résidences des vivants (v. 3*a*). C'est un fou littéralement déchaîné, à la force monstrueuse (v. 3*b*-4). En ces lieux solitaires, l'homme est errant et hanté par des instincts suicidaires (v. 5). Cet être d'épouvante est le symbole concret du Mal et de la Mort. Marc a dressé là le tableau sans complaisance que les Juifs de son temps se faisaient du monde païen.

La scène qui suit — le dialogue de cet énergumène avec Jésus — rappelle tout à fait ce qui s'est passé avec le possédé de Capharnaüm (1,23-27). L'esprit mauvais pousse l'homme à une attitude de vénération théâtrale (v. 6). L'esprit connaît pertinemment l'identité de Jésus et le crie haut et fort (v. 7). Il sait que le Messie vient mettre fin au règne de Satan. Curieusement, Jésus n'obtient pas son expulsion (v. 8). Mais il entame le dialogue avec lui : « Quel est ton nom ? » (v. 9*a*). Pour l'exorciste, connaître le nom de l'adversaire, c'est déjà s'assurer prise sur lui. Le nom que l'esprit se donne est très éclairant (v. 9*b*). C'est celui de l'armée païenne d'occupation : la « légion » romaine (6 000 hommes environ). On comprend pourquoi, aussitôt, ces occupants supplient Jésus de ne pas les expulser hors du pays (v. 10) !

Le Maître toutefois, sur la base de ces renseignements, précipite la délivrance. Celle-ci prend une allure burlesque. On apprend d'abord, incidemment, qu'un troupeau de porcs est en train de paître sur la colline voisine (v. 11). Ce n'est pas un détail bucolique ! Il s'agit d'animaux impurs, démoniaques, comme il s'en trouvait seulement dans le monde païen. Les mauvais esprits pensent trouver dans les porcs un refuge salutaire. Ils supplient Jésus d'opérer leur transfert (v. 12). Jésus leur accorde volontiers ce sursis (v. 13*a*). Mais c'est un piège qui s'avère mortel (v. 13*b*). Comme en un court western, Jésus vient de jouer un bon tour aux démons. Par sa projection dans les porcs et la noyade du troupeau, la légion démoniaque est bel et bien expulsée du territoire. Les démons sont muselés, renvoyés dans l'abîme des eaux, leur habitacle originel !

L'exploit est formidable. Il entraîne des réactions en chaîne. Les gardiens des porcs, effrayés, s'enfuient. Ils courent raconter l'affaire un peu partout (v. 14*a*). De la ville et de la campagne des gens viennent voir ce qui s'est passé (v. 14*b*). Ils découvrent le possédé guéri. Son nouvel état tranche du tout au tout avec sa condition première (v. 15*a*). Assis, le voilà délivré de l'errance ; habillé, le vêtement signe sa dignité recouvrée. Devenu raisonnable, son hébétude et sa démence l'ont abandonné. Il est sain de corps et d'esprit. À cette vue, les habitants de la contrée « furent saisis de crainte » (v. 15*b*). Ils sont envahis de cette terreur sacrée que l'homme connaît en présence d'une manifestation divine (*cf.* déjà 4,41). Et ils prient Jésus de quitter leur région (v. 17). Cette attitude s'explique bien par les seules considérations économiques : la perte d'un gros cheptel (2 000 porcs !). Mais elle a aussi son caractère religieux. Ces païens rejettent « le Sauveur » dont ils n'ont pas encore ressenti le besoin.

Jésus est sur le point de se réembarquer. L'homme, qui a retrouvé tout son dynamisme, voudrait le suivre, s'agréger au groupe des Douze dont le privilège est « d'être avec » Jésus (3,14). Le Maître ne le lui permet pas. L'heure n'est pas encore venue d'adjoindre au collège apostolique des païens convertis. Mais Jésus envoie ce nouveau disciple en mission (v. 19). Les mots employés le sont à dessein. Cet ancien « exclu » doit « annoncer » auprès des siens ce que Dieu (le Seigneur) a fait pour lui dans son amour réconciliant. C'est la Bonne Nouvelle du Salut en Jésus Christ qu'il va « proclamer » en plein pays païen : la

Décapole (en Jordanie) (v. 20*a*). L'évangile ainsi porté provoque chez tous l'admiration (v. 20*b*).

Il est intéressant de rechercher ce qui a poussé Marc à raconter longuement cette belle histoire. Son premier souci a sans doute été de montrer la force salvatrice de Jésus s'étendant au monde païen. L'Église de Rome qui vit au cœur même de ce monde pouvait voir que l'évangélisation du paganisme a eu sa source en Jésus même. Il a tracé la voie à la mission auprès des païens. Les disciples, et les chrétiens après eux, ne doivent pas craindre tout ce qui s'oppose à la pénétration de l'évangile. Il y a évidemment des obstacles redoutables. Mais Jésus n'a pas renoncé à affronter la tempête (4,35-41) qui symbolisait déjà le combat contre les forces coalisées du Mal et de la Mort. Il a entraîné ses amis sur le terrain même de ces puissances rebelles. Par la guérison et l'envoi en mission du possédé de Gerasa, il a amplement démontré sa victoire sur le « paganisme » : le salut de ces hommes qui gisent dans les ténèbres du Mal et de la Mort. Évidemment l'épisode, profondément archaïque par de nombreux traits, a été relu à la lumière de la Passion et de la Résurrection de Jésus, son triomphe décisif sur « le mystère » du Mal.

Un autre intérêt du récit, au niveau de sa rédaction, porte sur le secret messianique. Ici, comme dans les autres exorcismes, on voit les esprits mauvais pleins de clairvoyance surnaturelle. Dans leur bouche — et seulement dans la leur, pas dans celle des humains — se trouve une parfaite profession de foi sur l'identité et la mission de Jésus. Il est bien le Messie qui vient mettre fin au règne de Satan (*cf.* 23-24). Avec ces révélations furtives, comparables à celles d'un souffleur au théâtre, Marc convie son lecteur à poursuivre sa recherche sur la question maîtresse de son livre : Qui donc est Jésus ?

L'évangéliste tient son lecteur sur ce point en suspens. Ce dernier ne doit pas trop tôt confesser la messianité de Jésus, encore moins sa divinité. Il faut que les titres de « Christ » et de « Fils de Dieu » soient au préalable purifiés de leur ambiguïté par la Passion de Jésus. Cela explique en partie le mutisme absolu des disciples de Jésus dans l'épisode qui nous occupe. L'essentiel est de poursuivre patiemment la lecture.

## LA FILLE DE JAÏRE ET LA FEMME INCURABLE (5,21-43)

21 **Jésus regagna en barque l'autre rive,**
**et une grande foule s'assembla autour de lui.**
**il était au bord du lac.**
22 **Arrive un chef de synagogue, nommé Jaïre.**
**Voyant Jésus, il tombe à ses pieds**

et le supplie instamment :
23 « Ma petite fille est à toute extrémité.
Viens lui imposer les mains
pour qu'elle soit sauvée et qu'elle vive. »
24 Jésus partit avec lui,
et la foule qui le suivait était si nombreuse qu'elle l'écrasait.

25 Or, une femme, qui avait des pertes de sang depuis douze ans...
26 — Elle avait beaucoup souffert
du traitement de nombreux médecins,
et elle avait dépensé tous ses biens sans aucune amélioration ;
au contraire, son état avait plutôt empiré —
27 ... cette femme donc, ayant appris ce qu'on disait de Jésus,
vint par-derrière dans la foule et toucha son vêtement.
28 Car elle se disait :
« Si je parviens à toucher seulement son vêtement,
je serai sauvée. »
29 À l'instant, l'hémorragie s'arrêta,
et elle ressentit dans son corps qu'elle était guérie de son mal.
30 Aussitôt Jésus se rendit compte qu'une force était sortie de lui.
Il se retourna dans la foule, et il demandait :
« Qui a touché mes vêtements ? »
31 Ses disciples lui répondaient :
« Tu vois bien la foule qui t'écrase,
et tu demandes : "Qui m'a touché ?" »
32 Mais lui regardait tout autour
pour voir celle qui avait fait ce geste.
33 Alors la femme, craintive et tremblante,
sachant ce qui lui était arrivé,
vint se jeter à ses pieds et lui dit toute la vérité.
34 Mais Jésus reprit :
« Ma fille, ta foi t'a sauvée.
Va en paix et sois guérie de ton mal. »

35 Comme il parlait encore, des gens arrivent de la maison de Jaïre
pour annoncer à celui-ci :
« Ta fille vient de mourir.
À quoi bon déranger encore le Maître ? »
36 Jésus, surprenant ces mots, dit au chef de la synagogue :
« Ne crains pas, crois seulement. »
37 Il ne laissa personne l'accompagner,
sinon Pierre, Jacques, et Jean son frère.

**38 Ils arrivent à la maison du chef de synagogue.**
**Jésus voit l'agitation,**
**et des gens qui pleurent et poussent de grands cris.**
**39 Il entre et leur dit :**
**« Pourquoi cette agitation et ces pleurs ?**
**L'enfant n'est pas morte : elle dort. »**
**40 Mais on se moquait de lui.**
**Alors il met tout le monde dehors,**
**prend avec lui le père et la mère de l'enfant,**
**et ceux qui l'accompagnent.**
**Puis il pénètre là où reposait la jeune fille.**
**41 Il saisit la main de l'enfant, et lui dit :**
**« *Talitha koum* » ;**
**ce qui signifie :**
**« Jeune fille, je te le dis, lève-toi. »**
**42 Aussitôt la jeune fille se leva et se mit à marcher**
**— elle avait douze ans —.**
**Ils en furent complètement bouleversés.**
**43 Mais Jésus leur recommanda avec insistance**
**que personne ne le sache ;**
**puis il leur dit de la faire manger.**

Comme c'est le cas aussi chez Matthieu (9,18-26) et chez Luc (8,40-56), Marc réunit ici dans un même récit deux histoires imbriquées l'une dans l'autre. On retrouve ainsi un procédé d'emboîtement déjà utilisé par l'évangéliste (*cf.* 3,20-35). L'enchaînement est le suivant : la supplique de Jaïre (v. 21-24) ; la guérison d'une femme incurable (v. 25-34) ; la résurrection de la fille de Jaïre (v. 35-43).

Les deux récits ainsi liés ne sont pas sans points communs. D'abord deux figures sont en scène, féminines : une femme et une fillette. Et dans les deux cas, la foi est au cœur des démarches entreprises auprès de Jésus.

Jésus et les siens sont donc revenus sur la rive occidentale du lac, en terre d'Israël. La foule est là, à nouveau nombreuse (v. 21). Tout est réuni pour la manifestation de la puissance salvifique de Jésus. « Arrive un chef de synagogue nommé Jaïre » (v. 22*a*). Ce notable juif fait preuve d'une vénération et d'une confiance très grandes envers Jésus (v. 22*b*). Sa prière révèle une foi profonde. Sa fillette est à toute extrémité entre la vie et la mort (v. 23). Jésus, sans mot dire, est sensible à la détresse de cet homme qu'accompagne une telle foi. Il s'en va avec lui, suivi par une foule littéralement écrasante (v. 24).

C'est dans ce contexte de bousculade populaire que survient une femme. Elle est atteinte d'hémorragies chroniques depuis douze ans

(v. 25). Marc, et lui seul parmi les évangélistes, souligne l'état désespéré de cette malade, que la médecine du temps, préscientifique, n'a fait qu'empirer (v. 26). Mais ce qui doit surtout retenir l'attention, c'est que, selon la loi juive, cette femme se trouve en état d'impureté légale : tout contact avec elle est sévèrement proscrit (Lv 15,19-27). Or sa foi ardente la pousse à toucher, ne fût-ce que furtivement dans son dos, le vêtement de Jésus (v. 27). Ce geste aujourd'hui peut nous paraître bizarre. Marc nous en donne la raison (v. 28).

Dans l'ancien Orient, le vêtement est le symbole de la personnalité. Toucher le vêtement de quelqu'un, c'est l'atteindre lui-même. Il y a aussi la pratique, usuelle dans l'Antiquité, du contact physique du malade avec le corps du guérisseur. Ce contact réussit, l'hémorragie de cette femme cesse de façon instantanée. Elle le ressent physiquement (v. 29). De son côté, Jésus réalise que sa puissance a été pleinement efficace (v. 30*a*). L'accent est bien mis sur le caractère physiologique de la guérison. Mais la scène qui suit attire l'attention sur le problème religieux en cause. Jésus demande qui l'a touché (v. 30*b*). La vivacité de sa volte-face et de la question sonne comme un reproche. Les disciples ont beau faire valoir au Maître qu'il est ridicule de demander qui l'a touché, quand la foule le presse de tous côtés. Mais Jésus, du regard circulaire qu'on lui connaît, scrute cette foule. Il veut connaître l'acteur de ce geste audacieux (v. 32). Alors la femme, dans la crainte de son geste, ose lui avouer sa guérison (v. 33). Sa démarche est hésitante. Elle s'attend au blâme d'un Maître sourcilleux du respect de la Loi. Mais Jésus lui délivre un message libérateur : « ta foi t'a sauvée. Va en paix » (v. 34). La parole du Maître met bien en valeur la signification de l'événement : au-delà de la guérison physique, l'important est la foi qui sauve. Ce n'est pas par hasard que Jésus reprend l'expression employée par la femme en sa demande : « Je serai sauvée » (v. 28*b*). Et tout l'épisode veut illustrer que la foi en sa personne parvient même à lui arracher un miracle totalement involontaire. Dès lors, cette femme anonyme peut bien disparaître à tout jamais de la scène évangélique, Marc vient de montrer en Jésus le libérateur de tout mal ; car le mal, ici, était double : une maladie incurable à l'époque et, plus encore, la quasi-exclusion dont souffrait cette femme, « hors la loi » de la société religieuse patriarcale de son temps.

Cet intermède achevé, l'histoire interrompue de Jaïre reprend (v. 21-23). Jésus est en chemin avec cet homme pour aller guérir sa fillette à l'agonie (v. 24). Des gens de sa maison arrivent qui lui annoncent le décès de l'enfant. « A quoi bon déranger encore le Maître ? » (v. 35). Ces propos dénotent de leur part un réel manque de foi. Jésus ne se laisse pas arrêter par ce nouvel obstacle. Il dit à ce père éprouvé : « Ne crains pas, crois seulement ! » (v. 36). En la circonstance, réellement tragique, c'est un appel à un sursaut d'espérance. Et, sans plus attendre, Jésus passe à l'acte (v. 37). Il s'entoure du trio de ses disciples préférés, ceux-là mêmes qu'il associera aux heures capitales de sa Transfiguration (9,2) et de son agonie (14,33). C'est assez dire l'importance qu'il attache à ce qu'il va faire. Arrivé à la maison de Jaïre, Jésus se heurte aux gémissements de l'assistance (v. 38). Le deuil oriental a coutume de s'exprimer par un tumulte qui cache mal l'impuissance humaine devant la mort. Jésus entre et veut dissuader les pleureurs de gémir. Pour lui l'enfant n'est pas morte. Elle dort (v. 39*b*). Mais on se moque de lui (40*a*). Marc a pris soin de souligner la non-foi de ces gens. Alors Jésus les chasse (v. 40*b*). Et il ne pénètre, dans la chambre mortuaire, qu'avec l'entourage restreint des parents de la jeune fille et de ses trois compagnons (v. 40*c*). Là, dans l'intimité de la foi, il fait un simple geste et prononce une parole salutaire (v. 41). Marc a soigneusement conservé les mots prononcés par Jésus lui-même, en araméen, sa langue maternelle. Aussitôt, pour ses lecteurs grecs, il les traduit. Il faut bien noter que l'expression « Lève-toi » — littéralement « Réveille-toi » — est celle qui servira à dire la Résurrection de Jésus (16,6). La guérison est immédiate (v. 42). La fillette est rendue à la vie. Elle marche. Les témoins en sont tout retournés. Mais Jésus, comme il en a l'habitude, demande aux témoins la loi du silence absolu (v. 43*a*). Que le Maître s'empresse d'imposer le secret messianique aux familiers de l'événement est normal : la foule demeure incapable de reconnaître à Jésus un souverain pouvoir sur la mort. Ce pouvoir ne pourra vraiment être reconnu — et donc annoncé à tous — qu'après la Résurrection du Maître. Et Marc achève ce tableau coloré par un détail savoureux qui en dit long (v. 43*b*). La maisonnée, secouée par le drame qu'elle vient de vivre, peut reprendre le cours de l'existence quotidienne — la jeune fille (qui a douze ans !) aussi — comme si rien ne s'était passé.

L'épisode, encore tout frémissant de l'action humanitaire de Jésus, laisse transparaître son caractère catéchétique. Marc l'adresse aux chrétiens de Rome bien après Pâques. Relu à la lumière de la Résurrection de Jésus, il se présente comme une sorte d'anticipation prophétique des événements qui l'attendent. On peut lire dans la phrase « Ils se moquaient de lui » une allusion à la scène de dérisions, de moqueries, dont Jésus sera l'objet de la part des chefs des prêtres et des scribes lorsqu'il sera sur la croix (15,31). C'est également sa propre Résurrection qui est évoquée, on l'a vu, dans la remise debout de la fillette (v. 41).

Avec ce récit, se conclut la suite de quatre gestes de puissance de Jésus (4,35-5,43). La tempête apaisée, les guérisons du possédé de Gérasa, de la femme anonyme et de la fille de Jaïre constituent autant de témoignages du pouvoir souverain de Jésus sur la vie et sur la mort.

On pourrait intituler cet ensemble : « Mort, où est ta victoire ? » comme le proclame Paul dans sa première lettre aux chrétiens de Corinthe (15,55).

Et la séquence, venant après l'enseignement magistral des paraboles (4,1-34), présente Jésus comme un prophète puissant, non seulement en paroles mais en actes. Il est pleinement victorieux des forces du Mal et de la Mort. Les disciples ont de quoi réfléchir sur l'étonnante personnalité de leur Maître !

## JÉSUS À NAZARETH (6,1-6)

**1 Jésus est parti pour son pays, et ses disciples le suivent.**
**2 Le jour du sabbat, il se mit à enseigner dans la synagogue.**
**Les nombreux auditeurs, frappés d'étonnement, disaient :**
**« D'où cela lui vient-il ?**
**Quelle est cette sagesse qui lui a été donnée,**
**et ces grands miracles qui se réalisent par ses mains ?**
**3 N'est-il pas le charpentier, le fils de Marie,**
**et le frère de Jacques, de José, de Jude et de Simon ?**
**Ses sœurs ne sont-elles pas ici chez nous ? »**
**Et ils étaient profondément choqués à cause de lui.**
**4 Jésus leur disait :**
**« Un prophète n'est méprisé que dans son pays,**
**sa famille et sa propre maison. »**
**5 Et là il ne pouvait accomplir aucun miracle ;**
**il guérit seulement quelques malades**
**en leur imposant les mains.**
**6 Il s'étonna de leur manque de foi.**
**Alors il parcourait les villages d'alentour en enseignant.**

Le Maître revient à son village (v. 1). Il semble ne pas y être retourné depuis le début de sa mission : son baptême par Jean Baptiste (1,9). C'est Capharnaüm qui est devenu le point d'attache de son ministère itinérant (2,1). Nazareth, où il rentre, est le berceau de son enfance et de sa jeunesse. Là se trouvent sa famille et ses amis de voisinage. Les événements ont mis entre eux un certain éloignement. Que va-t-il se passer ? Jésus ne change rien à ses habitudes (v. 2*a*). Au jour du sabbat, il se rend au culte synagogal pour y porter sa parole. Ses compatriotes l'accueillent favorablement. Mais cet enfant du pays leur pose question : d'où lui vient la sagesse de son enseignement, l'extraordinaire réussite de ses miracles (v. 2*b*) ? Tout commande aux gens de Nazareth un commencement de foi. Or ils passent sans transition de l'étonnement admiratif à une franche hostilité (v. 3). Le prophète d'aujourd'hui fait problème.

Son passé, ses origines sont dans toutes les mémoires. Il est bien trop connu pour échapper à l'image familière qu'on s'est faite de lui. Marc est ici heureux de fournir à ses lecteurs une fiche signalétique de Jésus selon ses proches. Au pays, il est le charpentier. Notons, au passage, qu'à l'époque, ce métier s'étendait au-delà du bois, au travail de tous les matériaux : le charpentier fait même les maisons. À la connaissance de son ancienne profession, s'ajoute le voisinage de sa famille. Il est « le fils de Marie ». C'est le seul endroit dans cet évangile où la mère de Jésus est appelée par son prénom : Marie. Le nom du père de Jésus n'est pas mentionné. Ce silence peut s'expliquer, au niveau de la rédaction de Marc, par la foi de la primitive Église en la conception virginale de Jésus (Mt 1,18-20 et Lc 1,30-35). Quant aux frères de Jésus et à ses sœurs (non nommées), on a déjà vu qu'ils peuvent désigner, selon la terminologie du temps, des cousins, voire des parents éloignés (*cf.* 3,32). Jacques et José sont en effet les enfants d'une autre Marie que la mère de Jésus (15,40).

Il n'en demeure pas moins que les gens de Nazareth sont scandalisés par la renommée, à leurs yeux non fondée, faite à leur compatriote (v. 4). Marc met en vedette l'inhospitalité inattendue des proches de Jésus à sa personne. Déjà, il a relevé en son temps la réaction défavorable de ses propres parents (3,20-21). Il s'agit bien de la question maîtresse qui remplit tout l'évangile : Qui donc est cet homme, Jésus de Nazareth ? Et l'on voit ici comment ses anciens compagnons d'existence réduisent le portrait du Maître à celui du villageois qu'il fut avant d'entreprendre sa mission.

À ce point de la rencontre, Jésus réagit. Il cite un dicton (v. 4). Le proverbe aujourd'hui répandu vient de là : « Nul n'est prophète en son pays. » C'est une vérité de toujours : quiconque est en avance sur son temps, sur son entourage, connaît le mépris de sa part. Et le mauvais accueil de Jésus produit une conséquence, curieuse à première vue : là, il ne peut nullement exercer son art de guérir (v. 5*a*). Son pouvoir serait-il dépendant de l'attitude des hommes ? Cependant, Marc a lui-même relativisé cette dépendance. Il admet que Jésus a concédé quelques guérisons à Nazareth (v. 5*b*). Mais il a bien relevé les sentiments du Maître à l'égard de l'incrédulité de ses compatriotes : il s'en étonne grandement (v. 6*a*).

Nulle part mieux qu'ici, dans l'évangile de Marc, est souligné le lien mis par Jésus entre la foi et ses miracles. On se souvient des reproches du Maître devant le manque de foi de ses disciples lors de la tempête apaisée (4,40). C'est la non-foi des païens de Gérasa qui a écourté le séjour chez eux du sauveur (5,17). C'est l'incrédulité de leurs pleurs intempestifs qui a poussé Jésus à mettre dehors les gens de la maison de Jaïre (5,39-40).

Jésus va poursuivre sa mission, au-delà de l'incident de Nazareth, dans les villages d'alentour (v. 6*b*). La deuxième étape s'achève (3,7 à 6,6). Elle a mis en relief le thème fondamental de l'évangile : hommes et femmes, foules, disciples ou proches de Jésus se posent cette lancinante question de son identité profonde. Déjà se dessinent les attitudes variées prises à son égard par tous ceux qu'il rencontre. Quand et par qui sera-t-il enfin reconnu pour ce qu'il est vraiment ? Il faut continuer la lecture...

TROISIÈME ÉTAPE

## *DE LA MISSION DES DOUZE À LA PROFESSION DE FOI DE PIERRE* (6,7 à 8,26)

Dans une première étape (1,14 à 3,12), Jésus a commencé par appeler des disciples à le suivre. Puis, malgré l'opposition des scribes et des pharisiens, il a manifesté aux foules galiléennes quelque chose du mystère de sa personne et de sa mission. La deuxième étape (3,13 à 6,6) a renforcé aux yeux du groupe des Douze qu'il a institué la profondeur de son identité et la nouveauté de son message. Dans cette *troisième étape* (6,7 à 8,26), Jésus va encore accentuer la révélation en cours. Deux séquences marquent cette étape.

La *première séquence* — très brève (6,7-29) — commence par un acte important :

— *L'envoi en mission des Douze* (6,7-13).

Puis, par une parenthèse significative, Marc prend le temps de nous livrer deux informations sur Hérode et sa cour :

— *Diverses opinions sur Jésus* (6,14-16) ;

— *La passion de Jean Baptiste* (6,17-29).

Après quoi l'évangéliste revient à l'essentiel de son propos : illustrer la manifestation messianique de Jésus.

La *seconde séquence* — très longue (6,30 à 8,21) — met cela en valeur. On l'appelle couramment « *la section des pains* » parce qu'elle tourne autour du mot « pain ». Ce mot revient neuf fois et sert de fil conducteur à la pensée centrée sur la nourriture, les repas. On y trouve les récits suivants :

— *la multiplication des pains* (6,30-44) ;

— *la marche sur les eaux* (6,45-52) ;

— *des guérisons à Génésareth* (6,53-56) ;

— *Jésus et les traditions des pharisiens* (7,1-23) ;

— *la foi d'une païenne* (7,24-30) ;

— *la guérison d'un sourd-bègue* (7,31-37) ;

— *la seconde multiplication des pains* (8,1-9) ;

— *Jésus refuse un signe venu du ciel* (8,10-12) ;

— *l'incompréhension des disciples* (8,13-21).

Le thème majeur de ces pages est celui-ci : Jésus entraîne progressivement ses disciples à découvrir la plénitude de ses dons messianiques. Il a la capacité de rassembler les foules en un nouveau peuple de Dieu, qu'il a pouvoir de rassasier à satiété. L'incompréhension des disciples est de plus en plus grande. D'autant plus que Jésus franchit les frontières juives et ouvre largement le banquet du royaume aux païens.

L'étape se termine par *la guérison de l'aveugle de Bethsaïde* (8,22-26). Ce récit est hautement significatif. Il annoncera que les disciples vont finalement ouvrir leurs yeux et professer que Jésus est bien « le Messie » (8,27-30).

## L'ENVOI EN MISSION DES DOUZE (6,7-13)

**7 Jésus appelle les Douze,**
**et pour la première fois il les envoie deux par deux.**
**Il leur donnait pouvoir sur les esprits mauvais,**
**8 et il leur prescrivit de ne rien emporter pour la route,**
**si ce n'est un bâton ;**
**de n'avoir ni pain, ni sac, ni pièces de monnaie dans leur ceinture.**
**9 « Mettez des sandales, ne prenez pas de tunique de rechange. »**
**10 Il leur disait encore :**
**« Quand vous avez trouvé l'hospitalité dans une maison,**
**restez-y jusqu'à votre départ.**
**11 Si, dans une localité,**
**on refuse de vous accueillir et de vous écouter,**
**partez en secouant la poussière de vos pieds :**
**ce sera pour eux un témoignage. »**
**12 Ils partirent, et proclamèrent qu'il fallait se convertir.**
**13 Ils chassaient beaucoup de démons,**
**faisaient des onctions d'huile à de nombreux malades,**
**et les guérissaient.**

Jusqu'ici Marc nous a raconté l'appel de quelques-uns des disciples à suivre Jésus (1,16-20). Puis il l'a montré instituant un groupe de Douze pour « être avec lui » et partager son ministère (3,13-19). C'est maintenant qu'a lieu leur envoi en mission (v. 7). Les Douze vont mériter le titre, qu'ils recevront plus tard, d'« apôtres », c'est-à-dire d'« envoyés » en mission (6,30). Dans ce court passage, Marc semble utiliser un petit manuel du parfait missionnaire. Son style, heurté et décousu, suggère en effet le réemploi d'une tradition plus ancienne.

Le Maître commence par envoyer ses disciples « deux par deux » (v. 7*b*). Est-ce une coutume juive ? Dans la loi de Moïse, deux témoins sont nécessaires pour authentifier une déposition (Dt 19,15). Mais le chiffre deux est aussi le symbole de la communauté : les missionnaires doivent œuvrer non pas seuls, mais en équipe. Cette pratique de Jésus a été prise à la lettre par les premiers chrétiens. Dans les Actes des Apôtres, les missionnaires cheminent toujours à deux : Pierre et Jean (Ac 3,1 ; 4,13) ; Paul et Barnabé (Ac 13,2) ; Jude et Silas (Ac 15,22*b*) ; etc. Jésus donne aussi à ses envoyés une part du pouvoir qui est le sien : l'expulsion des démons. L'un des signes qui atteste que le Règne de Dieu est déjà inauguré.

Ce qui frappe d'abord dans les consignes que Jésus donne aux envoyés (v. 8-9), c'est qu'elles s'adressent à des hommes itinérants. Mais surtout, elles mettent l'accent sur le témoignage de pauvreté qu'ils doivent donner. Les moyens de subsistance eux-mêmes (le pain, l'argent de poche) seront reçus comme dons des gens visités. Leur tenue sera des plus simples comme il sied à des voyageurs que rien ne doit embarrasser (ni sac de voyage, ni tunique de rechange). Pour être en bon état de marche, Marc retient — au contraire de Matthieu et de Luc — que le bâton et les sandales sont nécessaires. À l'époque on allait le plus souvent pieds nus. Mais pour les longs parcours, le bâton et les sandales ont paru s'imposer. Peut-être y a-t-il l'idée de présenter les auxiliaires de Jésus comme des « pèlerins » toujours prêts à prendre la route, comme ceux que le rituel de la Pâque décrivait : « les reins ceints, les sandales aux pieds, le bâton à la main » (Ex 12,11).

Plus curieux apparaissent les conseils donnés sur l'hospitalité (v. 10-11). Il est spécifié que les missionnaires, porteurs d'un message gratuit, jouiront d'un accueil désintéressé dans la maison de leurs hôtes. Mais la Bonne Nouvelle ne saurait être imposée. Elle sera seulement proposée à la liberté des gens. Si une ville ou un village la refusent, on passera outre en respectant ce refus. Le rite ici décrit relève d'un antique usage oriental : on secouait la poussière de ses pieds en quittant un lieu hostile pour marquer la rupture.

Comme Jésus (v. 12-13), les Douze s'en vont sur les routes annoncer que le Règne de Dieu est déjà là qui appelle à la conversion (1,15). Comme lui, ils authentifient leur dire en offrant des signes de sa crédibilité. L'usage des onctions d'huile sur les malades atteste une pratique fort ancienne. On sait l'effet bénéfique de l'huile lorsqu'elle pénètre le corps humain. L'Église reconnaîtra dans cette pratique le germe d'un sacrement : « l'onction des malades » pour leur guérison corporelle et spirituelle (*cf.* Jc 5,14).

Ce « discours » d'envoi en mission peut nous paraître aujourd'hui bien archaïque dans sa forme. Il est, de fait, profondément marqué par le temps qui l'a vu naître : les mœurs très rustiques de l'Antiquité. Mais il reste, pour son fond, très actuel. La Bonne nouvelle doit toujours être portée avec un maximum de mobilité en tous lieux, avec des moyens pauvres. Offerte gratuitement, elle fait appel au libre accueil des consciences. Elle est une Parole que doivent accompagner les signes de la victoire du Christ sur le Mal et la Mort. Là est le message permanent de ce très vieux récit.

## DIVERSES OPINIONS SUR JÉSUS (6,14-16)

14 **Comme le nom de Jésus devenait célèbre,**
**le roi Hérode en entendit parler.**
**On disait :**
**« C'est Jean le Baptiste qui est ressuscité d'entre les morts,**
**et voilà pourquoi il a le pouvoir de faire des miracles. »**
15 **Certains disaient : « C'est le prophète Élie. »**
**D'autres disaient encore :**
**« C'est un prophète comme ceux de jadis. »**
16 **Hérode entendait ces propos et disait :**
**« Celui que j'ai fait décapiter, Jean, le voilà ressuscité ! »**

Alors que les Douze sont partis en mission, Marc prend le temps d'une pause. Il intéresse son lecteur à l'opinion que les gens se font de Jésus. En raison de son enseignement et plus encore de ses miracles, le Maître s'est fait un nom. Sa renommée se répand jusqu'à la cour d'Hérode Antipas, le roi de Galilée (v. 14*a*).

Les avis sur Jésus sont très partagés (v. 14*b*). La personnalité du Maître a beaucoup marqué l'opinion. Et la mentalité juive de l'époque était assez ouverte à l'idée de « résurrection », couramment conçue comme un simple retour à la vie terrestre. Elle donnait au « ressuscité » des capacités supérieures : la puissance d'opérer des miracles.

Un autre courant — plus fort, semble-t-il — voyait en Jésus le retour du prophète Élie (v. 15*a*). Comment comprendre cela ? Élie avait été le chef de file des prophètes. L'héroïque combat de cet homme de Dieu (au IX$^{e}$ siècle avant Jésus Christ) était célèbre. De plus, le livre des Rois avait relaté sa disparition sous un mode merveilleux : il fut enlevé au ciel sur un char de feu (2 R 2,1-11). Ce saint personnage ne pouvait quêtre vivant auprès de Dieu. Et la tradition juive attendait qu'il revienne, avant la fin des temps, pour exhorter le monde pécheur à la conversion (Ml 3,23-24). Par son message et son action, Jésus pouvait passer pour Élie revenu.

D'autres prenaient Jésus pour un prophète renouant avec ceux de jadis (v. 15*b*). Il faut savoir que, depuis la persécution juive du II$^{e}$ siècle avant Jésus Christ, le sentiment prévalait que le prophétisme était mort. Il n'y avait plus de ces grands « porte-parole » de Dieu. L'attente se faisait ardente de voir ce vide enfin comblé par l'apparition d'un prophète supérieur, semblable à Moïse, et qui aurait comme lui enfin l'écoute du peuple (*cf.* Dt 18,15). Toutes les rumeurs allaient bon train. On voit que le roi Hérode fait l'hypothèse que Jésus est le Baptiste ressuscité (v. 16). Sans doute le souverain était-il poursuivi par le cauchemar insoutenable de l'homme juste qu'il avait fait assassiner.

Toutes les opinions ici avancées sur Jésus sont fausses. Elles ont le mérite de manifester l'effervescence religieuse qui régnait dans le monde juif au Iᵉʳ siècle. Toutes ont cependant quelque chose en commun, c'est qu'elles tiennent Jésus pour un « prophète ». Elles orientent les esprits vers une intervention décisive de Dieu pour sauver les hommes. Derrière cet inventaire des points de vue, se profile déjà le sondage que Jésus effectuera lui-même sur la véritable identité de sa personne (8,27-30). Pierre, au nom des disciples, prononcera alors les maîtres mots.

## LA PASSION DE JEAN BAPTISTE (6,17-29)

**17 Car c'était lui, Hérode, qui avait fait arrêter Jean**
**et l'avait mis en prison.**
**En effet, il avait épousé Hérodiade,**
**la femme de son frère Philippe,**
**18 et Jean lui disait :**
**« Tu n'as pas le droit**
**de prendre la femme de ton frère. »**
**19 Hérodiade en voulait donc à Jean,**
**et elle cherchait à le faire mettre à mort.**
**Mais elle n'y arrivait pas**
**20 parce que Hérode avait peur de Jean :**
**il savait que c'était un homme juste et saint,**
**et il le protégeait ;**
**quand il l'avait entendu, il était très embarrassé,**
**et pourtant, il aimait l'entendre.**

**21 Cependant, une occasion favorable se présenta,**
**lorsque Hérode, pour son anniversaire,**
**donna un banquet à ses dignitaires,**
**aux chefs de l'armée et aux notables de la Galilée.**
**22 La fille d'Hérodiade fit son entrée et dansa.**
**Elle plut à Hérode et à ses convives.**
**Le roi dit à la jeune fille :**
**« Demande-moi tout ce que tu veux,**
**et je te le donnerai. »**

**23 Et il lui fit ce serment :**
**« Tout ce que tu me demanderas, je te le donnerai,**
**même si c'est la moitié de mon royaume. »**
**24 Elle sortit alors pour dire à sa mère :**
**« Qu'est-ce que je vais demander ? »**
**Hérodiade répondit :**
**« La tête de Jean le Baptiste. »**
**25 Aussitôt la jeune fille s'empressa de retourner auprès du roi,**
**et lui fit cette demande :**
**« Je veux que tout de suite**
**tu me donnes sur un plat la tête de Jean Baptiste. »**
**26 Le roi fut vivement contrarié ;**
**mais à cause du serment fait devant les convives,**
**il ne voulut pas lui opposer un refus.**
**27 Aussitôt il envoya un garde**
**avec l'ordre d'apporter la tête de Jean.**
**Le garde s'en alla, et le décapita dans la prison.**
**28 Il apporta la tête sur un plat,**
**la donna à la jeune fille,**
**et la jeune fille la donna à sa mère.**

**29 Lorsque les disciples de Jean apprirent cela,**
**ils vinrent prendre son corps et le déposèrent dans un tombeau.**

Marc continue ici de combler l'absence des Douze partis en mission (6,12). Par un surprenant retour en arrière, il profite du moment pour raconter la passion de Jean Baptiste fait prisonnier avant le début du ministère de Jésus (1,14).

L'épisode est un bel exemple de composition dramatique. Dans un premier tableau (v. 17-20), les personnages en scène sont présentés et l'action se noue. Le premier acteur du drame est Hérode Antipas, l'un des fils d'Hérode le Grand. Au temps de Jésus, il règne sur la Galilée. Le second est Philippe, un demi-frère de cet Hérode Antipas. Et le troisième — mais non le moindre, comme on va le voir — est Hérodiade. Petite-fille d'Hérode le Grand, elle a d'abord épousé Philippe, son oncle. Puis elle a séduit Hérode Antipas, son beau-frère. Jean Baptiste est en prison pour avoir reproché au roi son adultère notoire. C'était une audace incroyable de la part du prophète. Aussi s'était-il attiré la haine homicide de la femme infidèle (v. 19-20). Mais dans sa furieuse envie de meurtre, Hérodiade se heurte à l'admiration craintive que le souverain porte au prophète.

Un second tableau — resté célèbre (v. 21-28) — va dénouer cette situation qui ressemble à une impasse. L'action aura pour héroïne la propre fille d'Hérodiade (v. 22*a*). Par l'historien juif de l'époque,

Flavius Josèphe, nous savons que la jeune fille s'appelait Salomé. La promesse d'Hérode (v. 23), ce serment de nature démesurée, correspond bien à la coutume des souverains orientaux. Les jeux sont faits (v. 24-26). L'exigence de Salomé plonge le roi en pleine tragédie. Il est profondément déchiré entre sa folle promesse, faite à un public de choix (les grands dignitaires de la cour), et sa considération personnelle privée, pour le prophète. La décapitation de Jean Baptiste, sa tête offerte sur un plat à l'instigatrice du meurtre, signe de façon macabre un crime odieux (v. 27-28). Les disciples de Jean enterrent leur maître vénéré (v. 29).

Ce récit, dans sa cynique cruauté et sa féroce beauté, a une réelle puissance suggestive. Sans jamais faire allusion à Jésus, c'est vers lui qu'il oriente tout entier. Le prophète emprisonné, puis sommairement assassiné et enseveli par ses amis, fait penser au sort qui attend Jésus lui-même. Sa Passion, sa mort et son ensevelissement sont ici préfigurés.

### LA MULTIPLICATION DES PAINS (6,30-44)

**30 Les Apôtres se réunissent auprès de Jésus,**
**et lui rapportent tout ce qu'ils ont fait et enseigné.**
**31 Il leur dit :**
**« Venez à l'écart dans un endroit désert,**
**et reposez-vous un peu. »**
**De fait, les arrivants et les partants étaient si nombreux**
**qu'on n'avait même pas le temps de manger.**
**32 Ils partirent donc dans la barque**
**pour un endroit désert, à l'écart.**
**33 Les gens les virent s'éloigner, et beaucoup les reconnurent.**
**Alors, à pied, de toutes les villes,**
**ils coururent là-bas et arrivèrent avant eux.**

**34 En débarquant, Jésus vit une grande foule.**
**Il fut saisi de pitié envers eux,**
**parce qu'ils étaient comme des brebis sans berger.**
**Alors, il se mit à les instruire longuement.**

**35 Déjà l'heure était avancée ;**
**ses disciples s'étaient approchés et lui disaient :**
**« L'endroit est désert et il est tard. Renvoie-les,**
**36 qu'ils aillent dans les fermes et les villages des environs**
**s'acheter de quoi manger. »**
**37 Il leur répondit :**
**« Donnez-leur vous-mêmes à manger. »**

**Ils répliquent :**
**« Allons-nous dépenser le salaire de deux cents journées**
**pour acheter du pain et leur donner à manger ? »**
38 **Jésus leur demande :**
**« Combien avez-vous de pains ? Allez voir. »**
**S'étant informés, ils lui disent :**
**« Cinq, et deux poissons. »**
39 **Il leur ordonna de les faire tous asseoir par groupes**
**sur l'herbe verte.**
40 **Ils s'assirent en rond par groupes de cent et de cinquante.**
41 **Jésus prit les cinq pains et les deux poissons,**
**et, levant les yeux au ciel,**
**il prononça la bénédiction, rompit les pains,**
**et il les donnait aux disciples pour qu'ils les distribuent.**
**Il partagea aussi les deux poissons entre eux tous.**
42 **Tous mangèrent à leur faim.**
43 **Et l'on ramassa**
**douze paniers pleins de morceaux de pain et de poisson.**
44 **Ceux qui avaient mangé les pains**
**étaient au nombre de cinq mille hommes.**

C'est pour rendre compte de leur mission que les disciples rejoignent leur Maître (v. 30). L'heure d'un premier bilan est venue pour les missionnaires. C'est la seule fois où, dans son évangile, Marc donne aux Douze leur nom approprié d'« Apôtres » : « Envoyés ». Le Maître invite ses amis à prendre du recul par rapport au monde, pour jouir d'un repos bien mérité (v. 31*a*). La foule harcèle le groupe au point de l'empêcher de se restaurer (v. 31*b*). Le thème de la nourriture, qui va suivre, est ainsi annoncé. Le contraste est vif entre le projet de retrait à l'écart de la foule (par le lac) et l'afflux des gens qui devancent le groupe à terre (v. 32-33).

Lorsqu'il met pied à terre, Jésus retrouve donc une foule considérable (v. 34). Il ne peut ni ne veut la fuir. Tout au contraire, Marc insiste sur sa sollicitude particulière à son égard. L'expression « saisi de pitié » est très forte en grec. Littéralement le texte dit : « Ses entrailles s'émurent », comme celles de Dieu à l'égard de son peuple (Os 11,8). Et cette compassion de Jésus est comparée à celle d'un berger pour ses brebis perdues. Affleure ici un thème essentiel de l'Ancien Testament. Israël y est présenté comme un troupeau conduit par Dieu et les pasteurs qu'il lui a donnés. Ces pasteurs ne sont pas tous, loin s'en faut, comme Moïse ou David, des modèles (*cf.* Ez 34,1-31). Le peuple de Dieu a connu et connaît encore des guides fort indignes de leur mission. Voilà pourquoi Dieu a promis à Israël un Bon Berger en la personne du Messie attendu. Dans notre passage, Jésus apparaît comme ce

Berger Divin qui vient enfin prendre le plus grand soin de son peuple. Et Marc souligne que le Maître commence par « instruire » longuement la foule. Déjà, par deux fois, l'évangéliste a noté l'importance de l'enseignement du Maître (1,22 ; 4,1-2). Jamais il n'en a précisé le contenu. Ici de même. Mais le fait est significatif. Avant de donner du pain, c'est d'abord par sa parole que Jésus rassasie les hommes. Le récit de la multiplication des pains qui va suivre ne doit pas être séparé de ce qui précède. C'est par « la Parole » que Jésus s'efforce de rassembler la foule en un nouveau peuple de Dieu. L'Église ancienne l'a bien retenu. Dans sa pratique de l'eucharistie, elle unit toujours « deux tables » qui s'enchaînent : celle de la Parole d'abord, puis celle des pains.

L'histoire débute par des notations furtives, pleines de réminiscences bibliques. L'heure est tardive et le lieu désert (v. 35-36). Par ces images, Marc évoque les conditions dans lesquelles le peuple d'Israël s'est trouvé jadis, au désert de l'Exode, tenaillé par la faim (Ex 16,3 et suivants). Pour la foule qui a suivi Jésus, loin des villages et des fermes, la situation est semblable. Inconscients de leur devoir d'assistance, les disciples demandent au Maître de renvoyer les gens pour qu'ils aillent se ravitailler. Mais Jésus ne l'entend pas ainsi. Il insiste : « Donnez-leur vous-mêmes à manger » (v. 37*a*). Cet appel direct à leur responsabilité de pasteurs laisse les disciples incrédules. Ils opposent à Jésus une raison économique (v. 37*b*). L'objection est valable ; nourrir tant de monde coûterait une fortune ! Mais Jésus les renvoie à la prospection des avoirs disponibles sur place (v. 38*a*). Le compte est vivement fait : cinq pains et deux poissons (v. 38*b*) ! Les provisions sont bien pauvres. Mais c'est dans une situation similaire que le prophète Élisée, neuf siècles auparavant, accomplit un miracle d'abondance (2 R 4,42-44). Ce geste prophétique mémorable a manifestement inspiré Marc et toute la tradition évangélique des « pains multipliés ». C'est dans la veine de cet exploit antique que Jésus invite ses disciples à la préparation du banquet messianique (v. 39-40). Le détail de l'herbe verte est insolite, puisque la scène est censée se dérouler au désert ! Mais il a une forte résonance biblique. Jésus se comporte comme le Berger du psaume où Dieu lui-même conduit son peuple au repos « sur des prés d'herbe fraîche » pour lui dresser la table (Ps 23,2.5.). Les gens s'asseoient en rond par groupes de cent et cinquante. Ces nombres ne sont pas fortuits. Ils évoquent l'organisation des fils d'Israël au désert pour former le peuple de Dieu (Ex 18,21-25).

À ce moment, le récit revêt une allure foncièrement liturgique (v. 41). Jésus opère les quatre gestes qu'il fera à l'instant solennel de l'institution de l'eucharistie (14,22) : prendre le pain, prononcer la bénédiction, rompre le pain et le donner aux disciples pour qu'ils en fassent la distribution ; c'est bien le rite eucharistique qui est ici préfiguré. La bénédiction prononcée « les yeux levés au ciel », c'est la prière de louange et d'action de grâce par laquelle, au cours des repas juifs, Dieu est remercié pour tous les bienfaits accordés à son peuple, en premier sa délivrance.

La fin du récit est, elle aussi, toute imprégnée de fines allusions bibliques (v. 42-43). Le rassasiement de tous est souligné. C'est déjà ce thème de la « surabondance » qui faisait la pointe du récit emprunté au cycle du prophète Élisée : « On mangera et l'on aura du reste » (2 R 4,43*b*). Dans sa générosité sans borne, Dieu comble les hommes au-delà de leurs besoins. Quant au nombre de « douze » pour les corbeilles restantes, il fait écho aux douze tribus d'Israël. Il montre qu'un autre peuple peut encore être rassasié avec le surplus du repas messianique. Le don de Dieu est sans limites.

L'épisode se clôt par une notation d'allure anecdotique : cinq mille personnes furent nourries (v. 44). À y regarder de près, ce nombre est hautement significatif. Il correspond à ceux donnés pour le rassemblement des convives en groupes (v. 40) : cent multiplié par cinquante font cinq mille. Marc suggère ainsi que la foule rassemblée n'est plus un ensemble disparate, mais un peuple organisé.

Les lignes de force du récit des pains multipliés sont donc les suivantes :

1° Jésus est le « vrai Berger » annoncé par les prophètes. Lui, le Messie, vient rassembler le nouveau peuple de Dieu. Par sa Parole et la nourriture qu'il prodigue, il est capable de rassasier toutes les faims humaines.

2° Les disciples sont invités à s'associer pleinement à la mission du Messie. Ils ont pour charge de répondre aux besoins des hommes. À savoir : avec des moyens pauvres, rassembler et nourrir ce peuple de Dieu dans l'attente du festin, sans calcul ni frontières, de la fin des temps (*cf.* Is 25,6-9). En célébrant leurs eucharisties, à Rome, les chrétiens de la communauté de Marc devaient bien méditer cette page d'évangile.

## LA MARCHE SUR LES EAUX (6,45-52)

**45 Aussitôt après, Jésus obligea ses disciples à monter dans la barque**
**et à le précéder sur l'autre rive, vers Bethsaïde,**
**pendant que lui-même renvoyait la foule.**
**46 Quand il les eut congédiés,**
**il s'en alla sur la montagne pour prier.**
**47 Le soir venu, la barque était au milieu de la mer**
**et lui, tout seul, à terre.**

48 **Voyant qu'ils se débattaient avec les rames,**
**car le vent leur était contraire,**
**il vient à eux vers la fin de la nuit**
**en marchant sur la mer,**
**et il allait les dépasser.**
49 **En le voyant marcher sur la mer,**
**les disciples crurent que c'était un fantôme**
**et ils se mirent à pousser des cris,**
50 **car tous l'avaient vu et ils étaient bouleversés.**
**Mais aussitôt Jésus leur parla :**
**« Confiance ! c'est moi ; n'ayez pas peur ! »**
51 **Il monta ensuite avec eux dans la barque**
**et le vent tomba ;**
**et en eux-mêmes ils étaient complètement bouleversés de stupeur,**
52 **car ils n'avaient pas compris la signification du miracle des pains :**
**leur cœur était aveuglé.**

Cet épisode est curieux. Il donne, à tort, l'illusion d'un prodige plus grand encore que celui de la multiplication des pains. Sous des images fortes, bien choisies, l'évangéliste y véhicule l'expérience maîtresse de la foi chrétienne.

La scène commence par un mouvement d'allure violente (v. 45). Jésus rompt résolument avec la foule galiléenne qu'il vient de rassasier (6,44). Et Marc précise qu'il « oblige » ses disciples à s'embarquer sans lui pour le précéder « sur l'autre rive ». Bethsaïde est située à l'est du Jourdain. Cette ville sert de frontière entre Israël et le territoire des païens. On peut comprendre la réticence des disciples à gagner cette zone païenne si inhospitalière (depuis l'affaire de Gérasa : 5,1-20). Jésus a donc dû les forcer à prendre le large, à se tourner délibérément vers la mission auprès des païens. Il lui est alors offert le temps de s'éloigner, seul sur la montagne, pour prier (v. 46).

Cette prise de distance du Maître par rapport aux hommes et son rapprochement de Dieu laissent augurer un événement décisif. Les disciples se trouvent, le soir venu, isolés en mer (v. 47). Marc souligne fortement l'absence de Jésus. Pour la première fois, la barque de ses amis est livrée aux éléments sans son timonier avéré. La nuit tombe : ce détail, pas plus que le reste, n'est anecdotique. Il fait présager une rude aventure pour ces hommes laissés à eux-mêmes. Il faut se souvenir ici que, pour les Hébreux — ces gens du sable, issus du désert —, la mer a toujours fait peur. Elle recèle par excellence les forces du Mal et de la Mort. De fait, Marc nous convie maintenant au récit d'un minidrame, une autre version de la tempête apaisée (4,35-41). Et, cette fois, il décrit l'intervention préventive et magistrale de Jésus au moment où tout fait craindre le naufrage de ses disciples (v. 48*b*). Beaucoup de choses essentielles sont dites en ce court verset. Alors que les disciples, défaillants, sont mis à mal par les éléments déchaînés, Jésus « vient à eux », de façon mystérieuse. Ses pas foulent les flots sans aucun effort. Il va même « dépasser » ses amis... dans son élan vainqueur ! Dans la Bible, la marche sur les eaux n'est pas dans les possibilités humaines, c'est un pouvoir réservé à Dieu. Lui seul peut dompter les forces du Mal et de la Mort qu'elles représentent (*cf.* Jb 9,8 ; etc.) Nul doute que la manière dont Jésus manifeste ici, au matin, sa victoire sur le Mal et la Mort, évoque directement sa Résurrection.

Les lecteurs de Marc, qui connaissent la fin de l'évangile, voient dans ce tableau merveilleux l'annonce anticipée du message qui sera délivré sur le Crucifié, au tombeau ouvert : « Il est ressuscité... Il vous devance en Galilée » (16,6-7). Derrière les images du récit, il faut lire l'expérience de foi des premiers chrétiens. Pris dans la tourmente de la persécution romaine et d'autres adversités, ils sont tentés par le découragement. Le Christ est physiquement absent. Il s'est retiré dans l'intimité du Père (c'est le sens de son retrait pour prier sur la montagne, v. 46). On pourrait le croire étranger aux entreprises qu'il a lui-même engagées. Or il fait sentir, dans l'angoisse, sa présence efficace. Son Église, embarquée dans sa difficile mission auprès des païens, peut se rassurer : le Sauveur est bien là, Vivant, pour la délivrer de tout péril.

La réaction des disciples est significative (v. 49-50*a*). Elle rejoint les troubles — le doute — dont ils seront assaillis lors des apparitions du Ressuscité. N'est-ce pas un fantôme ? Sa « vue » les saisit tous de stupeur et d'effroi (*cf.* Lc 24,37). Comme il le fera dans les récits des apparitions pascales, Jésus commence par chasser la peur de ses amis (v. 50*b*). Davantage il se fait reconnaître d'eux en son identité plénière. L'expression « c'est moi » est très forte en grec. Elle évoque Dieu lui-même assurant Moïse de sa présence souveraine pour affronter le pharaon : « Je Suis » (Ex 3,14). On ne s'étonnera pas que le vent — la tempête — s'apaise grâce à cette assurance divine (v. 51*a*). À son habitude, Marc souligne le choc produit chez les disciples : la crainte et le tremblement, qui les saisissent, sont le fait de tout homme en présence de Dieu (v. 51*b*). Mais l'évangéliste conclut ses réflexions sur un thème qui lui est cher entre tous : celui de l'incompréhension des amis de Jésus face à son mystère (v. 52). Marc n'est pas tendre avec les disciples. Littéralement, leur cœur est « endurci », comme celui des adversaires de Jésus (3,5). La raison qu'il en donne paraît banale : ils n'ont pas compris « la signification du miracle des pains ». Autant dire que le sens profond de la personnalité de Jésus et de sa mission leur échappe... complètement ! C'est normal. Dans cette « section des pains » qui nous occupe, l'activité de Jésus veut tourner le regard de ceux qui le suivent vers le monde païen qu'il faut oser affronter pour le sauver. Comme la tempête apaisée (4,35-41), la marche sur les eaux montre la certitude qui habite l'Église dans les adversités qu'elle traverse : le Christ ressuscité vient à son secours.

### DES GUÉRISONS À GÉNÉSARETH (6,53-56)

**53 Ayant traversé le lac, ils abordèrent à Génésareth**
**et accostèrent.**
**54 Ils sortirent de la barque, et aussitôt les gens reconnurent Jésus :**
**55 ils parcoururent toute la région,**
**et se mirent à transporter les malades sur des brancards**
**là où l'on apprenait sa présence.**
**56 Et dans tous les endroits où il était,**
**dans les villages, les villes ou les champs,**
**on déposait les infirmes sur les places.**
**Ils le suppliaient de leur laisser toucher**
**ne serait-ce que la frange de son manteau.**
**Et tous ceux qui la touchèrent étaient sauvés.**

La barque des disciples, que Jésus a rejoints dans la tourmente (6,51), devait gagner Bethsaïde, à l'est du Jourdain. Pour on ne sait quelle raison, elle parvient à une autre destination, Génésareth (v. 53). Cette cité est située sur la rive ouest, au sud de Capharnaüm. On reste donc en terre juive. Et aussitôt le Maître est victime de sa célébrité (v. 54). On croirait qu'il n'a pas encore rompu avec la foule galiléenne (6,45). Nous avons là, de fait, un retour en arrière. C'est un « sommaire » sur les guérisons de Jésus, au bord du lac, comme on en a déjà lu par deux fois (1,32-34 ; 3,7-12).

L'empressement des gens à la recherche d'un bienfait de Jésus est fortement souligné (v. 55-56*a*). L'adjectif « tout », « tous », accuse la généralisation. Le ministère itinérant de Jésus explique la multitude des déplacements. On rejoint sa présence en tous lieux : au cœur des villes ou des villages et même dans les champs, le long de la route. Comme dans l'histoire de la femme atteinte d'hémorragies (5,27-28), Marc relève l'aspiration des malades à « toucher » le guérisseur. C'est l'un des modes de guérison pratiqués dans l'Antiquité. L'accent mis sur le « vêtement » va de soi. Rappelons-le : dans le monde sémitique, le vêtement est le symbole de la personnalité. Toucher le manteau de Jésus, c'est atteindre sa personne même ; le détail : « ne serait-ce que la frange... » n'est pas sans signification. Marc fait allusion au fait que Jésus, en fidèle observateur de la loi juive, portait les fameuses houppes aux pans de son habit (*cf.* Nb 15,37-39). Finalement Marc veut faire comprendre que Jésus rayonne, au travers de tout lui-même, de cette puissance divine qui sauve (v. 56*c*). Et le bienfait accordé par le Messie est un salut qui dépasse la simple guérison physique. N'oublions pas qu'en Orient, les malades sont tenus pour des exclus de la communion avec Dieu parce que maladie et péché semblent liés. Ici, Jésus, en se laissant approcher et toucher par les malades et les infirmes — ces pauvres par excellence —, exerce bien son rôle de « Bon Berger » qui accueille les brebis sans pasteurs (6,34).

Ce panorama sur les guérisons de Jésus ne doit, en aucun cas, être séparé des pages qui le précèdent et qu'il vient de clore : l'annonce de la Bonne Nouvelle qui délivre du mal, en actes comme en paroles.

## JÉSUS ET LES TRADITIONS DES PHARISIENS (7,1-23)

**1 Les pharisiens et quelques scribes étaient venus de Jérusalem.**
**Ils se réunissent autour de Jésus,**
**2 et voient quelques-uns de ses disciples prendre leur repas**
**avec des mains impures, c'est-à-dire non lavées.**
**3 — Les pharisiens en effet, comme tous les Juifs,**
**se lavent toujours soigneusement les mains avant de manger,**
**fidèles à la tradition des anciens ;**
**4 et au retour du marché,**
**ils ne mangent pas avant de s'être aspergés d'eau,**
**et ils sont attachés encore par tradition**
**à beaucoup d'autres pratiques :**
**lavage de coupes, de cruches et de plats. —**
**5 Alors les pharisiens et les scribes demandent à Jésus :**
**« Pourquoi tes disciples ne suivent-ils pas**
**la tradition des anciens ?**
**Ils prennent leurs repas sans s'être lavé les mains. »**
**6 Jésus leur répond :**
**« Isaïe a fait une bonne prophétie sur vous, hypocrites,**
**dans ce passage de l'Écriture :**
***Ce peuple m'honore des lèvres,***
***mais son cœur est loin de moi.***
**7 *Il est inutile, le culte qu'ils me rendent ;***
***les doctrines qu'ils enseignent***
***ne sont que des préceptes humains.***

**8 Vous laissez de côté le commandement de Dieu**
**pour vous attacher à la tradition des hommes. »**
**9 Il leur disait encore :**
**« Vous rejetez bel et bien le commandement de Dieu**
**pour observer votre tradition.**
**10 En effet, Moïse a dit :**
***Honore ton père et ta mère.***
**Et encore :**
***Celui qui maudit son père ou sa mère***
***sera mis à mort.***
**11 Et vous, vous dites :**
**"Supposons qu'un homme déclare à son père ou à sa mère :**
**Les ressources qui m'auraient permis de t'aider**
**sont *corbane*, c'est-à-dire offrande sacrée."**
**12 Vous l'autorisez à ne plus rien faire pour son père ou sa mère,**
**13 et vous annulez la parole de Dieu**
**par la tradition que vous transmettez.**
**Et vous faites beaucoup de choses du même genre. »**

**14 Il appela de nouveau la foule et lui dit :**
**« Écoutez-moi tous, et comprenez bien.**
**15 Rien de ce qui est extérieur à l'homme**
**et qui pénètre en lui**
**ne peut le rendre impur.**
**Mais ce qui sort de l'homme,**
**voilà ce qui rend l'homme impur. »**

**17 Quand il eut quitté la foule pour rentrer à la maison,**
**ses disciples l'interrogeaient sur cette parole énigmatique.**
**18 Alors il leur dit :**
**« Ainsi, vous aussi, vous êtes incapables de comprendre ?**
**Ne voyez-vous pas**
**que tout ce qui entre dans l'homme,**
**en venant du dehors,**
**ne peut pas le rendre impur,**
**19 parce que cela n'entre pas dans son cœur,**
**mais dans son ventre, pour être éliminé ? »**
**C'est ainsi que Jésus déclarait purs tous les aliments.**

**20 Il leur dit encore :**
**« Ce qui sort de l'homme, c'est cela qui le rend impur.**
**21 Car c'est du dedans, du cœur de l'homme,**
**que sortent les pensées perverses :**
**inconduite, vols, meurtres,**

22 **adultères, cupidités, méchancetés,**
**fraude, débauche, envie,**
**diffamation, orgueil et démesure.**
23 **Tout ce mal vient du dedans, et rend l'homme impur. »**

Nous avons ici une nouvelle polémique — comme Jésus en a déjà eu avec les plus fervents des Juifs de son temps : les pharisiens et les scribes (v. 1). Le litige qui les oppose au Maître porte sur un point apparemment mineur de la conduite de ses disciples : ceux-ci prennent leurs repas avec des mains impures, c'est-à-dire non lavées (v. 2). Pour ses lecteurs romains ignorants des coutumes juives, Marc est obligé d'expliquer longuement ce qui fait problème (v. 3-4). Ces pratiques minutieuses des Juifs à propos des repas remontent à la Loi de Moïse. Pour préserver le peuple élu dans son intégrité socio-religieuse, tout contact lui était interdit avec des personnes et des aliments déclarés « impurs » (Lv 11 à 16). Dans la vie courante, au retour des lieux publics et des marchés, les Israélites se sentent rituellement « impurs » : n'ont-ils pas côtoyé des pécheurs et des païens (commerçants et occupants romains) ? D'où leurs abondantes purifications avant de se nourrir, et la question posée à Jésus sur le laxisme de ses amis par rapport à ces règles (v. 5).

Le Maître, sans ambages, commence par dénoncer l'hypocrisie de ses adversaires, c'est-à-dire leur fausseté (v. 6-7). Comme il s'adresse à des spécialistes de la Bible, Jésus en appelle à l'Écriture (ici Is 29,13). Déjà Osée, le prophète du VIII^e siècle, dénonçait chez ses compatriotes un culte sans âme (Os 5,21-25). Jésus n'a pas peur de reprendre ce jugement sévère et conclut : vous substituez des traditions tout humaines à la Parole de Dieu ! (v. 8). L'accusation est grave. Et le Maître, qui connaît bien les points de la loi de Moïse en discussion entre rabbis, prend un exemple frappant : celui des vœux (v. 10-13). C'est un domaine qui prête aux abus. Par une casuistique qui leur est familière, les pharisiens parviennent à contourner un point essentiel de la Parole de Dieu (l'aide due aux parents, dans le Décalogue, Ex 20,12) pour obtenir des donations en faveur du Temple. Nul doute, par cet ingénieux détour, ces fervents défenseurs de la Tradition en viennent à annuler la Parole de Dieu.

À ce point de la discussion, Jésus élargit son auditoire restreint à un vaste public, pour mieux diffuser son message (v. 14-15). Il prononce une petite parabole d'allure mystérieuse. La foule peut-elle la comprendre ? Comme c'en est l'habitude chez Marc (4,33-34), le Maître réserve l'explication de son propos aux seuls disciples, en aparté (v. 17). Il leur reproche d'abord leur allergie constante à saisir quelque chose de son enseignement (v. 18*a*). Puis il leur donne la clé de l'énigme (v. 18*b*-19*a*). Ce qui souille l'homme, ce ne sont pas les aliments qu'il ingère et que le circuit digestif élimine finalement. Non ! Ce qui souille l'homme, ce sont les pensées qui sortent de son cœur. De là viennent tous les desseins perfides (v. 20-23). Dans la Bible, le cœur est le siège des pensées comme des affections. C'est là que naissent les perversions morales. La liste fort longue qui en est donnée ici correspond au catalogue des vices que l'on trouve chez les moralistes du temps (*cf.* Ga 5,19-21).

On pourrait croire qu'avec la foule, puis ses disciples, Jésus a perdu de vue le conflit du départ qui l'opposait aux pharisiens. Il n'en est rien. Une courte phrase de Marc souligne parfaitement la leçon dominante des paroles du Maître (v. 19*b*). Le différend porte, avant tout, sur les règles alimentaires suivies par les Juifs fervents. Il y avait toute une gamme d'aliments qu'ils tenaient pour « impurs », interdits à la consommation (*cf.* Lv 11,1-30). Tout de go, Jésus déclare périmées ces traditions qui avaient pour effet de scinder la société en deux blocs manichéens : les bons et les mauvais. Il y avait d'un côté les gens « purs », les pharisiens (dont le nom signifie « les séparés ») et de l'autre les gens impurs, infréquentables : les pécheurs. Jésus vient établir une société ouverte. De la part de Dieu, il entre en communion avec tous ceux qui sont victimes de la discrimination sociale et religieuse entretenue par le parti des « purs et durs » : les pharisiens. Il prend ses repas avec les impurs, « les exclus » (publicains, prostituées, soldats romains, etc.). C'est une nouveauté qui bouscule les fâcheux cloisonnements du temps.

C'est avec beaucoup d'à propos que Marc rapporte cette longue réplique de Jésus aux attaques pharisiennes. Le christianisme naissant s'est fortement heurté au problème de l'accueil des païens convertis. La pratique juive des repas, soumis aux règles de la pureté rituelle, empêchait la fréquentation des étrangers, même s'ils étaient devenus frères dans la foi. Nous avons un bon témoin de cette difficulté dans les rapports entre chrétiens d'origine juive et ceux d'origine païenne, dans Les Actes des Apôtres (10,1 à 11,18). On y voit Pierre en personne, le premier des apôtres, encore prisonnier des « tabous » alimentaires juifs dans sa rencontre avec le païen Corneille. C'est un fait, les judéo-chrétiens ont mis beaucoup de temps à se dégager des préjugés raciaux et religieux qui les fermaient à toute commensalité avec leurs frères d'origine païenne ; la mission de la primitive Église s'en trouvait bloquée. La communauté chrétienne de Marc était sans doute affrontée à de semblables problèmes. Elle s'est souvenue de la mise au point faite par Jésus aux pharisiens. Ce récit fondait pour elle la pratique si critiquée de la « table ouverte ».

On ne s'étonnera pas que cet épisode ait trouvé sa place ici dans la « section des pains » (6,30 à 8,21) et au moment où Jésus va tourner le regard de ses disciples vers l'urgence de la mission auprès des païens (*cf.* le récit qui suit immédiatement : 7,24-30).

## LA FOI D'UNE PAÏENNE (7,24-30)

**24 En partant de là, Jésus se rendit dans la région de Tyr.**
**Il était entré dans une maison,**
**et il voulait que personne ne sache qu'il était là ;**
**mais il ne réussit pas à se cacher.**
**25 En effet, la mère d'une petite fille possédée par un esprit mauvais avait appris sa présence,**
**et aussitôt elle vint se jeter à ses pieds.**
**26 Cette femme était païenne, de nationalité syro-phénicienne,**
**et elle lui demandait d'expulser le démon hors de sa fille.**
**27 Il lui dit :**
**« Laisse d'abord les enfants manger à leur faim,**
**car il n'est pas bien de prendre le pain des enfants**
**pour le donner aux petits chiens. »**
**28 Mais elle répliqua :**
**« C'est vrai, Seigneur,**
**mais les petits chiens, sous la table,**
**mangent les miettes des petits enfants. »**
**Alors il lui dit :**
**29 « A cause de cette parole, va :**
**le démon est sorti de ta fille. »**
**30 Elle rentra à la maison, et elle trouva l'enfant étendue sur le lit :**
**le démon était sorti d'elle.**

Jusqu'ici, Jésus avait l'habitude de se cantonner en Galilée (6,53). Il se rend maintenant dans la ville de Tyr et le territoire qui l'entoure (v. 24*a*). C'est au nord-ouest du lac de Tibériade, en plein pays païen : la Syro-Phénicie (aujourd'hui le Liban).

Ainsi commence le premier séjour prolongé de Jésus hors de la terre d'Israël. Jusqu'à présent, il n'a fait qu'une incursion rapide, et en partie avortée, en Décapole à l'est du Jourdain (5,1-20). Maintenant, il ouvre une véritable mission chez les païens, qui va se poursuivre au-delà même de la deuxième multiplication des pains (v. 8,1-10). Ce voyage missionnaire, Jésus vient de le préparer par ses propos avec les scribes et les pharisiens de Jérusalem à propos du « pur et de l'impur » (7,1-23). Pour lui, on l'a vu, les païens ne sont pas infréquentables !

Cependant sa venue chez eux pose plus d'un problème. Une haine véritable dresse depuis longtemps les Juifs contre les païens. La loi de Moïse interdit toujours les contacts entre eux. C'est pourquoi Jésus vient *incognito* en terre païenne, même s'il ne réussit pas à s'y cacher totalement (v. 24*b*). L'étrangère qui vient le supplier fait preuve d'une confiance d'autant plus grande qu'elle ose aborder un rabbi juif (v. 25). Marc souligne avec force le caractère audacieux de la situation. Il s'agit d'une femme, qui plus est d'une païenne de nationalité libanaise. Elle voudrait que Jésus expulse de sa fille un démon (v. 25). Le Maître reçoit cette demande avec réticence. Sa réponse prend même l'allure d'une fin de non-recevoir (v. 27). Les « enfants » désignent le peuple juif. Le Messie ne doit-il pas en premier porter la Bonne Nouvelle aux « brebis perdues de la maison d'Israël » (Mt 15,24) ? Les disciples comprendraient-ils que leur Maître donne « d'abord » du pain aux païens ? Même adoucie dans la bouche de Jésus, l'expression « petits chiens » pour désigner les païens demeure sévère. Les Juifs affichaient un profond mépris pour ces étrangers au peuple élu : ils les traitaient sans vergogne de « chiens ».

Derrière l'attitude réservée de Jésus se profile le mur d'incompréhension qui séparait les Juifs des païens. Mais la venue du Maître (même secrète au départ) au-delà des frontières culturelles et religieuses d'Israël ouvre une brèche dans ce mur. Du reste, sans plus attendre, la femme s'engouffre dans cette précieuse ouverture (v. 28). Admirable confiance de cette païenne qui montre au Messie que les étrangers savent recueillir — fût-ce les miettes — de la nourriture par lui offerte au peuple élu. Jésus ne s'y trompe pas, qui voit dans ce propos une véritable profession de foi (v. 29). Lorsqu'il rencontre la foi, même chez des étrangers aux promesses, Jésus n'hésite pas à donner un signe que le Royaume de Dieu est là (v. 30). La guérison de la fillette, opérée à distance, est symbolique de ce qui est en train de se passer en profondeur : Jésus commence à renverser les barrières qui séparaient deux mondes, le Juif et le païen (*cf.* Ep 2,13-18).

Dans la « section des pains », où ce bel épisode prend place, Marc offre à ses lecteurs de méditer l'exemple de Jésus. Dans l'Église du premier siècle perdurent en effet des préjugés tenaces, qui empêchent les chrétiens d'origine juive de faire communauté de table avec ceux d'origine païenne. La vieille hostilité entre Juifs et païens n'est pas totalement dépassée. Elle resurgit au cœur même de ce qui devrait manifester l'unité de foi et de charité : le partage du pain eucharistique. Pour tous les chrétiens, l'attitude de Jésus est un appel pressant. La foi des étrangers, leur accueil de la Bonne Nouvelle, leur confère le droit de prendre part au banquet messianique. Nous verrons bientôt que Jésus leur offre beaucoup plus que des restes (*cf.* la deuxième multiplication des pains : 8,1-9).

La leçon est permanente. L'Évangile ne connaît pas de frontières. Quelle que soit leur situation originelle de culture et de croyance, la foi ouvre à tous les hommes la source du salut.

### LA GUÉRISON D'UN SOURD-BÈGUE (7,31-37)

**31 Jésus quitta la région de Tyr ;**
**passant par Sidon, il prit la direction du lac de Galilée**
**et alla en plein territoire de la Décapole.**
**32 On lui amène un sourd-muet,**
**et on le prie de poser la main sur lui.**
**33 Jésus l'emmena à l'écart, loin de la foule,**
**lui mit les doigts dans les oreilles,**
**et, prenant de la salive, lui toucha la langue.**

**34 Puis, les yeux levés au ciel,**
**il soupira et lui dit :**
**« *Effata* ! », c'est-à-dire : « Ouvre-toi. »**
**35 Ses oreilles s'ouvrirent ;**
**aussitôt sa langue se délia, et il parlait correctement.**
**36 Alors Jésus leur recommanda de n'en rien dire à personne ;**
**mais plus il le leur défendait, plus ils le proclamaient.**
**37 Très vivement frappés, ils disaient :**
**« Tout ce qu'il fait est admirable :**
**il fait entendre les sourds et parler les muets. »**

Poursuivant sa pérégrination, Jésus change de cap. Il passe de l'ouest du lac de Tibériade (Tyr, Sidon, c'est-à-dire le Liban actuel) à l'est : la Décapole (la Jordanie) (v. 31). Il sillonne la terre païenne où se poursuit sa mission. Comme il vient de guérir la fille d'une femme païenne, il accorde ses bienfaits envers un autre païen (v. 32). Marc est le seul des quatre évangélistes à rapporter cette guérison d'un sourd-bègue. Mais le récit présente un aspect étrange qu'il faut élucider. Jésus n'opère pas sur le malade, comme on le lui demande, une simple imposition de main. Le Maître entraîne l'homme à l'écart et procède sur lui à l'attouchement des organes atteints. Il met ses doigts dans les oreilles, de sa salive sur la langue du malade (v. 33). Cette manipulation peut choquer notre sensibilité moderne, notre souci d'hygiène. Jésus ne fait là qu'emprunter à la médecine de son temps certains de ses usages : le contact physique localisé et la salive, source présumée de vie, proche de la parole. L'attitude de prière de Jésus, son soupir (expression d'une œuvre difficile à faire) et le mot même qu'il prononce en araméen : « Ouvre-toi ! » sont de précieux indices d'historicité de cette guérison (v. 34). En plein territoire païen, Jésus se conforme à la pratique médicale du temps et du lieu. Ce type de médication se rencontre abondamment dans les récits de miracles païens de l'époque. Cela ne devait pas déconcerter les premiers lecteurs de l'évangile de Marc, très au fait des mœurs de leurs contemporains. L'effet attendu des gestes et de la parole du Maître ne tarde pas à paraître (v. 35). Le sourd se met à entendre et celui qui bégayait, butant sur les mots, s'exprime avec une parfaite aisance. Cet heureux but acquis, le récit pourrait s'en tenir là. Mais l'évangéliste fait jouer à nouveau le secret messianique (v. 36*a*). Jésus impose le silence à l'entourage de l'homme guéri, comme il l'a jadis imposé au lépreux (1,44) et à la famille de la fillette morte (5,43). Dans tous ces cas, le Messie a manifesté la puissance du Règne de Dieu qui l'habite. Mais il ne veut pas que la reconnaissance de sa messianité soit prématurément publiée : on pourrait se tromper sur le genre de « Messie » qu'il entend être. Ce titre adéquat ne lui sera donné, à bon escient, que dans la bouche de Pierre au nom des disciples (en 8,30). Et il ne recevra sa pleine signification qu'avec la Passion et la Résurrection de Jésus. Dans l'immédiat cependant, Marc relève avec éclat que la consigne de silence de Jésus est sciemment violée (v. 36*b*). C'est que, lorsqu'il écrit ce récit, la Bonne Nouvelle du Christ sauveur s'est répandue chez les païens... jusqu'à Rome ! Il est maintenant bon qu'elle soit « proclamée » au cœur du monde. Finalement, l'évangéliste va même jusqu'à présenter la réaction du premier public (païen) de Jésus comme une très belle profession de foi (v. 37). Le Messie est célébré avec les mots empruntés au prophète Isaïe (35,5-6) : il fait « entendre les sourds et parler les muets ».

C'est la pointe du récit et elle n'est pas fortuite. Marc n'oublie pas, dans cette « section des pains » (ouverte en 6,30), le thème majeur de l'incompréhension de ceux qui suivent Jésus, ses disciples. Ils restent fermés aux signes que multiplie leur Maître. Ici, ils ne sont pas nommés : ils ont l'air absents du récit, alors qu'ils accompagnent Jésus dans sa mission auprès des païens (*cf.* 8,1 et suivants). On est donc en droit de penser qu'ils sont directement visés par l'épisode. Eux qui restent obstinément sourds et muets devant le message de leur Maître sont les premiers à qui s'adresse son appel vibrant : « Ouvre-toi ! » (v. 34*b*).

Jésus invite vraiment ses compagnons — et Marc ses lecteurs — à s'ouvrir à la Parole et à l'Action du Sauveur, à ne pas craindre de les « proclamer » dans le monde.

## LA SECONDE MULTIPLICATION DES PAINS (8,1-9)

**1 En ces jours-là,**
**comme il y avait de nouveau une grande foule de gens,**

**et qu'ils n'avaient pas de quoi manger,**
**Jésus appelle à lui ses disciples et leur dit :**
2 **« J'ai pitié de cette foule,**
**car depuis trois jours déjà ils sont avec moi,**
**et n'ont rien à manger.**
3 **Si je les renvoie chez eux à jeun,**
**ils vont défaillir en route ;**
**or, quelques-uns d'entre eux sont venus de loin. »**
4 **Ses disciples lui répondirent :**
**« Où donc pourra-t-on trouver du pain**
**pour qu'ils en mangent à leur faim, dans ce désert ? »**
5 **Il leur demanda :**
**« Combien de pains avez-vous ? »**
**Ils lui dirent : « Sept. »**
6 **Alors il ordonna à la foule de s'asseoir par terre.**
**Puis, prenant les sept pains et rendant grâce,**
**il les rompit, et il les donnait à ses disciples**
**pour que ceux-ci les distribuent ;**
**et ils les distribuèrent à la foule.**
7 **On avait aussi quelques petits poissons.**
**Il les bénit et les fit distribuer aussi.**

8 **Ils mangèrent à leur faim,**
**et des morceaux qui restaient, on ramassa sept corbeilles.**
9 **Or, ils étaient environ quatre mille.**
**Puis Jésus les renvoya.**

On est tout étonné de trouver ici un nouveau récit des pains multipliés, avec une structure et des thèmes identiques au premier (6,30-44). La notation du temps est très vague (« en ces jours-là ») (v. 1*a*). Le lieu n'est même pas indiqué. Mais, en prêtant attention à la place où se trouve ce récit dans l'Évangile et aux détails de sa narration, on en découvre la signification profonde.

D'abord, où sommes-nous ? Depuis 7, 24, Jésus est en mission chez les populations païennes. À une femme païenne qui l'en suppliait, il a concédé les miettes du festin offert au peuple élu (7,24-30). Il vient d'ouvrir les oreilles et la bouche d'un sourd-bègue de la Décapole pour manifester que son salut s'adresse aussi aux païens. Ici, c'est à leur multitude qu'il propose un banquet comparable à celui dont ont bénéficié les Juifs.

Les détails sont en effet très parlants. Lisons bien le début (v. 1*b*-3). Dans le premier récit, c'était les disciples qui avaient attiré l'attention de Jésus sur les besoins de la foule (6,35-36). Cette fois-ci, c'est Jésus lui-même qui prend l'initiative de soutenir ceux qui le suivent. Ils sont avec lui depuis « trois jours » (allusion discrète à la Pâque de Jésus).

Surtout, Marc souligne que certains sont « venus de loin ». Dans la Bible, cette expression désigne sans conteste les païens tenus par les Juifs comme étant « loin de Dieu » (*cf.* Jos 9, 6-9 ; Is 60,4).

Tout remet en mémoire les thèmes évoqués par la première multiplication des pains. Jésus se présente comme le Bon Pasteur soucieux de nourrir ceux qui lui accordent leur foi. À l'inverse, on sent les disciples inaptes à répondre, en pasteurs avisés, aux demandes de leur troupeau (v. 4). Jésus les renvoie d'abord bien s'enquérir des ressources disponibles sur place (v. 5). C'est encore lui, le Messie, qui fait prendre à la multitude disparate l'attitude d'un peuple rassemblé (v. 6*a*). C'est la position du repos, favorable pour se restaurer. À ce moment, tout s'enchaîne comme pour une nouvelle eucharistie (v. 6*b*). On reconnaît, au passage, les quatre gestes du rite eucharistique que Jésus fera à la Cène (14,22-24) : il prend les pains et rend grâce à Dieu pour tous ses bienfaits. Il rompt les pains en signe de partage et confie aux disciples le soin de les distribuer : c'est leur mission. Marc n'oublie pas les poissons (v. 7). On les grillait. En Galilée, pays de pêcheurs sur le lac de Tibériade, ils servaient de viande aux pauvres, ce n'était pas négligeable. Mais la pointe du récit, une fois encore, porte sur le rassasiement complet de la multitude et la surabondance (v. 8-9). Ce sont les nombres utilisés qui donnent à l'histoire — déjà connue — toute sa nouveauté. De même que dans la première multiplication des pains, « douze » renvoyait au peuple d'Israël (6,43), ici le chiffre « sept », qui revient deux fois (sept pains, sept corbeilles), est traditionnellement celui des païens (en Grèce, les cités étaient gouvernées par sept sages). Cette ouverture universaliste est confirmée par l'emploi du chiffre « quatre » dans « ils étaient environ quatre mille » : il y a une évocation discrète des quatre points cardinaux.

Marc, en racontant cette seconde multiplication des pains, a donc voulu souligner que Jésus a ouvert le banquet messianique aux étrangers du peuple élu. Les païens, comme les Juifs, sont conviés aux biens du salut. Le nouveau peuple de Dieu doit accueillir tous ceux qui se mettent à suivre Jésus dans la foi. Il n'est pas venu rassembler et nourrir seulement le peuple juif. Enfin, Marc le souligne très fort : l'eucharistie peut assouvir la faim de tous les hommes, sans distinction, jusqu'au banquet du Royaume, où toutes les faims et les soifs des peuples, et surtout la Mort, seront abolies (*cf.* Is 25,6-9).

## JÉSUS REFUSE UN SIGNE VENANT DU CIEL (8,10-12)

10 **Aussitôt, montant dans la barque avec ses disciples,**
**il alla dans la région de Dalmanoutha.**

11 **Les pharisiens survinrent**
**et se mirent à discuter avec Jésus : pour le mettre à l'épreuve,**
**ils lui demandaient un signe venant du ciel.**
12 **Jésus soupira au plus profond de lui-même et dit :**
**« Pourquoi cette génération demande-t-elle un signe ?**
**Amen, je vous le déclare :**
**aucun signe ne sera donné à cette génération. »**

Jésus ne s'attarde pas sur le miracle des pains multipliés. Sa mission l'appelle toujours ailleurs et au-delà des signes donnés (v. 10). On a vainement tenté de localiser Dalmanoutha et sa région, mais il est certain que Jésus est revenu sur la rive ouest du lac de Tibériade, en terre d'Israël.

La discussion franche et bonne peut s'engager à nouveau avec les pharisiens, mais chaque fois que Jésus les rencontre, un conflit naît entre eux. La dernière fois, c'était à l'occasion de leurs traditions orales (7,1-13). Cette fois-ci, c'est à propos de ses miracles (v. 11*b*). L'arrière-fond de la scène est nettement biblique. Au désert de l'Exode, les Israélites n'ont cessé de « tenter Dieu » en réclamant de lui des prodiges toujours plus grands (*cf.* Ex 16,1-36 ; Nb 14,1-38). Les pharisiens en viennent à tenter Jésus de façon similaire. Ils voudraient le voir produire des signes venant de Dieu qui prouveraient, sans équivoque, le caractère divin de son action et de sa personne. Jésus refuse tout net de faire des actes spectaculaires et merveilleux. Qu'on se rappelle son attitude dans les tentations proposées par Satan (Mt 4,1-11). Il a, certes, multiplié les miracles, exorcismes et guérisons, mais il n'a jamais voulu leur donner une publicité malsaine. Il sait que ses miracles risquent de bloquer les esprits sur leur matérialité au lieu de « faire signe », d'attirer les cœurs vers un don essentiellement spirituel. Même le signe de la multiplication des pains — si grandiose — n'avait pas pour but d'émerveiller ses bénéficiaires, mais de leur attester la générosité du don de Dieu. Aussi bien Jésus se fâche-t-il ! (v. 12*a*). Rarement, son écœurement n'est paru si manifeste qu'en ce profond soupir. Et sa question, en forme d'accusation, rejoint la plainte constante de Dieu à l'égard d'Israël, « cette génération infidèle » (Ps 95,10). Le Messie prend acte de l'incrédulité que manifeste, en ses guides patentés, le peuple juif. Il ne fera plus aucun signe (v. 12*b*). Ce n'est pas la fin des miracles qui est ici solennellement annoncée, mais un point d'orgue mis aux prétentions orgueilleuses de l'esprit humain. Les disciples et ceux qui suivent Jésus dans la foi devraient en tirer la leçon.

## L'INCOMPRÉHENSION DES DISCIPLES (8,13-21)

**13 Puis il les quitta, remonta en barque, et il partit vers l'autre rive.**
**14 Les disciples avaient oublié de prendre du pain,**
**et ils 'avaient qu'un seul pain avec eux dans la barque.**
**15 Jésus leur faisait cette recommandation :**
**« Attention ! Prenez garde au levain des pharisiens**
**et à celui d'Hérode ! »**
**16 Ils discutaient entre eux sur ce manque de pain.**
**17 Il s'en aperçoit et leur dit :**
**« Pourquoi discutez-vous sur ce manque de pain ?**
**Vous ne voyez pas ? Vous ne comprenez pas encore ?**
**Vous avez le cœur aveuglé ?**
**18 Vous avez des yeux et vous ne regardez pas,**
**vous avez des oreilles et vous n'écoutez pas ?**
**Vous ne vous rappelez pas ?**
**19 Quand j'ai rompu les cinq pains pour cinq mille hommes,**
**combien avez-vous ramassé**
**de paniers pleins de morceaux ? »**
**Ils lui répondirent : « Douze.**
**20 — Et quand j'en ai rompu sept pour quatre mille,**
**combien avez-vous rempli de corbeilles**
**en ramassant les morceaux ? »**
**Ils lui répondirent : « Sept. »**
**21 Il leur disait : « Vous ne comprenez pas encore ? »**

Sur leurs exigences outrancières, Jésus laisse là les pharisiens (v. 13). C'est toujours le même mouvement : le Maître ne se laisse accaparer par aucun groupe. Sa mission itinérante prime tout. Et voilà qu'un incident d'allure banale va lui permettre de parfaire la formation de ses amis (v. 14). Nous retrouvons encore le thème du pain. Évidemment, Marc en profite pour préciser l'enseignement de Jésus, vu le décalage de plus en plus grand qui existe dû à l'incompréhension des disciples (v. 15). Dans le monde juif, le « levain », ce ferment actif, est symbole de corruption. Jésus, qui vient de déjouer le piège des pharisiens, voudrait voir ses propres amis prémunis contre leurs projets pervers.

Mais il est incompris. Les disciples, très terre à terre, demeurent préoccupés de leur manque de pain (v. 16). Quel abîme entre leurs soucis matériels et les vues spirituelles que Jésus veut leur inculquer (v. 17-18) ! Ce n'est pas la première fois que le Maître s'en prend à l'incrédulité de ses amis (*cf.* 6,52). Mais cette fois-ci, la coupe déborde. Ses reproches sont cinglants. Les mots qu'il emploie rappellent la plainte de Dieu envers son peuple « au cœur endurci ». Marc n'hésite pas à remettre sur les lèvres de Jésus l'accusation virulente que les prophètes faisaient aux Israélites : « Avec leurs yeux, ils ne voient rien ; avec leurs oreilles, ils n'entendent rien » (Jr 5,21). Rappelons-nous que cet appel à l'Écriture servait dans la primitive Église à dénoncer le manque de foi des Juifs au mystère de Jésus (Is 6,9-10, utilisé en ce sens par Marc 4,12).

L'évangéliste est comme obsédé par ce thème des disciples aveugles et sourds à la profondeur de la Parole et de l'Action de Jésus. Ici cette obsession atteint un sommet. Jésus s'acharne, avec une insistance peu commune, à secouer ceux qui le suivent dans la foi. Sans cesse il leur remémore l'importance des signes qu'il leur a donnés de son œuvre messianique. Comment ont-ils pu déjà oublier la double multiplication des pains, et n'en point discerner la signification profonde (v. 18-21) ?

Dans cette « section des pains » qui trouve ici même son achèvement (6,31 à 8,21), Marc a tout mis en œuvre pour que la question de l'identité profonde de Jésus soit clairement posée. Le Messie a largement conduit ses disciples à entrevoir son visage. Il leur a pleinement dévoilé ses capacités à rassembler et nourrir dans la foi un peuple de Dieu renouvelé par l'accueil des païens. Combien de temps encore feront-ils la sourde oreille à ce message de salut universel ?

## LA GUÉRISON DE L'AVEUGLE DE BETHSAÏDE (8,22-26)

**22 Jésus et ses disciples arrivent à Bethsaïde.**
**On lui amène un aveugle et on le supplie de le toucher.**
**23 Jésus prit l'aveugle par la main**
**et le conduisit hors du village.**
**Il lui mit de la salive sur les yeux et lui imposa les mains.**
**Il lui demandait :**
**« Est-ce que tu vois quelque chose ? »**
**24 Ayant ouvert les yeux, l'homme disait :**
**« Je vois les gens, ils ressemblent à des arbres,**
**et ils marchent. »**
**25 Puis Jésus, de nouveau,**
**imposa les mains sur les yeux de l'homme ;**
**celui-ci se mit à voir normalement,**
**il se trouva guéri, et il distinguait tout avec netteté.**
**26 Jésus le renvoya chez lui en disant :**
**« Ne rentre même pas dans le village. »**

La traversée entreprise (en 8,13) aboutit à Bethsaïde à l'est du Jourdain (v. 22*a*). C'est la troisième mission de Jésus en terre païenne. Les deux premières l'avaient conduit : l'une en Décapole, assez brièvement (5,1-20) ; l'autre dans la région de Tyr, beaucoup plus longue (7,24 à 8,9). Celle qui est commencée maintenant n'a pas de fin nettement marquée.

Marc place ici un récit qui lui est propre et qui prend un relief tout particulier à cette place. On amène à Jésus, pour le toucher, un aveugle (v. 22*b*-23*a*). Les circonstances sont les mêmes que pour la guérison du sourd-bègue (7,31-37). Jésus commence par prendre le malade à l'écart, hors de toute publicité tapageuse, et comme précédemment, à la mode des guérisseurs du temps, il utilise la vertu curative de la salive, à quoi il ajoute une imposition des mains (v. 23*b*).

Mais il est surtout curieux de constater que le Maître opère cette guérison en deux temps. Au premier contact avec son guérisseur, l'aveugle ouvre bien les yeux, mais son regard reste flou. Il prend les gens pour des arbres mouvants (v. 24). Jésus recommence donc son geste, cette fois-ci avec succès (v. 25).

Un tel miracle, où Jésus est obligé de s'y prendre à deux fois pour réussir la guérison, est unique dans tous les évangiles. Sa signification symbolique ne fait aucun doute. Dans la traversée qu'il vient de faire avec ses disciples, Jésus les a proprement traités d'aveugles (8,17-18). Leur aveuglement — nous l'avons montré — porte sur la personne de Jésus et sur sa mission. Le présent épisode souligne cette difficulté des disciples à reconnaître l'identité profonde de leur Maître et son œuvre messianique. Il atteste de la lenteur des hommes à parvenir à une foi sans équivoque. Tout un cheminement s'avère nécessaire.

Ce n'est pas par hasard si ce récit précède immédiatement la scène de la profession de foi de Pierre (8,27-30). Il aura fallu beaucoup de patience à Jésus pour accepter le long cheminement de ses disciples vers la reconnaissance de sa qualité de Messie. Ce n'est que très progressivement que ces hommes se sont laissé dessiller les yeux. Encore est-il — on va le constater — que Pierre, au nom des Douze, ne parvient qu'à une découverte imparfaite en déclarant de Jésus : « Tu es le Messie » (v. 8,30). Il faudra encore attendre longtemps avant que les disciples — par la voix singulière et anonyme d'un païen converti — arrivent à la vision totalement claire du mystère du Maître : « Vraiment cet homme était le Fils de Dieu » (15,39).

La guérison de l'aveugle de Bethsaïde, à cet endroit de la narration évangélique, veut livrer ce message d'espérance. Pour qui se met à suivre Jésus, le chemin vers la foi est plein d'embûches. Mais la persévérance est payante. Jésus se porte lui-même à l'aide pour « illuminer » ceux qui cherchent à le voir. Il n'empêche que l'épisode se termine, comme convenu, par l'imposition du secret messianique (v. 26).

## QUATRIÈME ÉTAPE

# *DE LA PROFESSION DE FOI DE PIERRE AUX ANNONCES RÉPÉTÉES DE LA PASSION* (8,27 à 10,52)

Les étapes précédentes, toutes axées sur la formation des disciples, trouvent ici un résultat capital. Pour la première fois, les Douze parviennent à professer de façon claire et nette que Jésus est « le Messie » :

— *La profession de foi de Pierre* et de ses amis est un tournant important (8,27-30).

Un seuil irréversible est franchi. Mais, aussitôt, Jésus entraîne ses disciples dans un approfondissement de leur foi. De façon répétitive et accélérée, le Maître fait comprendre le type de Messie qui sera le sien : un messie souffrant et serviteur de tous. Trois annonces de la Passion — un enseignement « nouveau » — vont scander ces pages (8,31 ; 9,31 ; 10,33-34). Elles désemparent totalement le groupe des Douze et, au-delà, ceux qui se disent chrétiens.

Trois séquences se déroulent donc, empruntant un schéma identique :

1. Jésus annonce qu'il doit passer par la souffrance et la mort.
2. Les disciples se rebiffent devant ces sombres perspectives.
3. Jésus donne alors tous conseils utiles pour qu'on le suive dans la voie — difficile — de l'abaissement et du service total.

*Une première séquence* (8,31 à 9,29) inaugure ce nouvel enseignement. Elle débute par :

— *la première annonce de la Passion et de la Résurrection* (8,31-33).

L'incompréhension de Pierre entraîne le Maître à préciser le mode de vie que ses disciples doivent adopter s'ils veulent le suivre fidèlement :

— *suivre Jésus en donnant sa vie pour lui* (8,34 à 9,1).

Puis Jésus donne des gages importants d'espérance à ceux que le Mal et la Mort traumatisent :

— *la transfiguration* (9,2-8) ;
— *le dialogue au sujet d'Élie* (9,9-13) ;
— *la guérison d'un épileptique* (9,14-29).

*Une seconde séquence* (9,30 à 10,31) vient renforcer la première. Elle débute par :

— *La deuxième annonce de la Passion* (9,30-32).

Jésus entame — avec ses seuls disciples — sa montée à Jérusalem, vers le destin douloureux qui l'attend. Ses amis sont plus réticents que jamais à entrer dans l'optique de leur Maître. Jésus profite du long cheminement qu'il lui est donné de faire pour engager ses disciples dans l'unique façon de le suivre en vérité :

— *comment suivre Jésus : l'enfant* (9,33-37) ;

— *consignes à la communauté chrétienne* (9,38-50).

Ici plus clairement qu'ailleurs, l'on saisit l'effort de réflexion effectué par l'Église primitive pour approfondir les paroles de Jésus. Une série de problèmes de vie (mariage, accueil des exclus, encombrement de la richesse) est développée dans les récits suivants :

— *la question du divorce* (10,1-12) ;

— *Jésus et les enfants* (10,13-16) ;

— *l'appel de l'homme riche* (10,17-22) ;

— *le royaume de Dieu et les richesses* (10,23-31).

*Une troisième séquence* (10,32-45) réitère la leçon fondamentale de l'étape :

— *la troisième annonce de la Passion* (10,32-34).

Elle est suivie, comme toutes les autres, par une incompréhension aiguë des disciples. Celle-ci s'exprime au travers de :

— *la demande des fils de Zébédée* (10,35-45).

C'est l'occasion pour Jésus de livrer le sens profond de sa vie et de sa mort : le salut de tous les hommes.

L'étape s'achève par un bel épisode :

— *l'aveugle de Jéricho* (10,46-52). Marc fait de cet homme l'exemple du « vrai disciple ». Il le montre guéri de sa cécité par la foi et mettant ses pas dans ceux de Jésus en marche vers Jérusalem, le lieu des événements du salut.

## LA PROFESSION DE FOI DE PIERRE (8,27-30)

**27 Jésus s'en alla avec ses disciples**
**vers les villages situés dans la région de Césarée-de-Philippe.**
**Chemin faisant, il les interrogeait :**
**« Pour les gens, qui suis-je ? »**
**28 Ils répondirent :**
**« Jean Baptiste ; pour les autres, Élie ;**
**pour d'autres, un des prophètes. »**

**29 Il les interrogeait de nouveau :**
**« Et vous, que dites-vous ? Pour vous, qui suis-je ? »**
**Pierre prend la parole et répond :**
**« Tu es le Messie. »**
**30 Il leur défendit alors vivement de parler de lui à personne.**

Jésus entraîne ses disciples très au large (v. 27*a*). Un simple regard jeté sur la carte de la Palestine antique nous l'apprend : Césarée-de-Philippe se trouve tout au nord du pays, aux sources du Jourdain, au pied du mont Hermon. C'est une région écartée, en plein territoire païen.

Et le Maître profite de la longue marche, qu'il lui est donné de faire avec ses amis, pour sonder l'opinion qu'ils ont de lui (v. 27*b*). Les mots employés le sont à dessein. C'est en cheminant avec Jésus, en se laissant mettre en question, qu'on peut le mieux approcher son véritable visage. La première interrogation leur demande : « Pour les gens, qui suis-je ? » (v. 27*c*). Il s'agit d'un véritable sondage d'opinion. Il faut d'abord savoir ce que le grand public pense de la personne du Maître. C'est un test intéressant et révélateur. Déjà Marc avait soulevé le voile sur les idées qui se donnaient libre cours dans le peuple juif, de la base au sommet (*cf.* 6,14-16). De la foule anonyme à la personne même d'Hérode Antipas, s'exprimaient des opinions similaires à celles maintenant recueillies de la bouche des disciples. Pour les uns, Jésus est assimilé à Jean Baptiste ou à Élie ; pour d'autres, à l'un des prophètes antiques (v. 28). Cette vision populaire est intéressante, faisant du Maître un envoyé de Dieu ; mais, comme celle de l'aveugle de Bethsaïde au début de sa guérison, elle est encore très floue (*cf.* 8,23*b*-24*a*). Reconnaître en Jésus un grand prophète n'est pas sans valeur : c'est un premier pas dans la foi. Mais cela est fort en dessous de la vérité. Voilà pourquoi Jésus incite son entourage à se prononcer, lui, plus clairement sur sa personnalité (v. 29*a*).

Cette question-là posée aux disciples, à ce moment précis, est capitale. Depuis des mois — peut-être une ou deux années déjà — ces hommes ont suivi Jésus dans son enseignement et tous ses faits et gestes. Ils ont parcouru à ses côtés un périple qui n'était pas seulement géographique, mais spirituel. L'heure semble propice au Maître pour faire le point sur cette longue pédagogie de la foi. L'on est pleinement en droit de se demander si les amis de Jésus sont encore enfermés dans cet « aveuglement », dont il a dénoncé la persistance fâcheuse (8,17-18). Ont-ils une perception plus nette de son identité véritable ?

La réponse de Pierre retentit comme un éclair lumineux dans un ciel sombre (v. 29*b*). C'est une profession de foi enfin non équivoque. Par la bouche du premier d'entre eux, les disciples montrent qu'ils sont finalement parvenus à donner à Jésus son exacte identité : « le Messie ».

C'est-à-dire l'Envoyé spécial de Dieu — celui qu'il a littéralement « consacré » — pour établir son Règne sur la terre, de façon décisive.

Marc fait culminer ici la première partie de son évangile. Depuis le début de son œuvre, il n'a cessé de montrer Jésus comme celui qui, au travers de ses paroles et de ses actes, posait cette question : « Qui est cet homme ? » Des voix surnaturelles (les démons) avançaient bien la bonne réponse (1,24 ; 3,11 ; etc.), mais les humains, eux, restaient très en deçà. Dans la pensée juive contemporaine, le Messie attendu prenait le visage d'un libérateur plus politique que religieux. Il devait avant tout rétablir les droits de Dieu en boutant l'occupant romain hors des frontières du royaume de David. Il apporterait avec lui l'abondance des biens économiques, la fin de toutes les maladies. Ce serait un héros humain prestigieux (*cf.* Mt 4,1-11). On l'a vu. À cause de ses miracles, de ses succès sur le Mal et la Mort, Jésus a dû lui-même tempérer les fausses espérances placées en sa personne. Il lui fallait sans cesse détourner ses auditeurs de l'image trompeuse d'un Messie tout humain, restaurant en Israël le « paradis perdu ».

Marc a renforcé l'attitude réservée du Maître devant les attentes trop humaines. Il a fait jouer pleinement le « secret messianique ». Il ne faut pas s'étonner de le voir ici encore une fois l'utiliser (v. 30). C'est la consigne de silence que Jésus avait imposée aux démons (1,25.43-44), aux malades guéris (5,43 ; 7,36). Elle s'impose aussi aux disciples eux-mêmes. La raison en est simple. Seule la suite du récit permettra à ceux-ci — et aux lecteurs qu'ils représentent — de se faire une idée juste du « Messie » qu'est Jésus. Seules la Passion et la Résurrection du Maître offriront à ceux qui l'auront suivi jusque-là le moyen de saisir la vérité totale du mystère de sa Personne et de sa Mission.

Mais, n'en doutons pas, avec la présente profession de foi de Pierre un seuil irréversible est franchi. Jésus de Nazareth ne peut être réduit à l'image commune qu'on se fait de lui : un homme comme les autres (*cf.* 6,3). Il n'est pas non plus réductible à la figure qu'on lui reconnaît de célèbre guérisseur aux talents surprenants (*cf.* 3,7-11). Le Maître n'est pas davantage assimilable au visage du « prophète » qu'il offre pourtant (*cf.* 6,4-6). Il y a en lui plus qu'un prophète : « le Christ » en personne (ce mot grec est la traduction du titre hébreu « Mashia » : Messie).

La foi de Pierre — qui joue ici le rôle de disciple type — sera celle de la primitive Église. Jésus « Christ » sera proclamé, après sa Résurrection, comme celui par qui tous les hommes — Juifs et païens — ont reçu le salut : la délivrance radicale de leurs maux mortels, et qui peuvent désormais former une « humanité nouvelle » (Ép 2,13-22).

## PREMIÈRE ANNONCE DE LA PASSION ET DE LA RÉSURRECTION (8,31-33)

**31 Et pour la première fois il leur enseigna**
**qu'il fallait que le Fils de l'homme souffre beaucoup,**
**qu'il soit rejeté**
**par les anciens, les chefs des prêtres et les scribes,**
**qu'il soit tué,**
**et que, trois jours après, il ressuscite.**

**32 Jésus disait cela ouvertement.**
**Pierre, le prenant à part, se mit à lui faire de vifs reproches.**
**33 Mais Jésus se retourna**
**et, voyant ses disciples, il interpella vivement Pierre :**
**« Passe derrière moi, Satan !**
**Tes pensées ne sont pas celles de Dieu,**
**mais celles des hommes. »**

Ce qui débute maintenant n'est pas un simple supplément d'information de Jésus à ses disciples. C'est un véritable enseignement qui constitue un nouveau commencement. La circonstance est favorable. Les disciples, Pierre en tête, viennent de reconnaître en leur Maître le Messie (8,29). Cette découverte si récemment acquise devrait leur permettre de souffler un peu.

Jésus en décide autrement. Il commence à parler de lui comme d'un Messie qui doit mourir (v. 31*a*). Ses mots sont savamment choisis. Le Maître, curieusement, ne reprend pas le titre de « Christ » qu'on vient de lui donner. Il restait trop ambigu dans les esprits, porteur de visées terrestres plus politiques que spirituelles. Intentionnellement, il reprend la fameuse appellation de « Fils de l'homme » qu'il s'est attribuée lui-même dès le début (*cf.* 2,10 ; etc.). Elle évoque une personnalité profondément engagée dans le mystère de Dieu et son dessein de salut sur le monde (Dn 7,13-14). Mais la nouveauté, c'est que cet humain destiné à réaliser la victoire du Règne de Dieu sur le Mal doit souffrir et mourir. Notons que ce destin ne sera pas un banal accident de l'histoire ni le fait d'on ne sait quelle fatalité. La furtive expression « il fallait » veut discrètement inscrire la souffrance et la mort du Messie dans un insondable dessein de Dieu pour le salut des hommes (*cf.* Lc 24,25-27).

Jésus met donc ses disciples devant un mystère qui les dépasse. Il leur parle de sa mort inéluctable. Il leur précise en même temps quelque chose de cette mort. Elle sera le fait d'hommes pécheurs. Elle prendra la forme d'une exclusion de la communauté juive par les autorités religieuses du peuple élu (v. 31*b*). Surtout Jésus annonce qu'il périra d'une mort violente : on le tuera (v. 31*c*). Au regard des idées messianiques de l'époque, tout ceci est proprement inconcevable. Dans l'esprit des Juifs du temps, le Messie ne saurait connaître la souffrance, encore moins la mort. C'est un être exceptionnel — quasi mythique — que Dieu fera échapper au sort du commun des mortels. On l'attend dans le droit fil du retour d'Élie, cette figure de prophète au destin légendaire : ravi au ciel par Dieu sans passer par la mort (2 R 2,1-18 ; Mc 6,15 ; 8,28). Ce type d'attente en dit long sur un Messie idéal, mythique, échappant aux lois impérieuses de l'humanité, Jésus s'inscrit en faux contre le mythe. Sans doute Jésus ajoute-t-il à l'annonce de sa mort un motif d'espérance : sa Résurrection (v. 31*c*). Mais cette promesse ne pouvait guère être entendue, sur le moment, que de façon encore très vague. En tout cas, cette première annonce de sa mort — une mort violente — frappe de front ses disciples. Marc souligne le caractère délibéré et sans voile du propos de Jésus (v. 32*a*).

La première partie de l'évangile est close (1,1 à 8,30), où la mort du Maître n'apparaissait qu'en passant, à l'évocation d'un possible complot de ses adversaires (3,6). Maintenant Jésus dévoile le sort qui l'attend. Ce sera un choc profond pour les disciples. On le voit à la rebuffade du premier d'entre eux (v. 32*b*). Le chef des Douze, celui qui vient de confesser leur foi au Messie, s'insurge de toutes ses forces. Il va jusqu'à rabrouer le Maître : comment peut-on suivre quelqu'un qui court sciemment à sa perte ? Il y a de quoi perdre la foi !

Mais Jésus n'entend pas laisser ses disciples dans l'illusion fallacieuse qu'ils se font de son destin. La scène est d'une vivacité étonnante, comme prise sur le vif (v. 33*a*). On voit l'incident. Selon la coutume des rabbins de l'époque, Jésus marche en avant de ses disciples ; ceux-ci le suivent à quelques pas en arrière. Le Maître fait donc un demi-tour, une volte-face pour interpeller Pierre et ses compagnons. Les paroles qu'il prononce alors sont très dures (v. 33*b*). C'est un rappel à l'ordre impératif. L'apôtre doit reprendre, au plus vite, sa place de disciple : derrière le Maître. Il n'a pas à se substituer à Jésus qui, seul, connaît le chemin à suivre. Et Jésus n'hésite pas à qualifier le premier de ses amis de « Satan ». Satan signifie en hébreu littéralement : « l'adversaire », celui qui pousse les hommes à se soustraire à la volonté de Dieu. Jésus démasque ici, en la personne de Pierre même, le Tentateur qui, à l'aube de sa mission, s'était dressé contre lui (*cf.* 1,12-13).

L'instant est dramatique. Pierre, dans son mouvement de protestation véhémente, n'a fait qu'exprimer l'espoir tout humain qui habite le peuple juif de ce temps : la venue d'un Messie triomphant que ni la souffrance ni la mort ne sauraient effleurer. Jésus, pour remettre ses disciples dans le droit chemin, se doit de détruire ce rêve insensé : c'est la pensée des hommes, et non pas celle de Dieu ! (v. 33*c*).

Un abîme sépare le dessein de Dieu des vues humaines. Le « scandale » de la mort du Messie sera long à être dépassé. Lorsque Marc écrit ce morceau, la primitive Église bute toujours sur cette pierre d'achoppement du message chrétien : « Nous, nous proclamons un Christ crucifié, scandale pour les Juifs et folie pour les païens » (1 Co 1,23).

On comprend pourquoi Marc va consacrer toute la deuxième partie de son évangile (8,31 à 16,20) à convaincre ses lecteurs de ce point de vue essentiel à la foi chrétienne : Dieu a voulu que son Messie épouse pleinement la condition humaine, souffrance et mort comprises, avant de lui donner, par sa Résurrection, le pouvoir de Juge et Sauveur universel de la fin des temps qui lui revient.

## SUIVRE JÉSUS EN DONNANT SA VIE POUR LUI (8,34-9,1)

**34 Appelant la foule avec ses disciples, il leur dit :**
**« Si quelqu'un veut marcher derrière moi,**
**qu'il renonce à lui-même,**
**qu'il prenne sa croix, et qu'il me suive.**
**35 Car celui qui veut sauver sa vie**
**la perdra ;**
**mais celui qui perdra sa vie pour moi et pour l'Évangile**
**la sauvera.**
**36 Quel avantage, en effet, un homme a-t-il**
**à gagner le monde entier en le payant de sa vie ?**
**37 Quelle somme pourrait-il verser en échange de sa vie ?**
**38 Si quelqu'un a honte de moi et de mes paroles**
**dans cette génération adultère et pécheresse,**
**le Fils de l'homme aussi aura honte de lui,**
**quand il viendra dans la gloire de son Père**
**avec les anges. »**
**1 Et il leur disait :**
**« Amen, je vous le dis :**
**parmi ceux qui sont ici, certains ne connaîtront pas la mort**
**avant d'avoir vu le règne de Dieu venir avec puissance. »**

Jésus appelle la foule à rejoindre ses disciples (v. 34*a*). Marc aurait-il oublié que le Maître est en pays païen, dans l'entourage de ses seuls disciples (*cf.* 8,27) ? Cela est peu probable. S'il associe ici « la foule » au cercle restreint des amis de Jésus, c'est qu'il pense que « l'enseignement nouveau » du Maître sur la nécessité de sa mort concerne le public de ses lecteurs. L'évangéliste a profité de la première annonce de la Passion de Jésus (8,31), pour insérer maintenant une « catéchèse » de circonstance sur la manière dont les chrétiens sont appelés à suivre leur Maître (v. 34*b*). Cette invitation est assez dure à entendre. Et les mots employés sont étonnants à cet endroit de l'évangile ! La croix est le supplice que les Romains feront subir à Jésus. Au moment où nous sommes, il ne pouvait pas savoir qu'il périrait de cette mort-là. Marc, lui, rédige cette exhortation quelque trente-cinq à quarante ans après la crucifixion de Jésus. « Prendre sa croix » pour le suivre a pris un sens étonnamment profond. L'Église qui est à Rome est plongée dans la persécution. Le martyre — et précisément le chemin de croix — est à portée des chrétiens persécutés. Ils ne doivent pas redouter d'être conduits à un sort identique à celui du Messie. Le renoncement total à soi-même peut être demandé à quiconque veut vraiment mettre ses pas dans les pas du Christ.

La raison donnée par Jésus constitue un fameux paradoxe (v. 35) ! Refuser de donner sa vie pour le Christ — pour la cause de l'Évangile — c'est la dilapider en pure perte. Le « salut » n'est pas, pour chacun, dans le sauvetage humain de son existence. Marc insiste sur ce point (v. 36-37). La vie humaine a plus de prix que tout ce qu'il y a au monde. Il importe donc de la sauver « à tout prix », même si cela paraît trop cher aux yeux des hommes. L'évangéliste n'a pas peur de transmettre ce message qui fait la force des martyrs : donner sa vie pour le Christ fait la réussite plénière de l'existence. Et le ton très ferme du propos de Jésus est sans ambiguïté (v. 38). Avoir « honte » du Christ et de ses paroles évoque la tentation qui guette les chrétiens persécutés de « renier » leur Maître plutôt que de mourir pour lui. Dans la bouche de Jésus sont mis les mots très forts par lesquels les prophètes apostrophaient le peuple de Dieu infidèle à l'alliance. Un Isaïe traitait Israël de « race adultère qui t'es prostituée » (Is 57,3). La sévérité de Jésus, en ce passage, ne se comprend bien qu'en tant que paroles du Seigneur ressuscité, relues dans le climat d'une Église persécutée et fortement tentée d'apostasier. L'évangéliste lui rappelle avec vigueur que « le Fils de l'homme » demandera des comptes aux chrétiens infidèles quand il viendra dans la gloire juger le monde. Voyez plus clairement encore l'exhortation de Jésus dans son discours sur la fin des temps (13,9-13).

En finale, une note d'espérance vient tempérer la gravité de ces propos. Jésus fait une promesse solennelle (9,1). Cette parole a fait couler beaucoup d'encre. À coup sûr, elle a pour elle toutes les marques de l'historicité : d'abord sa solennité même ; ensuite le fait qu'on la retrouve, mot pour mot, chez les autres évangélistes (Mt 16,28 ; Lc 9,27). Mais la question se pose : quel événement Jésus vise-t-il ? Certains ont pensé à sa transfiguration dont le récit suit immédiatement (9,2-8). D'autres, avec plus de raisons, songent à sa Résurrection : les disciples auront la joie de la vivre (*cf.* 16,1-20). Mais cette interprétation reste douteuse. Mieux vaut penser que nous avons là une parole de Jésus qui conserve la trace historique de sa conscience. Le Messie savait que le Règne de Dieu venait avec sa personne. Mais il n'est pas sûr qu'il connaissait par avance le temps et les modalités de sa venue glorieuse « avec puissance » (*cf.* 13,30-33). C'est sur l'obscurité d'un propos comme celui-ci que les premiers chrétiens ont cru à l'imminence de la fin des temps (*cf.* 1 Th 4,14-18).

Cette page d'évangile, dans sa rudesse, reste une invitation pressante, pour tout chrétien, à ne pas lésiner à suivre le Christ jusqu'à une mort semblable à la sienne, dans l'assurance du triomphe final du Règne de Dieu.

## LA TRANSFIGURATION (9,2-8)

**2 Six jours après,**
**Jésus prend avec lui Pierre, Jacques et Jean,**
**et les emmène, eux seuls, à l'écart sur une haute montagne.**
**Et il fut transfiguré devant eux.**
**3 Ses vêtements devinrent resplendissants,**
**d'une blancheur telle que personne sur terre**
**ne peut obtenir une blancheur pareille.**
**4 Élie leur apparut avec Moïse, et ils s'entretenaient avec Jésus.**

**5 Pierre alors prend la parole et dit à Jésus :**
**« Rabbi, il est heureux que nous soyons ici ;**
**dressons donc trois tentes :**
**une pour toi, une pour Moïse et une pour Élie. »**
**6 De fait, il ne savait que dire, tant était grande leur frayeur.**
**7 Survint une nuée qui les couvrit de son ombre,**
**et de la nuée une voix se fit entendre :**
**« Celui-ci est mon Fils bien-aimé. Écoutez-le. »**
**8 Soudain, regardant tout autour,**
**ils ne virent plus que Jésus seul avec eux.**

L'épisode lumineux qui se déroule maintenant tranche de tous ses éclats sur l'atmosphère pesante qui règne dans l'évangile depuis l'annonce de la mort inéluctable de Jésus (8,31 et suivants). C'est comme un entracte bienvenu dans la marche du Maître et de ses disciples vers la mort. Jésus entraîne avec lui, loin des autres, le trio de ses amis préférés (v. 2). Eux seuls ont eu accès à la chambre de la jeune fille morte que Jésus a rappelée à la vie (5,37-43). Seuls encore, ils seront les témoins privilégiés de l'agonie de leur Maître (14,33-34).

Jésus les associe aux points forts de sa révélation parce qu'ils sont appelés à devenir les piliers de son Église. Le retrait des trois disciples, très à l'écart, laisse présager le dévoilement, par leur Maître, d'un secret profond. Le lieu traditionnel de leur ascension est localisé au mont Thabor, un petit mamelon non loin de Nazareth en Galilée. Mais cette localisation est tardive. Elle ne remonte qu'au IIIe siècle. En outre, elle ne correspond guère, dans l'évangile, au périple nordique en pays païen entrepris par Jésus (8,27). C'est pourquoi les spécialistes songent plutôt à l'Hermon, ce haut massif neigeux de 2 760 mètres, très proche de Césarée-de-Philippe où Jésus est censé se trouver.

De toute façon, Marc entend moins faire ici de la géographie que de la théologie. Pour lui, cette « haute montagne », comme on va le voir, évoque le mont Sinaï de l'Exode, où Dieu a rencontré Moïse dans une proximité restée célèbre (*cf.* Ex 24,12-18). Le récit conduit en effet à la manifestation divine de Jésus (v. 2*c*). En un moment fulgurant, le Maître se trouve métamorphosé aux yeux de ses disciples. On pense immédiatement au phénomène rapporté à propos de Moïse dont « la peau du visage rayonnait », suite à son face à face avec le Dieu du Sinaï (Ex 34,29-35). Marc a tout naturellement recours aux images bibliques pour décrire l'événement qui survient à Jésus (v. 3). Les vêtements, on le sait, chez les sémites, désignent la personne même. Ils resplendissent d'une blancheur hors du commun des mortels. Le vêtement blanc signale l'éclat de la gloire divine chez les anges (16,5) ou les élus (Ap 3,5).

Cette étonnante vision de Jésus « en Gloire » est encore accentuée par une double apparition ménagée aux disciples : Élie et Moïse (v. 4). Que viennent faire là ces illustres personnages ? Moïse est le père de la loi juive. C'est dans la majestueuse présence de Dieu qu'il l'a reçue sur le mont Sinaï (Ex 19 et 20). Élie a fait, quatre siècles plus tard, un pèlerinage sur la même montagne sainte pour y rencontrer le Dieu vivant (1 R 19,1-13). Ces deux guides du peuple élu, la tradition juive les tient pour vivants dans la Gloire : Moïse comme le grand législateur d'Israël, Élie comme la figure de proue des prophètes. Ici, réunis tous les deux, ils personnifient la Loi et les Prophètes : la totalité des Écritures qui témoignent en faveur de Jésus. À s'entretenir avec eux, le Maître manifeste qu'en sa personne s'accomplissent les promesses messianiques.

Jusque-là interdits par le spectacle exceptionnel qui s'offre à eux, les disciples se sont tus. Pierre, en leur nom, s'enhardit à parler à Jésus (v. 5). Il l'appelle « Rabbi », le Maître qu'il faut suivre dans son enseignement. Et c'est pour lui dire le bonheur qu'éprouvent avec lui ses compagnons, d'avoir part à ce festival céleste. Mais son réflexe n'est-il pas trop humain ? Ne voudrait-il pas prolonger ce moment de bonheur ineffable ? Sa proposition de dresser trois tentes pour y mettre à l'abri Jésus et ses deux interlocuteurs célestes est peut-être une allusion à la fête juive des « Tentes ». À l'automne, au moment des vendanges, on élevait dans les vignes des huttes de branchages dans la vive espérance d'y accueillir le Messie (*cf.* Lv 23,33-36). Mais Pierre se trompe, comme c'est souvent le cas dans les évangiles. Il ne saisit pas la signification profonde de l'événement qu'il lui est donné de vivre. Le texte, du reste, souligne la totale inconscience de son intervention (v. 6). Marc note le désarroi des disciples dans cette situation assez irréaliste. Pierre semble avoir tenté « d'apprivoiser » un phénomène divin qui lui échappe...

C'est alors qu'une vision supplémentaire guide le lecteur vers la compréhension de l'ensemble (v. 7*a*). Cette « nuée » vient tout droit du livre de l'Exode (décidément très exploité en tout cet épisode). Dans sa difficile marche au désert, le peuple élu était guidé par une nuée lumineuse (*cf.* Ex 13,21 et suivants). Cette nuée céleste, empruntée par les anciens au phénomène fertilisant de l'orage, signifiait la proximité de Dieu à son peuple. Elle est une excellente image pour dire la présence divine aux hommes, à la fois cachée et révélée. C'est bien le cas ici où Dieu délivre un message important : « C'est lui mon Fils bien-aimé » (v. 7*b*). Il est intéressant de le noter : ces paroles de Dieu s'adressent aux disciples. Elles reprennent, à quelques nuances près, celles qui marquèrent l'investiture de Jésus à son baptême (1,11). Alors le Père intronisait Jésus dans sa mission de Messie. Maintenant que leur Maître a été reconnu comme tel par Pierre et les disciples (8,29), ceux-ci doivent accueillir le mystère plus profond de sa personnalité. Il est, certes, le Messie, mais aussi « le Fils bien-aimé » du Père.

La voix céleste engage donc les disciples à poursuivre leur chemin, dans la foi, jusqu'à la découverte de l'identité plénière de Jésus. Tel est le sens profond de l'événement qu'ils viennent de vivre. Mais il faut ajouter que la pointe du récit réside vraisemblablement dans les mots : « Ecoutez-le » (v. 7*c*). Sur quoi porte donc cette brève invitation ? Sans nul doute sur l'annonce de sa souffrance et de sa mort que Jésus vient de faire à ses disciples (8,31-33). On l'a vu : Pierre s'est débattu comme un beau diable — c'est le cas de le dire — devant ces perspectives tragiques nouvellement dévoilées par leur Maître. Il ne fait aucun doute que les disciples ont le plus grand mal à « écouter » Jésus sur ce point précis de son enseignement. Maintenant qu'ils viennent d'entrevoir — comme en un éclair fulgurant — que Jésus est « le Fils de Dieu » et qu'au-delà de la mort, il est finalement promis à un destin glorieux, ne doivent-ils pas garder l'espérance et continuer à suivre leur Maître sur le chemin de la croix ?

Le verset final exprime un retour, assez brutal, à la normale (v. 8). Marc tient à la souligner : la transfiguration de Jésus ne restera — pour ceux qui le suivent — qu'un moment de grâce « fugitif » destiné à soutenir leur foi sur un chemin difficile. Il est bien clair que l'événement a été relu par Marc à la lumière de Pâques et de l'Écriture. Il vise à soutenir l'espérance des chrétiens de Rome aux prises avec la souffrance et la mort de la persécution.

## DIALOGUE AU SUJET D'ÉLIE (9,9-13)

**9 En descendant de la montagne,**
**Jésus leur défendit de raconter à personne ce qu'ils avaient vu,**
**avant que le Fils de l'homme**
**soit ressuscité d'entre les morts.**
**10 Et ils restèrent fermement attachés à cette consigne,**
**tout en se demandant entre eux ce que voulait dire :**
**« ressusciter d'entre les morts ».**

**11 Ils l'interrogeaient :**
**« Pourquoi les scribes disent-ils**
**que le prophète Élie doit venir d'abord ? »**
**12 Jésus leur dit :**
**« Certes, Élie viendra d'abord pour remettre tout en place.**
**Mais alors, pourquoi l'Écriture dit-elle,**
**au sujet du Fils de l'homme,**
**qu'il souffrira beaucoup et sera méprisé ?**
**13 Eh bien, je vous le déclare : Élie est déjà venu,**
**et ils lui ont fait tout ce qu'ils ont voulu,**
**comme l'Écriture le dit à son sujet. »**

La transfiguration vient d'avoir lieu (9,2-8), et Jésus impose de nouveau le silence aux témoins de l'événement (v. 9). On comprend bien cette nouvelle requête. Jésus a introduit le trio de ses amis les plus proches dans une part du mystère qui est le sien. Ils ont pu apercevoir quelque chose de la gloire qui lui est promise comme « Fils bien-aimé » du Père. Cela les dépasse grandement et il serait très prématuré qu'ils en parlent, même aux autres membres du collège des Douze. La Bonne Nouvelle de Jésus « Fils de Dieu » ne doit être valablement divulguée et reçue qu'après sa Résurrection. C'est la loi du « secret messianique » à laquelle Marc est si profondément attaché pour les raisons qu'on a dites (*cf.* 1,25.34 ; etc.).

L'évangéliste enregistre le respect absolu par Pierre, Jacques et Jean du secret révélé (v. 10*a*). Mais aussitôt, il se fait écho de l'embarras des amis de Jésus. S'ils ne disent rien à personne, c'est qu'ils s'interrogent sur le sens de l'expression du Maître : « ressusciter d'entre les morts » (v. 10*b*).

L'embarras des disciples à ce sujet mérite attention. La croyance en la résurrection des morts était largement répandue chez les Juifs au temps de Jésus. On l'a vu : Hérode lui-même partageait cette croyance. Pour lui, Jésus était la personne même de Jean Baptiste ressuscité (6,14). Il est vrai qu'il y a résurrection et Résurrection. Pour la majorité des Juifs de l'époque — les sadducéens mis à part — la résurrection est conçue comme un simple retour à la vie terrestre après la mort (*cf.* 12,18-27). Pour Jésus, c'est un mystère beaucoup plus profond : l'accès de son humanité rendue vivante, mais transformée, auprès de Dieu. Lorsque Marc souligne l'interrogation de ses proches sur ce qu'est la Résurrection, il évoque sans doute la difficulté des chrétiens de Rome à croire le Christ, passé par la mort, bien vivant auprès du Père.

La transfiguration de Jésus — voile entrouvert sur ce profond mystère — est propice à l'éclosion d'une foule de questions moins importantes (v. 11). Il est vrai : pareille interrogation se pose à l'époque. Dans l'attente fiévreuse d'une fin des temps toute proche, les Juifs croient le retour du prophète Élie imminent. Selon la tradition biblique, ce champion des droits de Dieu doit revenir « d'abord », en avant-coureur du Messie. Les scribes — experts en Écritures — mettent en lumière le très célèbre oracle de Malachie : « Voici [dit Dieu] que je vais envoyer Élie, le prophète, avant que ne vienne le jour du Seigneur, jour grand et redoutable » (Ml 3,23). Jésus connaît bien cette prédiction biblique (v. 12*a*). Il confirme même la mission de son précurseur : opérer la conversion nécessaire à l'accueil du Messie (Ml 3,24). Cependant le Maître profite de l'occasion pour montrer que les scribes ne font pas droit à une complète lecture de l'Écriture (v. 12*b*). Jésus met l'accent ici sur des textes prophétiques — totalement négligés par les Juifs — qui parlent d'un Messie souffrant et rejeté. Il fait certainement allusion à la figure du Serviteur de Dieu que les hommes obligent à passer par la souffrance et la mort avant que Dieu ne le relève (Is 52,13 à 53,12). Le Maître est d'autant plus amené à attirer l'attention de ses disciples — et des scribes — sur cette annonce d'un Messie souffrant que tous sont réfractaires à cette vision des choses (*cf.* 8,31-33).

Bien sûr, les amis de Jésus devaient être déconcertés de voir Jésus associer ces deux images contradictoires du Messie : le Fils de l'homme triomphant (de Daniel 7) et le Serviteur souffrant (d'Isaïe 52-53). Ce mélange est détonant ! Il n'a pas fini de dérouter les Juifs... et les Chrétiens. Jésus met donc les choses au point dans l'esprit de ses disciples (v. 13). Élie déjà venu ? Jésus, sans le nommer, renvoie à la personne de Jean Baptiste. C'est lui qui a tenu le rôle d'avant-coureur du Messie en engageant le peuple juif à la conversion préalable au salut (*cf.* 1,2-4). Et le précurseur n'a pas été entendu. On lui a fait subir le sort, hélas commun, des prophètes : il a été assassiné pour avoir porté la Parole de Dieu à la cour même du roi Hérode (6,17-29). Cela devrait dessiller les yeux des disciples. Si le précurseur a connu la souffrance et la mort, ne faut-il pas s'attendre à un sort identique pour le Messie lui-même ?

Ce dialogue très dense entre Jésus et les trois disciples (témoins privilégiés de la transfiguration) est révélateur : la place exacte de Jésus, sa personne et son destin posaient question aux premiers chrétiens. Pour entrer dans la totalité du mystère de Jésus, il faut entrer dans la totalité de « l'Écriture » (deux fois nommée dans ce passage, versets 12 et 13). Marc engage les chrétiens de son temps à dépasser « le scandale » de la croix. Il les invite à la comprendre à la lumière du dessein de Dieu, bien au-delà de ce qu'en ont retenu les scribes, et à travers eux le peuple juif. Les souffrances et la mort du Messie, qu'on répugne à accepter, se trouvent dans l'Écriture, tout comme son glorieux avenir.

Le lecteur du présent passage de l'évangile de Marc en a — peut-être — entendu parler comme d'un argument en faveur de la croyance en la « réincarnation ». Pour les adeptes de cette croyance — aujourd'hui assez répandue —, Jésus aurait clairement affirmé (Mc 9,13) que Jean Baptiste était Élie « réincarné ». De là à dire que Jésus lui-même croyait en la réincarnation, il n'y a pas loin ! Disons, brièvement, qu'il n'est pas impossible que la croyance en la réincarnation ait existé dans le monde juif au temps de Jésus (*cf.* l'opinion d'Hérode et de son entourage : 6,14-16). Mais cela n'est pas absolument certain. Il semble que le retour d'Élie était plutôt attendu comme une simple « réapparition » du prophète (enlevé vivant au ciel, selon la légende du deuxième livre des Rois : 2,1-18). De toute façon, les paroles de Jésus ne peuvent cautionner sa foi en une prétendue réincarnation d'Élie en Jean Baptiste. Sur ce sujet, lire l'ouvrage intitulé : *La réincarnation, oui ou non ?*, de Pascal Thomas (Centurion, 1987).

## LA GUÉRISON D'UN ÉPILEPTIQUE 9,14-29)

**14 En rejoignant les autres disciples,**
**ils virent une grande foule qui les entourait,**
**et des scribes qui discutaient avec eux.**
**15 Aussitôt qu'elle vit Jésus, toute la foule fut stupéfaite,**
**et les gens accouraient pour le saluer.**
**16 Il leur demanda :**
**« De quoi discutez-vous avec eux ? »**
**17 Un homme dans la foule lui répondit :**
**« Maître, je t'ai amené mon fils,**

**il est possédé par un esprit qui le rend muet ;**
18 **cet esprit s'empare de lui n'importe où, il le jette par terre,**
**l'enfant écume, grince des dents et devient tout raide.**
**J'ai demandé à tes disciples d'expulser cet esprit**
**mais ils n'ont pas réussi. »**
19 **Jésus leur dit :**
**« Génération incroyante,**
**combien de temps devrai-je rester auprès de vous ?**
**Combien de temps devrai-je vous supporter ?**
**Amenez-le auprès de moi. »**

20 **On l'amena auprès de lui.**
**Dès qu'il vit Jésus, l'esprit secoua violemment l'enfant ;**
**celui-ci tomba, il se roulait par terre en écumant.**
21 **Jésus interrogea le père :**
**« Combien y a-t-il de temps que cela lui arrive ? »**
**Il répondit :**
**« Depuis sa petite enfance.**
22 **Et souvent il l'a même jeté dans le feu ou dans l'eau**
**pour le faire périr.**
**Mais si tu y peux quelque chose,**
**viens à notre secours, par pitié pour nous ! »**
23 **Jésus reprit :**
**« Pourquoi dire : "Si tu peux"... ?**
**Tout est possible en faveur de celui qui croit. »**
24 **Aussitôt le père de l'enfant s'écria :**
**« Je crois ! viens au secours de mon incroyance ! »**
25 **Jésus, voyant que la foule s'attroupait,**
**interpella vivement l'esprit mauvais :**
**« Esprit qui rends muet et sourd,**
**je te l'ordonne, sors de cet enfant**
**et n'y rentre plus jamais ! »**
26 **L'esprit poussa des cris, secoua violemment l'enfant et sortit.**
**L'enfant devint comme un cadavre,**
**de sorte que tout le monde disait : « Il est mort. »**
27 **Mais Jésus, lui saisissant la main, le releva,**
**et il se mit debout.**

28 **Quand Jésus fut rentré à la maison, seul avec ses disciples,**
**ils l'interrogeaient en particulier :**
**« Pourquoi est-ce que nous, nous n'avons pas pu l'expulser ? »**
29 **Jésus leur répondit :**
**« Rien ne peut faire sortir cette espèce-là, sauf la prière. »**

Jésus et le trio favorisé de ses amis ont achevé leur débat au sujet d'Élie (9,11-13). Ils rejoignent les autres (v. 14). La présence des scribes et de la foule est la preuve qu'on est bien revenu en territoire juif, sans que Marc ait signalé la fin du séjour de Jésus en pays païen (depuis 8,27). Par ailleurs, Marc montre les disciples en train de discuter, dans la foule, avec les scribes. Il convient de rappeler ici l'énorme influence des scribes sur le peuple juif. Ces pharisiens très zélés pour Dieu, fins connaisseurs des Écritures, procèdent à un enseignement constant sous forme de discussions : le jeu des questions-réponses est leur art de soulever tous les problèmes religieux suscités par la loi de Moïse. En vrai rabbin de son temps — on vient d'en avoir une fois de plus l'illustration —, Jésus utilise ce même procédé du débat avec ses disciples et même avec la foule (v. 15-16). Les retrouvailles du Maître avec la foule, après une longue séparation (8,9), se passent dans un climat d'accueil chaleureux. Jésus est un rabbin connu, recherché pour la maîtrise de son enseignement et ses dons thérapeutiques. Il s'intéresse tout naturellement au contenu des « discussions » du peuple avec ces maîtres à penser que sont les scribes. Et sa question (« de quoi parlez-vous ? ») trouve immédiatement un écho. Un homme l'aborde, dont le fils est rendu muet par un démon (v. 17). Souvenons-nous que dans la mentalité du temps, toute maladie est mise au compte d'une possession démoniaque. Mais le père continue à décrire plus précisément le mal dont son fils est atteint (v. 18*a*). Le lecteur moderne, au travers de la description qui en est faite, n'aura aucune difficulté à diagnostiquer la maladie du jeune homme : il s'agit de l'épilepsie. Les convulsions et l'écume de la bouche en sont les symptômes habituels. Et l'homme se plaint auprès de Jésus de l'impuissance notoire de ses disciples à opérer la guérison (v. 18*b*). Voilà bien l'objet des « discussions » qui agitaient la foule, les scribes et les disciples. Le Maître se doit, en premier, d'expliquer à tous l'incompétence de ses amis. N'ont-ils pas reçu de lui le pouvoir d'exorcistes (6,7.13) ? La semonce qu'il leur fait s'adresse, au-delà des disciples, au peuple juif tout entier (v. 19*a*). Il est cette « génération incroyante » que les prophètes accusaient déjà d'incrédulité à la puissance de Dieu (*cf.* par ex. Ps 94,7-9). Jésus lance à ses contemporains un appel pressant à croire qu'en sa personne même le Mal est vaincu. Et, joignant le geste à la parole, il va guérir l'enfant (v. 19*b*-20*a*). Marc nous fait assister à une crise aiguë d'épilepsie, décrite avec beaucoup d'intensité dramatique (v. 20*b*). Et malgré l'urgence qu'il y a d'intervenir, Jésus prend le temps d'une information supplémentaire (v. 21). Le mal est ancien, profond ; il est peut-être de naissance. Il s'avère mortel (v. 22*a*).

L'évangéliste prend un intérêt certain (comme Matthieu en 17,14-21) à l'aspect très spectaculaire de l'épilepsie. Des syncopes fortuites font tomber le malade n'importe où, mettant parfois sa vie en jeu. À cette évocation de la mort toujours si probable de son enfant, l'homme laisse éclater sa détresse. Il supplie Jésus avec insistance (v. 22*b*). Le Maître n'est pas insensible à cet appel déchirant. Il voudrait cependant un acte de foi plus explicite encore (v. 23). Le doute est vaincu (v. 24). En demandant à Jésus de subvenir au défaut de sa foi chancelante, l'homme fait preuve d'une confiance suffisante pour entraîner l'action libératrice. C'est par une simple parole pleinement efficace que le Messie guérit l'enfant (v. 25). C'est maintenant seulement que le lecteur découvre que le petit malade, très gravement atteint, avait perdu l'usage de ses facultés essentielles : la parole et l'ouïe. Sa délivrance s'opère au cours d'une crise ultime dont Marc ne laisse pas échapper la profonde signification (v. 26). Il n'est pas rare que l'épilepsie, en ses phases convulsives, précipite le patient dans le coma : on peut le tenir pour mort. « Mais Jésus, lui saisissant la main, le releva et le remit debout » (v. 27). Marc emploie ici, à dessein, les deux verbes : « (se) relever » et « se mettre debout » qui expriment ailleurs la Résurrection de Jésus. Il est évident qu'il suggère de lire ce miracle, comme beaucoup d'autres, en y voyant le geste sauveur du Ressuscité qui « relève » et « remet debout » les morts (*cf.* 1,31 ; 2,11 ; 5,41-42).

Tout l'épisode veut rappeler aux chrétiens que Jésus est bien le vainqueur du Mal et de la Mort. L'insistance que l'évangéliste met à décrire, de façon renouvelée et réaliste, les ravages causés aux humains par un mal mortel, est aussi un appel pressant à mettre toute sa foi en la personne du Sauveur. C'est la leçon fondamentale de cette histoire passionnante. La finale achève d'en convaincre (v. 28). La scène est classique chez Marc. Jésus ménage à ses disciples, à l'écart de la foule, l'explication de leur impuissance d'exorcistes par lui, pourtant, patentés (v. 29). La leçon est sévère. Pour venir à bout de cet espèce de mal, les disciples ne doivent pas négliger la prière. Leur seule force réside dans le fait de se tenir en présence de Dieu dans la foi.

Marc a conduit tout ce récit avec un art consommé. Il a bien mis en contraste l'incrédulité persistante de la foule — et des disciples eux-mêmes — avec la foi exemplaire d'un anonyme. Il a mis l'accent, avec force, sur le thème unique qui domine sa narration depuis la première annonce de la Passion de Jésus (8,31-33) et sa Transfiguration (9,2-8), à savoir : pour ceux qui mettent leur foi en sa personne, Jésus apporte avec lui la victoire sur la souffrance et la mort. Avec ce quatrième exorcisme (*cf.* les trois premiers : 1,23-26 ; 5,1-20 ; 7,24-30), Jésus donne une fois de plus aux scribes — et à ceux qui leur ressemblent — le témoignage d'un enseignement supérieur : en sa personne se déploie la puissance du Dieu Sauveur.

## LA DEUXIÈME ANNONCE DE LA PASSION (9,30-32)

**30 En partant de là,**
**Jésus traversait la Galilée avec ses disciples,**
**et il ne voulait pas qu'on le sache.**
**31 Car il les instruisait en disant :**
**« Le Fils de l'homme est livré aux mains des hommes ;**
**ils le tueront**
**et, trois jours après sa mort, il ressuscitera. »**
**32 Mais les disciples ne comprenaient pas ces paroles**
**et ils avaient peur de l'interroger.**

Le point de départ de Jésus n'est pas précisé. Mais la dernière mention géographique le situait dans l'extrême nord de la Palestine : la région de Césarée-de-Philippe (8,27). C'est donc dans le sens nord-sud que Jésus traverse toute la Galilée avec ses disciples (v. 30*a*). Il entreprend ici ce qu'on appelle couramment sa « montée à Jérusalem ». Comme Matthieu et Luc, Marc ne connaît qu'un unique voyage de Jésus vers la Judée et la capitale d'Israël (9,30 à 11,1). Cette marche ultime conduit Jésus vers son destin sanglant. Mais « il ne voulait pas qu'on le sache » (v. 30*b*). C'est toujours la loi du « secret messianique ». Les foules galiléennes ont eu de Jésus les paroles et les signes suffisants de sa messianité. Elles ne se sont pas converties. Maintenant Jésus doit se consacrer tout entier à la formation de ses disciples pour les amener, si possible, à accueillir la perspective d'un Messie rejeté par son peuple (v. 31*a*).

C'est la deuxième fois que Jésus fait à ses amis une telle annonce. Il la fait en des termes presque identiques à la première (*cf.* 8,31). Le Fils de l'homme va être « livré » aux mains des hommes. Le verbe est fort. Par qui sera-t-il livré ? Marc le précisera plus tard clairement. Ce sont des hommes qui livreront Jésus à la mort : Judas (14,10), les grands prêtres (15,1), et Pilate (15,15). Mais ici la formule du verbe est passive : Jésus va « être livré ». C'est une façon très courante, chez les Juifs, de désigner Dieu comme sujet, en évitant de le nommer par respect. Il faut bien s'en souvenir : la mort de Jésus, imputable aux hommes pécheurs, ne sera pas cependant un simple accident de l'histoire. Les chrétiens expliqueront ce « scandale » en montrant qu'il entrait dans un mystérieux dessein de Dieu. C'est ce que voulait déjà dire la formule abrupte de la première annonce : « il fallait » que le Fils de l'homme connaisse la souffrance et la mort (8,31). Ici, la promesse, aussitôt ajoutée, de sa Résurrection (v. 31*b*) ne devait — pas plus que précédemment — consoler les disciples de la perspective douloureuse de la mort. Ses amis restent obstinément sourds à l'enseignement du

Maître (v. 32). C'est le thème de « l'incompréhension » des disciples devant l'effort toujours déployé par Jésus pour les introduire à l'énigme de son destin. On l'a vu, Pierre a manifesté une véritable rébellion à l'annonce de sa mort (*cf.* 8,32). Cette fois-ci, la fermeture des disciples est marquée par la crainte de « l'interroger », de poursuivre toute discussion avec le Maître au sujet des épreuves qui l'attendent. Le lecteur peut comprendre qu'il est vraiment dur de regarder la mort en face.

### LA GÉOGRAPHIE DE MARC

L'évangéliste a donné à la vie de Jésus un cadre très simple où l'on voit émerger deux pôles : la Galilée et Jérusalem. En effet, après son baptême reçu dans le Jourdain (1,9), Jésus engage et poursuit sa mission en Galilée, la province du nord de la Palestine (1,14 à 9,29). Ce n'est que tardivement qu'il traverse la Galilée dans le sens nord-sud, pour « monter » à Jérusalem, la capitale judéenne (9,30). C'est là qu'il va affronter les autorités religieuses de son peuple et vivre sa Passion et sa Résurrection (11,1 à 16,8).

Cet itinéraire, des plus linéaires, est sûrement le produit d'une « schématisation » car l'on sait par l'évangile de Jean que la mission du Messie s'est étalée sur deux ou trois ans. Le Maître est monté plusieurs fois à Jérusalem comme c'en était la coutume, lors des fêtes juives (voyez Jn 5,1 ; 7,2 ; 10,22 ; 12,12).

Chez Marc la géographie a donc été mise « au service » d'une cause supérieure. De fait, chez lui, la Galilée et Jérusalem sont des lieux qui s'opposent avec chacun sa signification propre. La Galilée est le lieu de l'ouverture et de la mission auprès des païens. Depuis l'Ancien Testament, cette province nordique a connu bien des invasions étrangères. Son nom même est parlant : elle est « le district des nations » qui s'y brassent (Is 8,23). Or, c'est en Galilée que Jésus a été élevé (à Nazareth : Lc 4,16). C'est là qu'il inaugure sa mission (1,14). Il y fait — à Capharnaüm et au bord du lac de Tibériade — sa base d'action et d'enseignement (1,16 ; 2,1.13 ; 3,7 ; 4,1). Au début de l'évangile, on voit les foules galiléennes s'enthousiasmer pour la parole et les signes que le Maître leur prodigue.

Mais, de là, Jésus entraîne ses disciples à passer les frontières. Il traverse avec eux le lac de Tibériade, de la rive juive à l'ouest, à la rive païenne à l'est. Par ce mouvement répété, il les invite sans cesse à élargir leur horizon, à porter la Bonne Nouvelle aux païens (voyez l'ensemble 4,35 à 5,20). Plus sa mission s'avance, plus Jésus multiplie ses déplacements chez les non-Juifs : il se rend en Phénicie (l'actuel Liban) dans la région de Tyr et de Sidon (7,24.31*a*) ou dans la Décapole (l'actuelle Jordanie) (7,31*b*).

Par ces incursions plus ou moins prolongées dans les territoires étrangers, Jésus veut acclimater ses amis à l'idée qu'il n'est pas seulement le Messie des Juifs mais aussi des païens. Les futurs responsables de son Église doivent prendre conscience qu'il apporte le salut universel. C'est le sens de la seconde multiplication des pains, opérée à l'est du Jourdain (8,1-9), où Jésus ouvre la table de sa Parole et de ses bienfaits à un autre peuple que le peuple élu. Ce n'est pas non plus un hasard si c'est à Bethsaïde, en terre païenne, qu'il ouvre les yeux d'un aveugle (8,22-26) en prélude à la découverte de son identité (qui se fait à Césarée de Philippe, en plein monde païen : 8,27-29). Il ne faut donc pas s'étonner si, une fois ressuscité, Jésus appelle ses amis à le rejoindre « en Galilée » où il les précède, pour les engager à repartir, à sa suite, porter la Bonne Nouvelle dans le monde entier (16,7-8.15).

Par opposition à la Galilée, Marc fait de Jérusalem, la capitale juive, un pôle de fermeture et d'opposition à Jésus. Dès le début de sa mission, c'est : « descendus de Jérusalem » que les scribes et les pharisiens viennent accuser le Maître d'être possédé par Satan (3,22) ou de laisser ses disciples violer les traditions des anciens (7,1). C'est à Jérusalem, au cœur de la foi juive, que Jésus va s'affronter le plus durement aux chefs religieux du peuple élu (11,1 à 12,40). C'est là qu'il va être arrêté, jugé, condamné à mort et exécuté à l'instigation des plus hautes autorités juives (14,1 à 15,47).

La géographie de Marc est donc porteuse d'une leçon magistrale : les chrétiens, ceux qui suivent Jésus, ne doivent pas laisser l'Évangile s'enfermer dans quelque « Jérusalem » que ce soit ! Ils sont sans cesse priés de rallier le Ressuscité qui — du rivage du lac de Tibériade — les convie à « prendre le large ». Car « en Christ, il n'y a plus ni Juifs, ni Grecs » (Paul aux Galates 3,28). Le salut doit être porté, de Jérusalem et de Galilée, jusqu'aux extrémités de la terre.

## COMMENT SUIVRE JÉSUS : L'ENFANT (9,33-37)

**33 Ils arrivèrent à Capharnaüm,**
**et, une fois à la maison, Jésus leur demandait :**
**« De quoi discutiez-vous en chemin ? »**
**34 Ils se taisaient, car, sur la route, ils avaient discuté entre eux**
**pour savoir qui était le plus grand.**
**35 S'étant assis, Jésus appela les Douze et leur dit :**
**« Si quelqu'un veut être le premier,**
**qu'il soit le dernier de tous et le serviteur de tous. »**
**36 Prenant alors un enfant,**
**il le plaça au milieu d'eux, l'embrassa, et leur dit :**

37 **« Celui qui accueille en mon nom**
**un enfant comme celui-ci, c'est moi qu'il accueille.**
**Et celui qui m'accueille ne m'accueille pas moi,**
**mais Celui qui m'a envoyé. »**

À chaque fois que Jésus annonce clairement sa passion future (8,31 ; 9,31), Marc souligne l'incompréhension de ses disciples (8,32 ; 9,32). Puis il montre le Maître essayant d'enfoncer dans la tête de ses amis une leçon appropriée sur le thème : comment se mettre à sa suite en étant fidèle à son abaissement. Il l'a fait après la première annonce de sa mort (*cf.* 8,34 à 9,1). Il recommence ici après la seconde.

L'évangéliste suggère que le moment est particulièrement bien choisi pour le Maître et sa troupe (v. 33). Jésus et ses amis sont revenus dans le cadre initial de son enseignement, à Capharnaüm et à la maison (*cf.* 2,1-2). L'endroit est idéal pour accélérer la formation des disciples, à l'écart des foules, sur le point, nouveau mais difficile, d'un Messie « serviteur ». En rabbin expert, Jésus commence par interroger ses disciples sur l'objet de leurs « discussions » en chemin. On sait quelle importance avait la discussion dans la formation des rabbins. Ce qui s'est dit entre eux, en route, est hautement significatif. À la question de Jésus, ils ne donnent pas de réponse. Ils ont rivalisé pour savoir qui, d'entre eux, était le plus grand (v. 34). Marc l'avoue : les disciples sont honteux. Ils n'osent dire qu'ils briguent les honneurs alors que Jésus marche vers un avenir d'humilité. Le contraste est flagrant.

Le Maître se doit d'intervenir de façon claire pour détourner ses amis de la course au pouvoir qui les habite. Il leur donne une leçon de chose vivante (v. 35*a*). Marc le montre prenant l'attitude du Maître qu'il faut écouter avec beaucoup d'attention : il s'assied. C'est la position de celui qui enseigne avec autorité (*cf.* 4,1). Il rassemble « les Douze ». Cette appellation est rarement utilisée par Marc (3,14 ; 6,7). Son utilisation ici veut dire que l'enseignement qui va être donné vise le groupe des apôtres : les futurs responsables de l'Église. Jésus leur parle en toute clarté (v. 35*b*). D'emblée le Maître, à l'adresse des futurs chefs du peuple de Dieu, inverse l'ordre habituel de la hiérarchie humaine. Au « premier », il oppose le « dernier de tous » ; à celui qui commande, « le serviteur de tous ». Ce paradoxe ne prend évidemment sens que par l'exemple que Jésus donne de sa personne et de sa mission. Lui, le Premier, se met à la dernière place pour servir les hommes. Le message peut-il être entendu ? Jésus croit bon d'illustrer son propos par un geste significatif. Il place un enfant au milieu d'eux et l'embrasse (v. 36*a*). Ce geste a une portée insoupçonnée. Prendre un enfant, l'introduire au centre du groupe des disciples et l'embrasser : tout cela allait à l'encontre des mœurs du temps. La société antique ne portait pas de sollicitude particulière à l'égard des enfants. Au contraire, loin d'être traités par les adultes comme de grandes personnes en herbe, on les tenait pour des êtres insignifiants. Ne sont-ils pas incapables de parler, de raisonner vraiment ? L'habitude voulait même qu'on les rejette, les exclue de la communauté religieuse à cause de leur ignorance de la Loi.

Jésus fait donc, d'un coup, une double réhabilitation (humaine et religieuse) : il met cet exclu — l'enfant — au cœur du cercle de ses amis. Et il ponctue cette action d'une parole lourde de signification (v. 37*a*). La communauté chrétienne devra s'en souvenir. Accueillir au nom de Jésus un enfant — symbole ici des pauvres et de tous les exclus —, c'est accueillir Jésus en personne. C'est la réponse déroutante du Maître à la question que se posaient les disciples en chemin : « Qui est le plus grand ? » La poursuite des honneurs devient indécente chez ceux qui suivent Jésus au moment où il prend l'humble route de la souffrance et de la mort. Se faire le « serviteur » de tous, ouvrir le cercle fermé de l'Église aux plus humbles, aux plus démunis, tel est le « service » que Jésus assigne à ses disciples. Pour renforcer le poids de cette leçon magistrale, Jésus conclut d'un mot sur « l'accueil » (v. 37*b*). Jésus est l'Envoyé de Dieu. L'accueillir en la personne des petits, c'est accueillir Dieu lui-même. Dieu prenant le visage d'un enfant, voilà le message inattendu, très original, de cette belle page d'évangile.

## CONSIGNES À LA COMMUNAUTÉ CHRÉTIENNE (9,38-50)

**38 Jean, l'un des Douze, disait à Jésus :**
**« Maître, nous avons vu quelqu'un**
**chasser des esprits mauvais en ton nom ;**
**nous avons voulu l'en empêcher,**
**car il n'est pas de ceux qui nous suivent. »**
**39 Jésus répondit :**
**« Ne l'empêchez pas,**
**car celui qui fait un miracle en mon nom**
**ne peut pas, aussitôt après, mal parler de moi ;**
**40 celui qui n'est pas contre nous**
**est pour nous.**
**41 Et celui qui vous donnera un verre d'eau**
**au nom de votre appartenance au Christ,**
**amen, je vous le dis,**
**il ne restera pas sans récompense.**
**42 Celui qui entraînera la chute**
**d'un seul de ces petits qui croient en moi,**

**mieux vaudrait pour lui**
**qu'on lui attache au cou**
**une de ces meules que tournent les ânes,**
**et qu'on le jette à la mer.**
43 **Et si ta main t'entraîne au péché, coupe-la.**
**Il vaut mieux entrer manchot dans la vie éternelle**
**que d'être jeté avec tes deux mains dans la géhenne,**
**là où le feu ne s'éteint pas.**
45 **Si ton pied t'entraîne au péché, coupe-le.**
**Il vaut mieux entrer estropié dans la vie éternelle**
**que d'être jeté avec tes deux pieds dans la géhenne.**
47 **Si ton œil t'entraîne au péché, arrache-le.**
**Il vaut mieux entrer borgne dans le royaume de Dieu**
**que d'être jeté avec tes deux yeux dans la géhenne,**
48 **là où le ver ne meurt pas et où le feu ne s'éteint pas.**
49 **Car tout homme sera salé au feu.**
50 **C'est une bonne chose que le sel ;**
**mais si le sel cesse d'être du sel,**
**avec quoi allez-vous lui rendre sa force ?**
**Ayez du sel en vous-mêmes et vivez en paix entre vous. »**

Ce qu'on lit maintenant n'a pas de lien apparent avec ce qui précède (9,33-37). On peut encore imaginer Jésus, assis, en train d'instruire ses disciples. Mais, à l'évidence, les propos tenus dépassent cet horizon premier. Marc, en catéchète avisé, a réuni ici diverses consignes à l'adresse de la communauté chrétienne. Ce regroupement est caractérisé par l'utilisation d'un vieux procédé des civilisations orales pour aider la mémoire : c'est la technique des « mots crochets ». Des paroles éparses de Jésus, qui, au départ, n'avaient pas de lien entre elles, se trouvent agrafées les unes aux autres par un mot, une expression. Cela commence par l'expression : « En mon nom ». Elle relie quatre phrases, les versets 37, 38, 39 et 41. Ensuite un chapelet de paroles s'enfile autour des mots : « entraîner la chute » qu'on rencontre quatre fois aux versets 42, 43, 45 et 47. En finale, deux vocables : « feu » et « sel » articulent trois sentences (versets 48, 49 et 50).

La première instruction de Jésus est provoquée par l'intervention de l'un des Douze, Jean (v. 38). Ce propos de l'un des frères, précédemment surnommés « Fils du tonnerre » (3,17), est surprenant. Il révèle une certaine intolérance du groupe. La communauté tendait à exclure les personnes qui se tenaient en marge, sans se réclamer d'elle entièrement. Jésus n'approuve pas cet « esprit de clocher » pour son Église. Il rappelle les siens au souci d'ouverture envers le frère qui est proche (v. 39). La consigne est à l'accueil le plus large possible de ceux qui ne sont pas notoirement des adversaires. « Celui qui n'est pas contre nous est pour nous » (v. 40). Qu'on songe à l'importance de ces mots pour une Église comme celle de Marc, que la persécution pousse au repli sur soi, à la fermeture. Jésus va encore plus loin avec l'exemple du verre d'eau, rafraîchissant et vital en Orient. Le moindre acte de charité fait par un adversaire, dans l'ambiance la plus hostile, en faveur d'un chrétien prend toute sa valeur. Le Christ s'en souviendra au jour du Jugement (*cf.* Mt 25,31-46).

Dans les versets qui suivent (versets 42 à 47), le ton change. Il devient plus grave. Une enfilade de paroles s'effectue grâce au verbe grec : « entraîner la chute » (v. 42*a*). L'avertissement est sérieux. Il ne faut pas, littéralement, « dresser d'obstacle » sur la route des croyants. « Ces petits qui croient en moi » sont des chrétiens dont la foi naissante est encore fragile. Tout « scandale », au sens fort de « piège » tendu sous leurs pas, serait grandement préjudiciable à leur fidélité. Il faut absolument prévenir tout scandale. Aussi chaque frère, dans la communauté, doit-il veiller à ses relations avec les autres. Par trois fois, l'ordre en est donné : « Si ta main... si ton pied... si ton œil t'entraînent au péché, coupe-les » (v. 43*a*, 45*a*, 47*a*). La main, le pied, l'œil, sont les organes majeurs de la communication. Ils engagent, chacun, toute la personne. S'ils sont occasion de faire du mal à autrui, mieux vaut s'en séparer. Il est des cas où l'amputation d'un membre malade peut sauver l'homme entier. Au plan spirituel, l'enjeu est capital. Mieux vaut entrer « manchot,... estropié,... ou borgne... dans la vie éternelle », plutôt que d'être jeté tout entier « dans la géhenne, là où le ver ne meurt pas et où le feu ne s'éteint pas » (v. 43*b* ; 45*b* ; 47*b*-49).

Ces propos sont très durs, même brutaux ! On y évoque le sort des pécheurs sous des images de mort éternelle, accompagnée d'horribles tortures (ver et feu). Voyons de plus près. Écartons d'abord une lecture — à la lettre — des images utilisées. Jamais l'Église n'a lu dans cette page d'évangile un appel à la mutilation physique. Elle y voit, pour chaque chrétien, l'invitation pressante au détachement de ce qui est mauvais en lui-même pour assurer son salut. Il y va en effet de la réussite ou non de l'existence humaine. D'un côté, « la vie éternelle » : une vie sans fin avec le Christ ressuscité. De l'autre : « la géhenne ». Qu'est-ce à dire ? L'image est à l'origine de la vision dantesque de « l'Enfer » : un état de destruction douloureuse des pécheurs endurcis ! La « géhenne » est une vallée encaissée, située au sud de la colline de Jérusalem. Depuis des lustres, au temps de Jésus, ce lieu sauvage sert de décharge publique à la cité. On peut y voir, à loisir, des monceaux de détritus, animaux ou végétaux, dans lesquels les vers se sont mis. On y brûle, en permanence, toutes sortes d'immondices et, en temps d'épidémie, même des cadavres humains. Bref, pour les contemporains de Jésus, la géhenne évoque le juste sort réservé à ceux qui se seront fermés aux appels de Dieu. Cette vision d'horreur se trouve déjà chez le prophète Isaïe : « En sortant [de la ville], on pourra voir les cadavres des hommes qui se seront révoltés contre moi [dit Dieu]. Leur vermine ne mourra pas, leur feu ne s'éteindra pas. Ils seront une répulsion pour toute chair » (Is 66,24).

Ce spectre a puissamment travaillé les imaginations. Surtout depuis Dante — le célèbre poète italien du XIVe siècle —, l'enfer et son feu diabolique sont passés, chez beaucoup de gens, du simple symbole à une réalité intenable. Il faut donc rétablir la vérité. Dans leur outrance même, les images bibliques veulent traduire une idée simple : la justice de Dieu punira ceux qui se seront totalement fermés à son Amour. Ils se trouveront privés de la communion divine, séparés du Christ et des saints. L'enfer, s'il est bien attesté dans l'Écriture, demeure néanmoins une réalité mystérieuse, difficile à conjuguer avec le Dieu Amour !

En finale, notre texte se termine par deux sentences obscures, reliées par les mots crochets : « sel » et « feu ». « Car tout homme sera salé au feu » (v. 49) n'est pas aisé à comprendre. Cela évoque, peut-être mais sans certitude, que nul n'échappera à une certaine purification. Le feu brûle et purifie. Le sel servait autrefois à entretenir le feu. Cependant la dernière phrase est plus facile à saisir (v. 50). Ici le sel est pris dans son utilisation bénéfique : il sert à la conservation des aliments. Le chrétien est invité à vaincre toute fadeur dans sa vie et, au-delà des difficultés de la vie communautaire, à rechercher la paix avec ses frères.

## LA QUESTION DU DIVORCE (10,1-12)

**1 En partant de là, Jésus arrive en Judée et en Transjordanie.**
**De nouveau, la foule s'assemble près de lui,**
**et de nouveau, il les instruisait comme d'habitude.**
**2 Des pharisiens l'abordèrent**
**et, pour le mettre à l'épreuve, ils lui demandaient :**
**« Est-il permis à un mari de renvoyer sa femme ? »**
**3 Jésus dit :**
**« Que vous a prescrit Moïse ? »**
**4 Ils lui répondirent :**
**« Moïse a permis de renvoyer sa femme**
**à condition d'établir un acte de répudiation. »**
**5 Jésus répliqua :**
**« C'est en raison de votre endurcissement**
**qu'il a formulé cette loi.**
**6 Mais, au commencement du monde,**

***Il les fit homme et femme.***
7 ***À cause de cela,***
***l'homme quittera son père et sa mère,***
8 ***il s'attachera à sa femme,***
***et tous deux ne feront plus qu'un.***
**Ainsi, ils ne sont plus deux, mais ils ne font qu'un.**
9 **Donc, ce que Dieu a uni, que l'homme ne le sépare pas ! »**

10 **De retour à la maison,**
**les disciples l'interrogeaient de nouveau sur cette question.**
11 **Il leur répond :**
**« Celui qui renvoie sa femme pour en épouser une autre,**
**est coupable d'adultère envers elle.**
12 **Si une femme a renvoyé son mari et en épouse un autre,**
**elle est coupable d'adultère. »**

Les divers conseils sur la vie en communauté ont été donnés à Capharnaüm, en Galilée (9,33). La longue traversée de la Palestine, du Nord au Sud, est achevée (v. 1*a*). Ses pas conduisent Jésus vers Jérusalem. Le voici maintenant en contact avec les populations du Sud palestinien, des deux côtés du Jourdain ; à l'ouest, avec les Judéens, ses compatriotes juifs ; à l'est avec les habitants de Pérée (l'actuelle Jordanie), des païens. Marc veut montrer que la mission de Jésus se poursuit auprès de tous. La foule est là, Jésus l'instruit (v. 1*b*). Il y a là toutes les conditions requises pour que le message du Maître atteigne le plus vaste public.

Des pharisiens l'abordent (v. 2*a*). La dernière controverse de Jésus avec ces fervents défenseurs de la loi de Moïse remonte déjà loin (8,11-12). Comme cette fois-là, Marc souligne que ces Juifs, pieux entre tous, viennent le questionner « pour le mettre à l'épreuve » (v. 2*b*). Il faut se souvenir que derrière ces mots, l'évangéliste évoque l'attitude des Israélites qui, au désert de l'Exode, exprimaient leur incrédulité envers Moïse et Dieu lui-même : « Ils mirent Yahvé à l'épreuve en disant : Dieu est-il au milieu de nous ou non ? » (Ex 17,7). Le piège tendu ici à Jésus porte sur la question du divorce : « Est-il permis à un mari de renvoyer sa femme (v. 2*c*) ? » Ce problème du renvoi de l'épouse était vivement débattu, au tournant de l'ère chrétienne, parmi les rabbins. Deux écoles célèbres s'affrontaient, aux opinions contraires. D'un côté, Rabbi Hillel, un pharisien libéral, acceptait les multiples raisons que mari et femme peuvent avoir de se séparer. À l'opposé, Rabbi Shammaï, de tendance rigoriste, n'admettait qu'un nombre limité de répudiations. Comme en droit israélite, c'est l'homme seulement qui a pouvoir de renvoyer sa femme ; Shammaï, à sa façon, défendait la cause des femmes dans une société au patriarcat insolent. C'est en tant que rabbin hautement qualifié que Jésus est sollicité de prendre parti pour l'une ou l'autre position de ses pairs. Le piège qu'on lui tend est clair : on va pouvoir le taxer de laxisme ou de rigorisme en la matière. On veut l'enfermer dans un camp ou dans l'autre. Le Maître renvoie d'abord ses interlocuteurs à la source du débat : « Que vous a prescrit Moïse ? » (v. 3). La réponse est facile (v. 4). Cette référence des pharisiens à la loi de Moïse manifeste l'usage ancien et légal du divorce (*cf.* Dt 24,1). La législation israélite (remontant à Moïse ?) tendait seulement à humaniser un peu la pratique, en imposant au mari de remettre à son épouse répudiée une attestation écrite. Mais Jésus n'ignore pas que la tradition juive a péché, par excès de laxisme, au bénéfice du seul partenaire masculin. L'homme pouvait répudier son épouse, même pour des raisons les plus futiles ! Un verset du livre du Deutéronome ouvrait la voie à tous les abus : « Soit un homme qui a pris une femme et consommé son mariage ; mais cette femme n'a pas trouvé grâce à ses yeux, et il a découvert une tare à lui imputer ; il a donc rédigé pour elle un acte de répudiation et le lui a remis, puis il l'a renvoyée de chez lui... » (Dt 24,1). L'historien juif Flavius Josèphe (du Ier siècle) atteste la grande liberté prise par les partisans de Hillel à partir de ce passage de la Torah. « Celui qui veut divorcer, pour quelque cause que ce soit (et multiples sont les causes qui peuvent survenir à cet effet parmi les hommes), qu'il certifie par écrit... » (*Antiquités juives* 4, 8, 23).

Conscient de ce type d'interprétation et d'autres, Jésus commence par resituer la Loi de Moïse à son juste niveau : « C'est en raison de votre endurcissement qu'il [Moïse] a formulé cette loi » (v. 5). Le thème de l'« endurcissement » du peuple élu à la Parole de Dieu emplit son histoire. Les prophètes n'ont cessé de dénoncer ce drame d'Israël, peuple « à la nuque raide », rebelle à la volonté de Dieu. Jésus lui-même a déjà déploré cet « endurcissement du cœur » chez les pharisiens, représentants qualifiés du peuple (*cf.* 3,5). Mais le Maître entend motiver plus profondément sa pensée. Comme il l'a fait précédemment au sujet de cette autre loi de Moïse : le Sabbat (*cf.* 2,23-28), il en appelle, par-delà la tradition juive, à l'intention originelle du Créateur (v. 6). Jésus remonte le temps : bien avant le Deutéronome, le livre de la Genèse qu'il cite (Gn 1,27) présente l'union de l'homme et de la femme comme une base solide sur laquelle l'humanité doit s'édifier, et non se détruire. Créés mâle et femelle, dans la dualité des sexes, l'homme et la femme sont à « l'image de Dieu ». Là réside la grandeur de leur union. Jésus en tire la conséquence voulue par le Créateur : « À cause de cela (...) tous deux ne feront plus qu'un » (v. 7). Référence est faite ici explicitement au deuxième récit de la Création (Gn 2,24). Le texte est très fort. L'homme et la femme ont vocation de fonder une cellule familiale autonome. Le couple qu'ils forment constitue une unité fondamentale, née de leur relation amoureuse et sexuelle.

Cette unité primordiale, fondée sur le dessein de Dieu, est une réalité qu'il faut sauvegarder à tout prix. Jésus y insiste avec fermeté : « Donc, ce que Dieu a uni, que l'homme ne le sépare pas ! » (v. 9).

Le Maître interrogé prend donc une hauteur de vue insoupçonnée. Il y a ici, comme le reconnaîtra saint Jean, un prophète plus grand que Moïse, le législateur du peuple élu (Jn 1,17). Le Messie vient, avec les pleins pouvoirs divins, restaurer la création dans l'ordre voulu par le Créateur. S'il est entré dans le débat qui a cours entre les Sages (ces rabbins-vedettes du temps), Jésus ne se laisse pas prendre au jeu des légistes juifs et de leur casuistique. Il réaffirme, avec force, le sens donné par Dieu, à l'origine, à l'union matrimoniale. La voie qu'il ouvre est beaucoup plus exigente que les points de vue humains. Sa rigueur n'a pas fini d'interroger ses propres amis. Comme d'habitude, les disciples eux-mêmes sont frappés par la vigueur de l'enseignement de leur Maître. Ils prennent le relais des pharisiens pour questionner Jésus en aparté, à la maison (v. 10). On peut penser qu'ils représentent la première communauté chrétienne affrontée au problème du divorce entre des membres et cherchant à préciser la pensée du Seigneur sur des cas difficiles. Jésus répond à ses disciples par une formule étonnante (v. 11-12). On peut faire deux remarques. La première est qu'il s'agit maintenant, au-delà d'une séparation, du remariage de divorcés. Cet état est traité « d'adultère », un terme sévère par lequel les prophètes flétrissaient Israël pour ses « ruptures » d'alliance avec Dieu (*cf.* Os 1-3). La seconde est dans les termes qui reconnaissent à la femme la même possibilité que pour l'homme d'engager une action de divorce. Ce cas n'existait pas dans la législation juive au temps de Jésus : il révèle une situation relevant du droit romain. Lorsque Marc rédige son évangile à l'adresse de chrétiens venus du paganisme, il lui faut tenir compte des lois romaines.

Ces deux remarques suffisent à montrer que la ferme pensée de Jésus sur le divorce a été appliquée par l'Église primitive dans des situations nouvelles. Il n'est donc pas étonnant qu'il en soit de même aujourd'hui. L'Église se trouve toujours confrontée à des unions conjugales rompues et reformées. En tous ces cas, on se souviendra que la pensée de Jésus n'est pas fondée sur un point de vue « légaliste » et qu'il a toujours pratiqué un large accueil des exclus et des pécheurs (*cf.* 2,15-17).

## JÉSUS ET LES ENFANTS (10,13-16)

**13 On présentait à Jésus des enfants**
**pour les lui faire toucher ;**
**mais les disciples les écartaient vivement.**

14 **Voyant cela, Jésus se fâcha et leur dit :**
**« Laissez les enfants venir à moi. Ne les empêchez pas,**
**car le royaume de Dieu est à ceux qui leur ressemblent.**
15 **Amen, je vous le dis :**
**celui qui n'accueille pas le royaume de Dieu**
**à la manière d'un enfant, n'y entrera pas. »**
16 **Il les embrassait et les bénissait en leur imposant les mains.**

Au beau milieu de l'enseignement que Jésus prodigue sur la manière de devenir ses disciples (depuis 8,34), Marc insère maintenant une petite scène vivante, rafraîchissante. Jésus accueille des enfants. Le Maître a déjà manifesté son intérêt pour le monde de l'enfance (9,35-37). Face aux prétentions orgueilleuses des Douze, il s'est alors présenté lui-même comme le serviteur de tous. Ici, ce message est repris avec un accent un peu différent. Jésus va montrer à ses disciples que les enfants sont le modèle de l'accueil du Royaume de Dieu.

On lui présente des enfants pour les lui faire toucher (v. 13*a*). L'âge de ces enfants n'est pas donné, mais ce ne sont pas des tout petits. Le mot grec employé désigne des garçons de 7 à 14 ans. On ne précise pas non plus la raison pour laquelle « on » désire que Jésus les touche. Bien des fois, il est vrai, nous avons vu les gens, et surtout les malades, se précipiter vers Jésus pour avoir un contact physique avec le guérisseur (3,10 ; 5,25-28). Mais les enfants ne sont pas des malades. Ceux qui les présentent à Jésus veulent-ils seulement obtenir de lui un geste de protection ?

On est choqué par l'attitude franchement hostile des disciples (v. 13*b*). C'est un mouvement violent d'exclusion. Pourquoi ? La raison est à chercher dans les mœurs de la société antique. Au temps de Jésus, les enfants sont objet de mépris de la part des adultes. Cette marmaille qui grouille et qui fait tant de bouches affamées à nourrir n'est pas en grande considération dans un monde où règne la pauvreté. De plus, tous ces gosses qui pullulent dans la communauté juive sont encore ignorants de la Loi de Moïse. On les traite donc comme des « hors-la-Loi ». Ils sont mis au rang des « exclus », comme les malades, les femmes et les esclaves, etc. Ce mépris que manifestent à l'égard des enfants ses propres amis heurte profondément le Maître : « Voyant cela, Jésus se fâcha » (v. 14*a*). Marc a déjà relevé le regard de colère de Jésus (3,5), mais jamais encore il ne nous a montré la raison profonde de son irascibilité. La voilà (v. 14*b*) : les enfants, comme les autres « exclus », ont leur place dans le Royaume.

Jésus a fait du Règne de Dieu, qui advient avec lui, l'un des thèmes favoris de sa proclamation (*cf.* 1,14-15). Maintenant il désigne les enfants et « ceux qui leur ressemblent » comme les bénéficiaires de ce Règne. Pourquoi ? Les propos du Maître ont souvent été utilisés pour louer « l'esprit d'enfance ». On a beaucoup parlé de la candeur, de l'innocence de l'enfant. On en a fait le modèle de la moralité, sans toujours se méfier du piège dans lequel tombent facilement les adultes naïfs : un certain infantilisme. Les sciences modernes — la psychologie des profondeurs en particulier — ont révélé une vision moins platonique de l'enfant. Un savant comme Freud est allé jusqu'à parler de lui comme d'un « pervers polymorphe » : un être qui recèle, en germe, toutes les perversions de l'adulte.

Il ne faut donc pas idéaliser l'accueil par Jésus de l'enfant. Si le Maître le prend pour modèle à imiter par les grandes personnes, c'est selon les idées du temps, en raison de sa petitesse, de sa pauvreté, de son exclusion. Redisons-le, à l'époque de Jésus, l'enfant est d'abord un « pauvre » : un être totalement dépendant d'autrui. Il est aussi le signe vivant d'une grande capacité d'écoute et de confiance : ce que les adultes ont largement perdu ! C'est la disponibilité foncière de l'enfant qui en fait un exemple pour les croyants. Jésus l'affirme avec toute la solennité voulue (v. 15). On reconnaît bien là le souci que Jésus a de rectifier, sans cesse, le point de vue de ses disciples, qu'il est en train de former à leur tâche de responsabilité dans l'Église. Il leur faut abandonner leurs prétentions de grandeur (9,33-34), et se faire « petits » pour accueillir le Règne de Dieu avec un maximum d'humilité et d'ouverture.

La finale de ce beau récit montre Jésus passant de la parole aux actes : il embrasse et bénit les enfants (v. 16). L'étreinte affectueuse de ces petits, mal aimés et rejetés, est hautement significative. La « bénédiction » qui l'accompagne — un geste habituel des rabbins — est, dans la Bible, la communication en acte du Don de Dieu. Jésus ouvre aux enfants le Royaume de Dieu.

Tout le mouvement de cette scène est révélateur de ce qui devait se passer dans l'Église de Marc. Certains des disciples, détenteurs du pouvoir, étaient sans doute tentés « d'empêcher » les petits, les pauvres, les exclus d'accéder à la vie de la communauté. L'évangéliste leur remet sous les yeux le geste prophétique de Jésus : Serviteur de tous, il veut qu'on « laisse venir à lui » ceux que le monde méprise et qui sont pourtant appelés à entrer dans la proximité de Dieu... en premier !

## L'APPEL DE L'HOMME RICHE (10,17-22)

**17 Jésus se mettait en route**
**quand un homme accourut vers lui, se mit à genoux et lui demanda :**
**« Bon Maître, que dois-je faire**
**pour avoir en héritage la vie éternelle ? »**

18 **Jésus lui dit :**
**« Pourquoi m'appelles-tu bon ?**
**Personne n'est bon, sinon Dieu seul.**
19 **Tu connais les commandements :**
***Ne commets pas de meurtre,***
***ne commets pas d'adultère,***
***ne commets pas de vol,***
***ne porte pas de faux témoignage,***
***ne fais de tort à personne,***
***honore ton père et ta mère.*** **»**
20 **L'homme répondit :**
**« Maître, j'ai observé tous ces commandements**
**depuis ma jeunesse. »**
21 **Posant alors son regard sur lui, Jésus se mit à l'aimer.**
**Il lui dit :**
**« Une seule chose te manque :**
**va, vends tout ce que tu as,**
**donne-le aux pauvres**
**et tu auras un trésor au ciel ;**
**puis viens et suis-moi. »**
22 **Mais lui, à ces mots, devint sombre**
**et s'en alla tout triste,**
**car il avait de grands biens.**

Une scène assez pittoresque introduit ce nouvel épisode sur la manière dont on devient disciple de Jésus. Un homme survient qui l'empêche de partir (v. 17*a*). La démarche de cet homme — un Juif, comme on va le voir — est le signe d'une vénération peu commune du Maître. Son geste — s'agenouiller — deviendra liturgique (voyez déjà le lépreux 1,40). L'inconnu qualifie Jésus de « Bon Maître » (v. 17*b*). Mais Jésus récuse d'emblée cette qualification. Il lui déclare : personne n'est bon, que Dieu seul (v. 18). On s'étonne de cette réplique de Jésus. C'est qu'en présence de ce membre représentatif du peuple élu, il tient d'abord à réaffirmer l'essentiel de la foi juive : Dieu et lui seul, dans sa transcendance absolue, est détenteur de la « Bonté ». Cela dit, la question posée au Maître est pertinente : « Que dois-je faire pour avoir en héritage la vie éternelle ? » (v. 17*c*). Le souci de parvenir à la béatitude future est la quête louable des Juifs pieux, les pharisiens en tête. Jésus accueille bien entendu la question. Comme tout rabbin de son temps, il est mis en demeure de se prononcer clairement sur ce qui fait — d'après la tradition juive et sa pensée personnelle — l'essentiel de la Loi de Moïse. En bon connaisseur de la Loi, Jésus lui cite d'abord des extraits du Décalogue (Ex 20,1-17) : ceux des commandements de Dieu qui concernent l'amour du prochain. « Ne fais de tort à personne » est rajouté au texte biblique, mais résume bien l'esprit de l'ensemble.

Le Maître reconnaît donc qu'à ses yeux la pratique des commandements divins est la voie normale, suffisante, pour parvenir « à la vie éternelle ». L'homme, qui est un familier de la Torah, s'empresse de répondre à Jésus qu'il a « observé » tous ces commandements depuis sa jeunesse (v. 20). Une telle parole est révélatrice de la droiture et de la fidélité religieuse de ce Juif. Jésus ne s'y trompe pas — et Marc est heureux de la souligner (v. 21*a*). Le regard du Maître a, chez notre évangéliste, quelque chose d'inoubliable. La plupart du temps, c'est un regard de colère (3,5 ; 10,14) ou d'investigation (3,34 ; 5,32 ; 10,23). Ici, ce regard est plein de tendresse et d'estime profonde. L'expression qui l'accompagne (« il se mit à l'aimer ») a une richesse insoupçonnée. L'amour de Dieu, dans l'Ancien Testament, a présidé à l'élection d'Israël comme son peuple (*cf.* Dt 7,7-8). C'est le même amour divin qui pousse Jésus à porter son choix sur ce Juif fidèle. Ce choix s'exprime alors en un appel d'une exigence rare (v. 21*b*).

Cet appel a reçu dans l'Église une résonance profonde. L'un des signes de la « conversion au Christ » et de l'appartenance à la communauté chrétienne a été, dans la primitive Église, le partage des biens au service des plus pauvres (*cf.* Ac 2,44 ; 4,32-35). Mais ici il faut d'abord remarquer que l'appel de Jésus s'adresse à un particulier : l'homme qui se trouve devant lui. Il lui demande de tout abandonner pour le suivre. Ce genre de requête n'est pas fait à la cantonade, à tout le monde. On le trouve, au début de l'évangile, dans l'appel adressé aux quatre premiers disciples (1,16-20). C'est à certains hommes, non à tous, que Jésus propose de se libérer de toute entrave pour se mettre à sa suite. Ceci est commandé, en premier lieu, par le mode de vie adopté par Jésus lui-même pour sa mission : un ministère itinérant, détaché au maximum des conditions de la vie ordinaire : une famille et des biens. Dans le moment présent où nous sommes, Jésus renouvelle ce type d'appel. Mais tout le sens de son invitation, faite au Juif fidèle qui l'a questionné, porte sur les mots : « Viens et suis-moi » (v. 21*d*) ; c'est-à-dire : « dépasse la foi de tes pères » et fais ce mouvement totalement nouveau pour toi, de devenir le « disciple » du Messie, que Je suis (*cf.* 1,17 ; 2,14). Ce dépassement n'est pas facile, comme l'atteste le refus attristé de l'homme (v. 22). C'est seulement maintenant que nous apprenons qu'il était très riche et que cette richesse l'a empêché de répondre positivement à l'appel de Jésus. Dans l'entretien avec ses disciples, qui suit immédiatement, Jésus va y insister : la possession de la richesse est un obstacle majeur à la mise en route des hommes à sa suite, avec le détachement voulu (*cf.* 10,23-31). Pour l'instant, il suffit à l'homme interpellé par Jésus de savoir que, dépouillé de ses biens terrestres, il trouverait « un trésor dans le ciel » (v.21*c*).

L'épisode nous fait assister à une vocation manquée. Mais au-delà du cas particulier mis en scène, la tradition évangélique tout entière a vu là une « leçon exemplaire » (Mt 19,16-22 et Lc 18,18-23). Derrière la figure de cet homme juif, fidèle depuis sa jeunesse à la loi de Moïse, se profile l'histoire d'Israël dont la règle de vie — le Décalogue — est un chemin véritable en direction de « la vie éternelle », le trésor finalement promis par Dieu au peuple élu. Et Jésus est ici présenté comme « le Messie » : il vient révéler une exigence plus haute que la religion juive. Au peuple qui observe les commandements de Dieu, il demande « un plus » (*cf.* « Une seule chose te manque... » (v. 21*a*). La Bonne Nouvelle proposée par Jésus est l'appel à un dépassement. Il ne suffit pas d'être fidèle aux commandements de Dieu, il faut se mettre à la « suite » de la personne même du Messie. La pointe du récit n'est pas dans l'abandon des biens, mais dans l'attachement à la personne de Jésus-Christ ; la foi chrétienne vient accomplir, en l'achevant, la foi juive. N'oublions pas que cette histoire de l'homme riche est rapportée à l'intérieur de la marche irréversible de Jésus vers sa Passion (depuis 9,30-31). Suivre le Christ — devenir chrétien — ne va pas sans un certain dépouillement.

## LE ROYAUME DE DIEU ET LES RICHESSES (10,23-31)

**23 Alors Jésus regarde tout autour de lui**
**et dit à ses disciples :**
**« Comme il sera difficile à ceux qui possèdent des richesses**
**d'entrer dans le royaume de Dieu ! »**
**24 Les disciples étaient stupéfaits de ces paroles.**
**Mais Jésus reprend :**
**« Mes enfants, comme il est difficile**
**d'entrer dans le royaume de Dieu !**
**25 Il est plus facile à un chameau**
**de passer par le trou d'une aiguille**
**qu'à un riche d'entrer dans le royaume de Dieu. »**
**26 De plus en plus déconcertés,**
**les disciples se demandaient entre eux :**
**« Mais alors, qui peut être sauvé ? »**
**27 Jésus les regarde et répond :**
**« Pour les hommes, cela est impossible,**
**mais pas pour Dieu ; car tout est possible à Dieu. »**

**28 Pierre se mit à dire à Jésus :**
**« Voilà que nous avons tout quitté pour te suivre. »**

**29 Jésus déclara :**
**« Amen, je vous le dis :**
**personne n'aura quitté,**
**à cause de moi et de l'Évangile,**
**une maison, des frères, des sœurs,**
**une mère, un père, des enfants ou une terre,**
**30 sans qu'il reçoive, en ce temps déjà, le centuple :**
**maisons, frères, sœurs, mères, enfants et terres,**
**avec des persécutions**
**et, dans le monde à venir, la vie éternelle.**

**31 Beaucoup de premiers seront derniers,**
**et les derniers seront les premiers. »**

Le refus que Jésus vient d'essuyer de la part d'un homme riche (10,17-22) devient l'occasion d'un approfondissement avec ses disciples. Y a-t-il une compatibilité entre le Règne de Dieu et les richesses ?

À nouveau, le regard circulaire de Jésus (*cf.* 3,34-35) laisse présager de lui un enseignement important (v. 23*a*). Le voici : « Comme il sera difficile à ceux qui possèdent des richesses d'entrer dans le royaume de Dieu ! » (v. 23*b*). La réaction des amis de Jésus montre magnifiquement la résistance naturelle de leur esprit à l'accueil d'un tel message (v. 24*a*). Le Maître est obligé de renouveler avec insistance son avertissement (v. 24*b*). Et pour illustrer avec force cette difficulté, il use d'une image qui est devenue célèbre : « Il est plus facile à un chameau de passer par le trou d'une aiguille qu'à un riche d'entrer dans le royaume de Dieu » (v. 25). L'exagération est flagrante. Les Orientaux sont friands de telles hyperboles faites pour piquer l'attention. Et, pour l'époque, le chameau avec ses lourdes charges évoque parfaitement l'encombrement du riche par son opulence.

Jésus a l'art de faire rebondir la réflexion. C'est fort déconcertés que les disciples lui posent cette question : « Mais alors qui peut être sauvé ? » (v. 26). On connaît l'habitude qu'a Marc de souligner l'incompréhension des disciples devant l'enseignement déroutant de leur Maître. Cette fois, ils vont jusqu'à s'interroger pour savoir si quelqu'un — dans ces conditions — a encore des chances d'accéder au salut. « Jésus les regarde (une fois encore pour bien fixer dans leur tête sa pensée) et répond : ''Pour les hommes cela est impossible, mais pas pour Dieu ; car tout est possible à Dieu'' » (v. 27). Cette affirmation est catégorique. Le salut dépasse totalement les capacités humaines. C'est un don gratuit de Dieu : lui seul « peut » sauver les hommes.

Ce point de vue est sans doute plus déconcertant encore pour les disciples que ce qui précède. À preuve, la réaction de Pierre, le premier d'entre eux (v. 28). L'apôtre, au nom des Douze, s'inquiète de savoir si l'engagement total de la troupe à la suite de Jésus garde quelque prix à ses yeux. C'est un fait, on s'en souvient : Marc a mis en valeur comment les premiers disciples, lors de leur appel, avaient abandonné leur famille et leurs biens pour devenir ses disciples (1,16-20). Cette grande générosité serait-elle vaine ? Si les riches ne peuvent — avec leurs richesses — entrer dans le royaume de Dieu, ceux qui ont renoncé aux biens les plus légitimes, n'ont-ils pas quelque chance d'y pénétrer ? La réponse de Jésus est empreinte d'une grande solennité (v. 29-30). Il y a bien une récompense certaine — et non des moindres — pour tous ceux qui se sont attachés à Jésus en s'arrachant à des êtres chers et à des biens précieux. Là encore, le Maître use, à l'orientale, d'une hyperbole. Ils recevront « le centuple » : cent fois plus que ce qu'ils ont quitté.

Marc est très conscient que ces paroles doivent toucher le cœur des chrétiens de Rome, auxquels il écrit. Pour se convertir au Christ et à sa Bonne Nouvelle (« à cause de moi et de l'évangile »), certains ont connu des ruptures douloureuses avec leurs parents et l'abandon de leur patrimoine. L'évangéliste souligne qu'à l'exemple de Jésus, qui a lui-même opéré ces ruptures, ils ont déjà trouvé dans la communauté chrétienne une nouvelle famille, de nouveaux biens (*cf.* 3,31-35). Dès maintenant, il leur est donné de goûter quelque chose de la béatitude future : « la vie éternelle ». Marc n'ignore pas, cependant, que leur condition présente n'est pas sans ombres. Avec réalisme il a glissé « les persécutions » dans le lot des « récompenses » promises ! Il redit, avec des mots semblables, ce que Jésus a énoncé précédemment : « Celui qui perdra sa vie à cause de moi et de l'évangile, la sauvera » (8,35).

Ce passage s'achève par une parole d'allure proverbiale : « Beaucoup de premiers seront derniers et les derniers seront les premiers » (v. 31). Ces mots n'ont pas de lien direct avec tout ce qui vient d'être dit sur l'obstacle des richesses à l'entrée dans le royaume de Dieu. Il s'agit d'une parole « baladeuse » de Jésus. Les évangélistes ont perdu la mémoire de l'occasion précise dans laquelle le Maître l'a prononcée. Ils l'ont rattachée chacun à un contexte différent (*cf.* Mt 19,30 et 20,16). Peut-être visait-elle, au départ, le renversement de situation qui s'est opéré. Les « premiers » : les Juifs, les membres du peuple élu, n'ont pas répondu à l'appel de Jésus. Ils ont perdu le bénéfice de l'élection divine. Ce sont les « derniers » : les païens, qui ont pris leur place en entrant massivement dans l'Église. Mais chez Marc, ici, cette sentence isolée reçoit un sens différent, assez circonstancié. Les chrétiens persécutés sont mis au dernier rang de l'humanité ! Il leur est promis un total retournement de leur situation présente.

L'ensemble qu'on vient de parcourir (Mc 10,23-31) se lit à quelque chose près également en Matthieu (19,23-30) et en Luc (18,18-30). Cela prouve qu'il s'agit d'une catéchèse fort ancienne sur « les séductions de la richesse » (4,19) qui risquent d'étouffer la Parole dans le cœur des croyants. La pensée de Jésus est partie des biens matériels (v. 23-27) pour s'étendre aux liens familiaux eux-mêmes (v. 28-31). Elle répond sans doute aux questions que posait à la primitive Église son extension à des milieux aisés. La première communauté chrétienne a essayé de donner l'exemple par le partage des richesses entre tous, de sorte qu'il n'y ait plus de pauvres (*cf.* Ac 4,32-34).

De la lecture parallèle de l'évangile de Marc avec ceux de Matthieu et de Luc, il ressort que les principaux problèmes touchant « la vie de communauté » ont été regroupés chez chacun. C'est ainsi que, dans les trois évangiles synoptiques, se rencontrent, dans le même ordre, les avis de Jésus sur : — le mariage et le divorce (Mc 10,1-12) ; — les enfants et leurs pareils (Mc 10,13-16) ; — l'appel de l'homme riche (Mc 10,17-22) ; — le royaume de Dieu et les richesses (10,23-31).

Le cadre dans lequel ces sujets sont abordés s'y prête à merveille. C'est la montée de Jésus à Jérusalem pour y connaître le renoncement le plus dur : la mort. Entre la deuxième annonce de la Passion (9,30-31) et la troisième qui va retentir (10,32-34), le thème de « la route » a permis, tout naturellement, de traiter des conditions requises pour suivre le Christ et entrer dans le royaume : l'accueil et le dépouillement.

## LA TROISIÈME ANNONCE DE LA PASSION (10,32-34)

32 **Les disciples étaient en route avec Jésus pour monter à Jérusalem ;**
**Jésus les précédait ;**
**ils étaient effrayés,**
**et ceux qui suivaient étaient aussi dans la crainte.**
**Prenant de nouveau les Douze avec lui,**
**il se mit à leur dire ce qui allait lui arriver :**
33 **« Voici que nous montons à Jérusalem.**
**Le Fils de l'homme sera livré**
**aux chefs des prêtres et aux scribes,**
**ils le condamneront à mort, ils le livreront aux païens,**
34 **ils se moqueront de lui, ils cracheront sur lui,**
**ils le flagelleront et le tueront,**
**et trois jours après, il ressuscitera. »**

Marc rappelle opportunément, après l'enfilade des enseignements qu'on vient de lire (9,33 à 10,31), que Jésus est en marche avec ses amis vers Jérusalem : le cœur du peuple élu (v. 32*a*). Même si manquent les indications géographiques précises, l'on sait que le Messie approche des événements essentiels de sa destinée. Il a traversé la

Galilée du nord au sud (9,30). Depuis un moment déjà, il s'efforce de former ses disciples à ce qui l'attend.

Cette « montée à Jérusalem », Marc l'a ponctuée par trois annonces de la Passion. Le nombre « trois », symbolique, veut suggérer une répétition soutenue pendant tout le parcours. C'est maintenant la troisième, et dernière, annonce que Jésus fait à ses disciples de sa mort prochaine et de sa Résurrection. La première annonce, on s'en souvient (8,31-33), les a profondément désemparés. Pierre venait, en leur nom, de reconnaître en Jésus « le Messie ». La perspective d'un Messie souffrant et voué à la mort avait déchaîné chez Pierre une révolte violente (8,32). Les Juifs ne pouvaient concevoir l'Envoyé spécial de Dieu pour leur salut qu'à travers le prisme d'un héros triomphant. La seconde annonce de la Passion (9,32-33) s'est faite alors que Jésus cheminait à travers la Galilée. Il lui fallait, sans cesse, remettre l'esprit de ses amis au diapason de ses souffrances à venir. Le Fils de l'homme, disait-il, sera « livré aux mains des hommes » (9,31). Une fois encore, ce message fut fort mal accueilli, tant il est difficile de croire que l'Envoyé de Dieu doive connaître l'échec.

À présent, alors que la marche de Jésus est très avancée, l'atmosphère devient plus dramatique. Marc le met en relief. Il écrit : « Jésus les précédait », mettant résolument ses disciples sur la route qui conduit à sa mort (v. 32*b*). L'effroi de ses amis gagne aussi tous ceux qui se sont mis à la suite du Maître. Les chrétiens de Rome, à qui Marc écrit cela, peuvent se reconnaître en ceux-là. Mais parmi les gens qui le suivent, Jésus se doit d'informer et former plus particulièrement ceux qui seront leurs guides : « Prenant de nouveau les Douze avec lui, il se mit à leur dire ce qui allait lui arriver » (v. 32*c*). Cette ultime annonce est, de fait, plus précise que les deux précédentes. La responsabilité des autorités juives est nettement soulignée, telle qu'elle ressortira du procès de Jésus (v. 33-34). Le transfert du condamné à Pilate (le type même du païen), les tortures qui seront infligées à Jésus : tous ces détails ne pouvaient être connus d'avance par lui. Il ignorait de quelle mort il périrait. Marc a tiré ces précisions du récit de la Passion.

Il faut bien comprendre pourquoi. Les premiers chrétiens sont restés déroutés par le sort réservé à Jésus. Son procès, bâclé par les dignitaires juifs, la remise du condamné aux mains des païens, la tragédie de sa crucifixion : cela constituait pour eux « un scandale » intolérable (*cf.* 1 Co 1,23*a*). En mettant dans la bouche de Jésus l'annonce, jusqu'au moindre détail, du sort qu'il connaîtra, l'évangéliste voulait aider ses lecteurs à lever ce scandale. Le mystère du Fils de l'homme crucifié demeurera toujours, au cœur de la foi chrétienne, un élément difficile à accepter. L'horizon final d'une victoire sur la mort : « et trois jours après, il ressuscitera » (v. 34*b*), ne sera vraiment pris en compte qu'une fois la Résurrection de Jésus accomplie.

Marc réitère ici, comme tout au long de son évangile, la leçon magistrale que Jésus donnera aux pèlerins d'Emmaüs : « Ne fallait-il pas que le Christ endurât ces souffrances pour entrer dans sa gloire ? » (Lc 24,26). Il faudra à la primitive Église une réflexion profonde sur le dessein de Dieu « dans toutes les Écritures » pour intégrer dans sa foi le message d'un Messie « crucifié » (Lc 24,27).

## LA DEMANDE DES FILS DE ZÉBÉDÉE (10,35-45)

**35 Jacques et Jean, les fils de Zébédée,**
**s'approchent de Jésus et lui disent :**
**« Maître, nous voudrions que tu exauces notre demande. »**
**36 Il leur dit :**
**« Que voudriez-vous que je fasse pour vous ? »**
**37 Ils lui répondirent :**
**« Accorde-nous de siéger,**
**l'un à ta droite et l'autre à ta gauche, dans ta gloire. »**
**38 Jésus leur dit :**
**« Vous ne savez pas ce que vous demandez.**
**Pouvez-vous boire à la coupe que je vais boire,**
**recevoir le baptême dans lequel je vais être plongé ? »**
**39 Ils lui disaient :**
**« Nous le pouvons. »**
**Il répond :**
**« La coupe que je vais boire, vous y boirez ;**
**et le baptême dans lequel je vais être plongé, vous le recevrez.**
**40 Quant à siéger à ma droite ou à ma gauche,**
**il ne m'appartient pas de l'accorder,**
**il y a ceux pour qui ces places sont préparées. »**

**41 Les dix autres avaient entendu,**
**et ils s'indignaient contre Jacques et Jean.**
**42 Jésus les appelle et leur dit :**
**« Vous le savez :**
**ceux que l'on regarde comme chefs des nations païennes**
**commandent en maîtres ; les grands font sentir leur pouvoir.**
**43 Parmi vous, il ne doit pas en être ainsi.**
**Celui qui veut devenir grand sera votre serviteur.**
**44 Celui qui veut être le premier sera l'esclave de tous :**
**45 car le Fils de l'homme n'est pas venu pour être servi,**
**mais pour servir, et donner sa vie en rançon pour la multitude. »**

Marc utilise ici un schéma qui lui est habituel. Après chaque annonce de la Passion, il place une scène d'incompréhension des disciples, qui entraîne un enseignement de Jésus sur la façon dont ils doivent se comporter pour être fidèles à leur Maître.

Lorsque, pour la première fois, Jésus a parlé aux Douze de ses souffrances à venir, on a vu Pierre se rebiffer, et le Maître demander à ses amis de renoncer à eux-mêmes pour le suivre (8,31 à 9,1). Quand Jésus a réaffirmé une seconde fois sa « nécessité » d'aller au-devant de la mort, on a vu les disciples insensibles au message, et préoccupés de la préséance entre eux. Jésus leur a alors fermement demandé de se faire les « serviteurs de tous » (9,30-35).

Maintenant que Jésus vient, pour la troisième fois, de mettre devant les yeux de ses amis l'inexorable sort qui l'attend, ils n'ont pas davantage manifesté leur capacité d'accueil (10,32-34). Et voici que deux d'entre eux (v. 35*a*), par leur inconscience, vont provoquer le Maître à une nouvelle « mise au point » sur la conduite qui sied à ceux qui veulent le suivre. La demande de Jacques et Jean, ces « suiveurs » de Jésus dès la première heure, qui ont tout quitté pour lui (1,19-20), ne manque pourtant pas d'audace (v. 37). Ils voudraient s'assurer une situation d'avenir. Leur ambition ne vise pas seulement une place d'honneur à côté du Roi-Messie dans son royaume, mais un réel pouvoir de gouvernement. Quel rêve insensé ! L'ironie du sort fera que ce sont deux bandits qui siégeront à la droite et à la gauche de Jésus... en croix (15,27).

Le Maître dénonce aussitôt la vaine prétention de ses deux amis les plus proches. Il les remet en face de ce qui va se passer : sont-ils bien certains de partager avec lui le sanglant destin qui l'attend ? (v. 38). Il leur parle de sa mort avec des images fortes. La « coupe » à boire est le plus souvent, dans la Bible, le symbole de souffrances à subir (*cf.* Ps 75,9 ; Is 51,17-22 ; etc.) Et ne dit-on pas couramment d'épreuves à endurer : « boire la coupe jusqu'à la lie » ? Jésus lui-même, en son agonie, fera cette supplique à son Père : « Éloigne de moi cette coupe » (14,36). L'image du « baptême » semble *a priori* étrangère à la souffrance. Il n'en est rien. L'immersion totale de son corps dans l'eau, la tête comprise, fait passer le baptisé par un moment critique : il est plongé dans la mort. Dans sa Passion, Jésus va connaître un vrai « baptême ». Il sera submergé par les flots de la mort. Ses disciples sauraient-ils le suivre jusque-là ? Ils l'en assurent sans complexe (v. 39*a*). Mais Jacques et Jean font sans doute cette réponse sans réaliser vraiment ce qui les attend. Jésus, alors, leur confirme qu'ils auront bien un sort semblable au sien (v. 39*b*). De fait, l'apôtre Jacques connaîtra le martyre vers l'an 44 (Ac 12,1-2). De son côté, s'il est décédé de mort naturelle, l'apôtre Jean, selon la tradition, est passé par des épreuves redoutables.

De toute façon, Jésus récuse le pouvoir qu'on lui prête de procurer à ses disciples préférés de bonnes places dans sa gloire. Il est humainement conscient que ce pouvoir ne lui est pas échu. Il use donc de cette formule passive (« ces places sont préparées ») que les Juifs affectionnent pour désigner Dieu comme auteur, sans le nommer (v. 40*b*). Il est clair que le Messie ne dispose pas de droits qui ressortissent du seul pouvoir divin.

L'indignation des autres disciples n'est pas forcément exemplaire (v. 41). On ne sait ce qui la motive : l'outrancière audace de Jacques et de Jean, ou une secrète jalousie vis-à-vis d'eux ? Ce ne serait pas la première fois que Marc épingle la course aux honneurs qui alimente les discussions au sein du groupe apostolique (*cf.* 9,33-34). Quoi qu'il en soit, Jésus provoque la réunion des Douze pour leur administrer une leçon magistrale. Le Maître fait prendre conscience à ses amis (les futurs responsables de la communauté chrétienne) de la façon dont l'Empire romain et les sociétés civiles conçoivent l'autorité. C'est toujours une domination, le plus souvent totalitaire. Ces mœurs des régimes païens sont aux antipodes de ce que Jésus entrevoit pour le gouvernement de son Église (v. 42-43*a*). Et Jésus accentue le caractère tout à fait original de sa conception du pouvoir dans son Église. Le mot « serviteur » qu'il emploie (v. 43*b*) est relayé par celui d'« esclave ». Le Maître n'hésite pas à donner « l'esclave » en exemple dans le service d'autrui (v. 44). À l'époque, les esclaves étaient au dernier rang de la société. L'image se veut frappante. Les Douze rêvent de domination, de supériorité. Il leur faut renoncer à cette chimère, et accepter de « servir » dans la condition la plus humble qui soit.

C'est le moment choisi par Jésus pour justifier sa position en donnant pour modèle sa popre personne : il est venu « non pour être servi, mais pour servir », en allant jusqu'au don de sa vie « en rançon pour la multitude » (v. 45). Le Maître dévoile ici le sens dernier de son existence et de sa mission. Loin de se faire, comme il l'aurait pu, le chef autoritaire de ses disciples et du peuple de Dieu qu'il est venu rassembler, il s'est présenté comme l'humble serviteur de tous (*cf.* 9,35-37). Ce service ne s'arrêtera pas à quelques abaissements au bénéfice de ses seuls amis. Il ira jusqu'à donner sa vie pour le salut des hommes. Cela est exprimé avec les images du temps. Jésus donnera sa vie « en rançon », c'est-à-dire qu'il en versera le prix pour les péchés de l'humanité. Ce don de son existence, il le fera « pour la multitude », c'est-à-dire « pour tous les hommes » sans exception.

Ces expressions sont empruntées à la mystérieuse figure du « Serviteur souffrant » telle que l'esquissait le prophète Isaïe : « S'il fait de sa vie un sacrifice expiatoire (pour les péchés des hommes), il verra sa descendance (...). Parce qu'il a connu la souffrance (dit Dieu), le Juste, mon Serviteur, rendra justes les multitudes » (Is 53,10-11).

Marc, à l'unisson de la primitive Église, a puisé dans l'Écriture cette image du « Serviteur souffrant » pour expliquer un peu aux chrétiens le mystère du Christ qui a offert sa vie, en s'abaissant jusqu'à la mort sanglante sur la croix, pour sauver l'humanité. La communauté chrétienne — issue du sacrifice de Jésus — devrait toujours vérifier si son mode de fonctionnement est conforme à celui de son fondateur : le service et le don de soi jusqu'à l'extrême.

## L'AVEUGLE DE JÉRICHO (10,46-52)

**46 Jésus et ses disciples arrivent à Jéricho.**
**Et tandis que Jésus sortait de Jéricho**
**avec ses disciples et une foule nombreuse,**
**un mendiant aveugle, Bartimée, le fils de Timée,**
**était assis au bord de la route.**
**47 Apprenant que c'était Jésus de Nazareth,**
**il se mit à crier :**
**« Jésus, fils de David, aie pitié de moi ! »**
**48 Beaucoup de gens l'interpellaient vivement pour le faire taire,**
**mais il criait de plus belle :**
**« Fils de David, aie pitié de moi ! »**
**49 Jésus s'arrête et dit : « Appelez-le. »**
**On appelle donc l'aveugle, et on lui dit :**
**« Confiance, lève-toi ; il t'appelle. »**
**50 L'aveugle jeta son manteau, bondit et courut vers Jésus.**
**51 Jésus lui dit :**
**« Que veux-tu que je fasse pour toi ?**
**— Rabbouni, que je voie. »**
**52 Et Jésus lui dit :**
**« Va, ta foi t'a sauvé. »**
**Aussitôt l'homme se mit à voir, et il suivait Jésus sur la route.**

Ce petit récit de sept versets a une saveur et une densité particulières. Marc y a mis une grande vivacité de traits qui ne doivent pas dissimuler la profondeur de sa pensée.

La scène est située avec précision. Quand on vient de Transjordanie (où Jésus est allé : 10,1), Jéricho est la localité par laquelle on pénètre en Israël (v. 46*a*). C'est surtout pour Jésus une étape décisive dans sa marche vers Jérusalem (11,1). Notons-le bien : c'est la première fois que l'évangéliste montre Jésus, en marche vers Jérusalem, avec d'autres personnes que ses disciples, « une foule nombreuse ». Et voici que tout ce monde fait sur son chemin une rencontre capitale. Il s'agit d'un marginal caractérisé : l'un de ces nombreux aveugles de la Palestine du temps, réduits à la mendicité (v. 46*c*). Son aventure a frappé Marc au point qu'il est le seul des évangélistes à avoir retenu son nom (*cf.* Mt 20,29-34 et Lc 18,35-41). « Bartimée » est un nom araméen que Marc s'empresse de traduire à l'intention de ses lecteurs grecs : « le fils de Timée ». Il est bien campé dans son extrême marginalité : assis et « à côté » du chemin.

Mais cet homme figé dans la solitude de sa cécité n'en est pas moins un homme en recherche. Avec une spontanéité étonnante, il appelle le Maître qui passe (v. 47). Son cri est l'expression d'une grande détresse, mais surtout d'une incroyable confiance. Le paradoxe vient du fait que cet aveugle « voit » avec exactitude qui est Jésus de Nazareth. Il l'appelle : « Fils de David » ; c'est, dans la tradition biblique, l'appellation du Messie attendu par le peuple élu (voyez la promesse de Dieu faite à David : 2 S 7,1-17). Bartimée fait donc un acte de foi remarquable. À l'inverse, la foule qui accompagne Jésus a, vis-à-vis de ce pauvre, cet exclu, le mouvement de rejet qui caractérise bien la société de l'époque : elle veut faire taire cet importun. Il lui paraît inconvenant qu'un mendiant puisse importuner Jésus dans sa marche. On ne nous parle pas de l'attitude des disciples : participent-ils à cet acte d'exclusion ? Ils en sont capables. N'ont-ils pas rabroué les enfants — cette autre catégorie d'exclus — qui voulaient s'approcher de Jésus (10,13-16) ? Malgré cette vive hostilité de l'entourage du Maître, Bartimée ne désarme pas. On cherche à étouffer son cri, « mais il criait de plus belle : "Fils de David, aie pitié de moi !" » (v. 48*b*). Cette prière insistante, répétée, touche son but : « Jésus s'arrête et dit : "Appelez-le" » (v. 49*a*). Une fois encore, le Messie manifeste sa volonté de se laisser atteindre par ceux-là même que ses amis tiennent ostensiblement à écarter (*cf.* déjà 10,14). Et il demande qu'on appelle l'exclu pour le rencontrer. À ce moment, la foule (et les disciples ?) fait volte-face : elle invite l'aveugle à s'approcher de Jésus (v. 49*b*). Il y a, dans ces mots, comme une offre faite à l'homme de quitter sa posture de mort : « Lève-toi » veut dire aussi « ressuscite » dans le grec de l'évangile. L'effet de cet appel ne se fait pas attendre. Aussitôt « l'aveugle jeta son manteau, bondit et courut vers Jésus » (v. 50). Ces détails sont merveilleux. Tout se passe comme si Bartimée n'était plus aveugle ! En rejetant son manteau, il quitte « sa condition » d'exclu : le vêtement en effet, dans la Bible, symbolise la personnalité de celui qui le porte. Son manteau est l'unique bien que possède « le pauvre » (*cf.* Ex 22,25-26). En l'abandonnant, Bartimée réalise ce que Jésus n'avait pu obtenir de l'homme riche : il quitte tout pour se mettre à sa suite. Et de quelle manière ? « Il bondit. » Ce bond dans la nuit, qui est encore la sienne, est le bond de la foi. Il courut vers Jésus : cette course pour rejoindre le sauveur en dit long sur sa foi. D'un élan irrésistible, celui que la marginalité retenait captif enjambe le fossé qui le séparait de tous.

Une fois dans l'intimité du Maître, « Jésus lui dit : "Que veux-tu que je fasse pour toi ?" » (v. 51*a*). La question semble surérogatoire, tant les besoins de cet homme sont évidents. Mais Jésus respecte toujours la liberté humaine de ceux qui l'approchent. Il répond : « Rabbouni, que je voie » (v. 51*b*). Ces mots ont toute leur force. Lorsque les disciples juifs s'adressent à leur Maître, ils l'appellent simplement « Rabbi ». « Rabbouni » signifie « mon Maître », avec une note de vénération et de familiarité plus forte à l'adresse de Jésus. La demande « que je voie » est la moindre des choses de la part d'un aveugle. Mais l'homme exprime peut-être un besoin plus profond. Le récit le suggère. La parole du Maître s'inscrit à une profondeur insoupçonnable à l'aveugle et à l'assistance (v. 52*a*). « Va » est un envoi. Jésus délivre l'homme de ce qui le paralysait. Davantage, il qualifie de « foi » tout ce qui a mû Bartimée depuis ses cris répétés jusqu'à son élancement au-devant de sa personne, alors qu'il était encore un non-voyant. Et l'expression « t'a sauvé » signifie que le don accordé par Jésus au croyant va au-delà de la guérison physique : le salut de l'homme tout entier. Des paroles identiques s'étaient trouvées dans la bouche de Jésus envers la femme atteinte d'hémorragies (5,34), révélant bien le sens profond des miracles qu'il accomplit. La finale du récit est extraordinaire. Avec la soudaineté que Marc affectionne (voyez sa répétition constante de l'adverbe « aussitôt » 1,12.20 ; 2,12 ; 5,30 ; etc.), l'homme guéri de sa cécité emboîte le pas à Jésus. Il se met à « le suivre », formule bien connue qui désigne l'attitude du « disciple » (1,18 ; 2,14).

L'art narratif de Marc atteint ici sa perfection (v. 52*b*). Quel contraste entre la situation initiale de Bartimée (assis, à côté de la route, aveugle et mendiant) et sa situation finale (debout, en marche sur la route, voyant et porteur de la Bonne Nouvelle,...). À n'en pas douter, placé à cet endroit où Jésus chemine vers Jérusalem, entraînant ses amis et la foule vers « une lumière » plus grande sur sa personnalité et sa mission, ce récit est l'illustration de ce qui fait « le vrai disciple ». Il faut se laisser conduire par le Maître à « l'illumination de la foi ». Déjà la guérison d'un aveugle à Bethsaïde (8,22-26) engageait les disciples de Jésus à découvrir en lui le Messie (8,27-30). Maintenant Jésus invite les siens — et tous ceux qui veulent le suivre — à dessiller les yeux de leur cœur pour accueillir, dans la foi, la vision d'un Messie souffrant et triomphant.

Marc ne pouvait mieux situer ce récit qu'au moment où Jésus va entrer dans Jérusalem : saura-t-on le reconnaître pour ce qu'il est et ce qu'il fait ? Celui qui vient sauver les hommes poursuit un double but : les réhabiliter dans la société de leur temps et les intégrer à la communauté d'amour qu'il fonde.

LES MIRACLES DANS L'ÉVANGILE DE MARC

Dans l'évangile de Marc, les miracles de Jésus, au nombre élevé de *dix-sept*, tiennent une place d'autant plus importante que l'ouvrage est relativement court (16 chapitres seulement) et que l'enseignement de Jésus est rarement explicité (surtout au début, voyez 1,14 à 8,30).

On peut classer ces « actes de puissance » (comme les appelle Marc) en diverses « *catégories* » qui relèvent plus de notre mentalité moderne que de la pensée orientale et antique :

— il y a de simples *guérisons* : la belle-mère de Pierre (1,29-31) ; un lépreux (1,40-45) ; la femme atteinte d'hémorragies (5,25-34) ; un sourd-bègue (7,31-37) ; deux aveugles (à Bethsaïde : 8,22-26 ; à Jéricho : 10,46-52) ; deux paralysés (à Capharnaüm : 2,1-12 ; dans une synagogue : 3,1-6) ;

— des *exorcismes* : le possédé de Capharnaüm (1,21-28) ; celui de Gérasa (5,1-20) ; la fille d'une Syro-phénicienne (7,24-30) ; l'enfant épileptique et muet (9,17-29) ;

— un « *Rappel à la vie* » : la fille de Jaïre (5,21-24 et 35-43) ;

— des *actions de puissance « sur la nature »* : la tempête apaisée (4,35-41) ; la marche sur les eaux (6,45-51) ; les deux multiplications des pains (6,30-44 ; 8,1-10).

Cette abondance de faits « miraculeux » désoriente souvent le lecteur moderne. Pour nombre de nos contemporains, les miracles sont davantage un obstacle à la foi qu'une invitation à croire. Il est certain cependant que Jésus a été un guérisseur et un exorciste. Cela n'avait rien d'exceptionnel dans le monde juif et païen de son temps. La littérature de l'ancien Orient et du monde hellénistique de l'époque contient de nombreux récits de miracles opérés par des hommes charismatiques ou des magiciens.

Mais les miracles de Jésus tranchent sur ceux des guérisseurs contemporains. Ils sont liés à la Bonne Nouvelle dont le Messie est porteur. Ce sont en effet « les signes » que le Messie est là (*cf.* Mt 11,2-6), que le Règne de Dieu advient. Le message de Jésus donne toute leur signification à ses guérisons et ses exorcismes. Au-delà du soulagement de maux physiques et psychiques, ils sont la marque d'une « libération » religieuse et sociale. Jésus vient d'abord rétablir les malades dans la communion avec Dieu. Il les réinsère ainsi dans la communauté de foi avec les bien-portants. En même temps, il réhabilite ces « exclus » en les réintégrant dans la société de leur temps. Deux beaux exemples de cette double libération sont donnés avec « la guérison d'un lépreux » (1,40-45) et « le paralytique pardonné et guéri » (2,1-12).

Par ailleurs, les miracles de Jésus, en Marc, sont à lire dans la trame continue de l'évangile. À chaque étape de la révélation du Messie, ils viennent étayer la découverte de sa véritable personnalité et de sa vraie mission.

Dans la première étape (1,14 à 3,12) où Jésus fait comprendre qu'il vient inaugurer l'ère du salut, les guérisons de la belle-mère de Pierre (1,29-31), d'un lépreux (1,40-45), d'un paralytique (2,1-12), d'un homme à la main paralysée (3,1-6) attestent qu'il est bien le Médecin des corps et des âmes.

Dans la deuxième étape (3,13 à 6,6), Jésus entraîne ses disciples à porter l'évangile « au loin » chez les païens. Marc a groupé ici quatre actions de puissance qui assurent la jeune Église que son Seigneur ressuscité est bien, partout dans le monde, le maître incontesté des forces du Mal et de la Mort. C'est le sens que prennent les récits de la tempête apaisée (4,35-41), de la guérison du possédé de Gérasa (5,1-20), du rappel à la vie de la fille de Jaïre et de la guérison d'une femme atteinte d'hémorragies (5,21-43). En lisant ces témoignages, les chrétiens ne doivent pas craindre de porter la mission au cœur du monde païen.

Dans la troisième étape (6,7 à 8,26), Jésus se révèle comme un nouveau Moïse. Il est capable de rassembler et de nourrir le nouveau peuple de Dieu, par sa parole et le don de sa personne. C'est le sens de la première multiplication des pains (6,30-44). Mais il ne s'en tient pas là : il vient ouvrir la table du Royaume de Dieu aux étrangers, les non-juifs qui en étaient écartés. C'est la signification de l'exorcisme de la fille d'une Syro-phénicienne (7,24-30) et de la deuxième multiplication des pains (8,1-9). La difficulté pour les disciples d'envisager en Jésus un Messie universaliste est illustrée par deux miracles, à portée hautement symbolique : la guérison d'un sourd-bègue (7,31-37) et la guérison de l'aveugle de Bethsaïde (8,22-26). Ceux qui veulent suivre Jésus doivent sortir de leur surdité et de leur aveuglement sur la profondeur de son être et de sa mission.

La quatrième étape de la mission de Jésus (8,27 à 10,52) est celle de la formation accélérée des disciples à l'annonce de sa Passion prochaine. Les disciples ne doivent pas craindre la perspective nouvelle de la mort de leur Maître. À bon escient, Marc situe là la guérison de l'enfant épileptique (9,14-29). Jésus s'y révèle le souverain Maître des forces du Mal et de la Mort. Il démontre sa capacité de « ressusciter » l'homme voué à mourir. Les amis de Jésus doivent se laisser dessiller les yeux à l'exemple de l'aveugle de Jéricho (10,46-52). Ils peuvent se mettre à la suite de Jésus, dans une foi lumineuse, faire route avec celui qui, au-delà de la Passion, triomphe de la mort par sa Résurrection.

La cinquième étape de Jésus (11,1 à 13,37) est tout entière centrée sur l'entrée de Jésus à Jérusalem et son enseignement magistral dans le Temple. Il n'y a là aucun miracle de Jésus. L'épisode « du figuier desséché » (11,12-14 et 20-25) doit être lu comme un geste symbolique. La parabole (historicisée) veut montrer que ni la loi ni le temple juif ne sont capables de satisfaire la faim de Dieu (11, 12). Jésus seul apporte avec lui la nourriture salutaire.

La sixième et dernière étape (14,1 à 16,8) est le récit continu de la Passion et de la Résurrection. Durant ces événements, Jésus ne produit aucun signe de sa puissance divine. Jusqu'au bout, il rejette la tentation de faire « le prodige » qui le sauverait de la mort : descendre de la croix (15,29-32). Ce prodige serait la négation même de son humanité.

On le voit : les miracles dans l'évangile de Marc ne sont jamais des « preuves » de la divinité de Jésus, mais seulement des signes pour aider à croire. Relus par l'évangéliste et sa communauté à la lumière de Pâques et des Écritures, ils ne sont que des appels à la foi en Jésus, sauveur des maux suprêmes, la Mort en particulier. Ces signes sont toujours actuels pour stimuler l'action missionnaire et sacramentelle de l'Église (*cf.* 16,15-20). On comprendra qu'ils demeurent pour les incroyants une « question »...

CINQUIÈME ÉTAPE

## *À JÉRUSALEM, L'AFFRONTEMENT DE JÉSUS AUX AUTORITÉS RELIGIEUSES* (11,1 à 13,37)

Cette étape est décisive. Jésus entre à Jérusalem. Il y prend position par rapport à la plus grande institution religieuse : le Temple. Il enseigne souverainement en ce lieu. Il en annonce la ruine et le dépassement.

La *première séquence* (11,1-25) débute donc par :
— *l'entrée du Messie à Jérusalem* (11,1-11).
Cette entrée suscite un mouvement populaire, aux accents très nationalistes. Jésus va s'empresser d'en dissiper l'ambiguïté en faisant un coup d'éclat dans le Temple :
— *les vendeurs chassés du Temple* (11,15-19) manifeste que Jésus vient instaurer un culte nouveau. L'ampleur de l'événement est soulignée chez Marc par le signe qui l'encadre :
— *le figuier stérile* (11,12-14) ;
— *autour du figuier desséché* (11,20-25).

Une *seconde séquence* (11,27 à 12,44) s'enchaîne avec la première. « L'affaire » du Temple mobilise les autorités juives contre le prophète galiléen. C'est la riposte attendue :
— *l'autorité de Jésus en question* (11,27-33).
Le drame qui est en train de se nouer trouve son expression la plus profonde dans une parabole célèbre :
— *les vignerons homicides* (12,1-12).
Puis l'essentiel de cette séquence montre Jésus enseignant avec une souveraine maîtrise dans le Temple. Il y affronte les autorités du monde juif sur des sujets de foi ou de pratique :
— *l'impôt dû à César* (12,13-17) ;
— *les sadducéens et la résurrection* (12,18-27) ;
— *le plus grand commandement* (12,28-34) ;
— *le Messie et les scribes* (12,35-40).
L'enseignement magistral de Jésus dans le Temple s'achève par un épisode qui donne à penser :
— *l'obole de la veuve* (12,41-44).

La *troisième séquence* de cette étape est un vaste discours connu pour sa difficulté :

— *le discours sur la ruine du Temple et la venue glorieuse du Fils de l'Homme* (13,1-37).

Jésus y répond à une question de ses disciples. Dans le langage codé des « apocalypses » (ces écrits juifs pour temps de crise), il annonce la ruine du Temple. Et — à travers les bouleversements du monde qu'elle signifie — il élève le regard de ses amis vers l'Espérance qui doit les faire vivre : la victoire décisive du Messie sur les forces du Mal et de la Mort.

Ce discours anticipe immédiatement le récit continu de la Passion et de la Résurrection de Jésus (14,1 à 16,8).

## L'ENTRÉE DU MESSIE À JÉRUSALEM (11,1-11)

**1 Jésus et ses disciples approchent de Jérusalem,**
**de Bethphagé et de Béthanie,**
**près du mont des Oliviers.**
**Jésus envoie deux de ses disciples :**
**2 « Allez au village qui est en face de vous.**
**Dès l'entrée, vous y trouverez un petit âne attaché,**
**que personne n'a encore monté. Détachez-le et amenez-le.**
**3 Si l'on vous demande :**
**"Que faites-vous là ?"**
**répondez :**
**"Le Seigneur en a besoin : il vous le renverra aussitôt." »**
**4 Ils partent,**
**trouvent un petit âne attaché près d'une porte,**
**dehors, dans la rue, et ils le détachent.**
**5 Des gens qui se trouvaient là leur demandaient :**
**« Qu'avez-vous à détacher cet ânon ? »**
**6 Ils répondirent ce que Jésus leur avait dit,**
**et on les laissa faire.**
**7 Ils amènent le petit âne à Jésus,**
**le couvrent de leurs manteaux, et Jésus s'assoit dessus.**
**8 Alors, beaucoup de gens étendirent sur le chemin leurs manteaux,**
**d'autres, des feuillages coupés dans la campagne.**
**9 Ceux qui marchaient devant et ceux qui suivaient, criaient :**
**« *Hosanna ! Béni soit celui qui vient au nom du Seigneur !***
**10 Béni le Règne qui vient, celui de notre Père David.**
**Hosanna au plus haut des cieux ! »**

11 **Jésus entra à Jérusalem, dans le Temple.**
**Il inspecta du regard toutes choses**
**et, comme c'était déjà le soir,**
**il sortit avec les Douze pour aller à Béthanie.**

Au terme de sa longue marche, Jésus arrive à Jérusalem avec ses disciples. Le moment est d'importance. Marc — comme les trois autres évangélistes (Mt 21,1-10 ; Lc 19,28-40 et Jn 12,12-19) — nous raconte l'événement avec une mise en scène non feinte. Son récit est truffé de réminiscences bibliques. C'est dire que les premiers chrétiens ont aimé méditer la visite de Jésus à sa capitale comme l'anticipation radieuse de la venue du Seigneur ressuscité dans sa gloire.

Le cadre de cet épisode est déjà très évocateur en lui-même. Venant de Jéricho, Jésus approche de la Ville sainte par l'est. Il traverse les villages de Bethphagé et de Béthanie en descendant le mont des Oliviers (v. 1*a*). À l'époque de Jésus, une tradition juive fort ancienne voyait Dieu lui-même — et son Messie — emprunter cet itinéraire, pour effectuer le jugement de la fin des temps : « En ce jour-là, ses pieds se poseront sur le mont des Oliviers qui est en face de Jérusalem, vers l'orient » (Za 14,4). Cet arrière-fond prophétique donne sa tonalité particulière à l'événement qui va se jouer immédiatement après la scène présente : la purification du Temple (11,15-18).

Pour l'heure, l'entrée du Messie dans sa ville revêt une grande solennité. Jésus n'y laisse rien à l'improvisation. Il envoie au-devant de lui deux de ses disciples avec l'ordre de lui réquisitionner une monture (v. 1*b*-6). Ce type de récit trouvera son parallèle dans les préparatifs de la dernière cène (14,12-16). Dans les deux cas, la volonté de Jésus de tout ordonner selon son intention propre, et la parfaite exécution de ses consignes, soulignent le caractère divin de l'événement. Il relève d'une initiative supérieure qui ne laisse aucune place à l'improvisation.

L'ordre donné par Jésus de lui ramener « un petit âne attaché, que personne n'a encore monté » (v. 2) mérite attention. La bête requise doit être vierge de tout usage profane. Ce sera un animal sacré. En Israël, l'âne est un animal domestique familier des travaux de l'homme. Et dans la Bible, c'est la monture traditionnelle des rois (1 R 32-35). En la circonstance présente, par le choix d'un âne, Jésus réalise l'une des prophéties messianiques les plus connues : « Crie de joie, fille de Jérusalem ! Voici ton roi qui vient à toi : il est juste et victorieux, humble, monté sur un ânon tout jeune. Il supprimera d'Ephraïm le char de guerre et de Jérusalem le char de combat. Il brisera l'arc de guerre et il proclamera la paix pour les nations » (Za 9,9-10).

Le paradoxe est éclatant. Jésus entend se présenter comme le Messie d'Israël. Il est humble et porteur de paix. Sa modeste monture s'oppose manifestement à l'attirail des rois guerriers : les chevaux de prestige et les chars de combat. L'équipage discret du Maître n'enlève rien aux honneurs qu'on va lui prodiguer. Il est « le Seigneur » (v. 3). Sous la plume de Marc, ce titre ne peut être ici qu'un lapsus révélateur. L'évangéliste ne l'a employé que très rarement pour la vie terrestre de Jésus (7,28 et 12,36-37). Il évoque surtout celui que les chrétiens adoreront au-delà de sa mort, dans le triomphe de sa Résurrection : comme Dieu même, leur Souverain.

Ce qui se passe dans les versets 7 à 10 évoque le rituel des intronisations royales. Les disciples amènent l'ânon, lui font un harnais de leurs vêtements. Jésus s'assoit dessus (v. 7). Ces gestes mettent en relief la dignité royale du Maître. Et l'enthousiasme gagne la foule (v. 8). Elle déroule sous les pas de Jésus le tapis d'honneur des jours de sacre (voyez Jéhu en 2 R 9,12*b*-13). L'usage de feuillages coupés est emprunté à la fête des Tentes. À l'époque de Jésus, on y célébrait, en grande liesse, la royauté universelle de Yahvé. L'attente du Messie y était ravivée par une procession où l'on louait Dieu en agitant des branches d'arbres feuillus et des palmes (*cf.* Lv 23,39-40).

Jésus se trouve être le héros d'une semblable liturgie. Des louanges l'accueillent lorsque le cortège en fête s'avance en ville (v. 9). Les acclamations qu'on lui fait ont un fort accent liturgique. Elles sont tirées du psaume 118 qui était justement chanté durant la fête des Tentes. « Hosanna ! » est un terme hébreu qui veut dire : « Sauve-nous donc ! » Avec le temps, cet appel à l'aide était devenu un simple cri de louange, un « bravo ! ». Jésus est acclamé comme le Messie. Il est « celui qui vient » (Ps 118,26). Et Marc traduit bien l'ambiance messianique du moment lorsqu'il ajoute la formule : « Béni [soit] le Règne qui vient, celui de notre père David » (v. 10*a*). La foule reconnaît en Jésus le Fils de David, celui qui accomplit les promesses jadis faites au roi de Juda (2 S 7,12-16). Le dernier cri des gens peut nous surprendre. Il équivaut à un retentissant « Vive Dieu ! » (v. 10*b*).

En finale, l'évangéliste a bien noté où conduisait cette marche triomphante : « Jésus entra à Jérusalem, dans le Temple » (v. 11*a*). Le Roi-Messie achève sa course dans ce qui est le cœur de la Ville sainte : le lieu du culte rendu à Dieu. Toute la route de Jésus, sa montée à Jérusalem, trouve là son accomplissement. C'est autour et dans le lieu sacré d'Israël que vont se dérouler les rencontres et les débats qui suivent (11,12 à 12,44). On ne s'étonnera pas des mots par lesquels Marc clôt son récit. Parvenu dans le temple, Jésus « inspecta du regard toutes choses » (v. 11*b*). Il s'agit bien du Maître qui manifeste sa présence souveraine par l'un de ces regards scrutateurs, dont l'évangéliste connaît le secret (10,21).

Mais dans ce regard de Jésus perce une grande inquiétude. La fête est bien finie. Un drame se prépare, qui va bientôt éclater. L'action est seulement remise au lendemain à cause de l'heure avancée. Jésus se retire avec les Douze à Béthanie (v. 11*b*). Ce repli stratégique est significatif. Béthanie, en hébreu, veut dire « maison du pauvre ». Par sa solennité exceptionnelle, l'entrée de Jésus à Jérusalem pouvait faire oublier que le Fils de l'homme vient pour y subir sa Passion (10,32-34).

On a souvent dit que le triomphe de Jésus à Jérusalem fut sans lendemain. Tout porte à croire que le présent récit n'a reçu sa forte coloration festive qu'après la Résurrection de Jésus. La première communauté a aimé relire, à la lumière des Écritures, un événement à l'origine, sans doute, plus modeste. Saint Jean s'en est fait l'écho lorsqu'il déclare : « Les disciples ne comprirent pas cela tout d'abord ; mais quand Jésus eut été glorifié, ils se souvinrent que cela avait été écrit de lui... » (Jn 12,16). Concluons que Jésus, en cette occasion unique, a connu un accueil populaire chaleureux mais ambigu. La suite des événements va bien le montrer.

## LE FIGUIER STÉRILE (11,12-14)

**12 Le lendemain, quand ils quittèrent Béthanie, il eut faim.**
**13 Voyant de loin un figuier qui avait des feuilles,**
**il alla voir s'il y trouverait quelque chose ;**
**mais, en s'approchant, il ne trouva que des feuilles,**
**car ce n'était pas la saison des figues.**
**14 Alors il dit au figuier :**
**« Que jamais plus personne ne mange de tes fruits ! »**
**Et ses disciples écoutaient.**

L'histoire qui commence ici est à première vue bizarre et même choquante. Jésus y vit une espèce de rêve insensé. Au sortir de Béthanie, avec ses disciples, Jésus a faim. La vue d'un figuier feuillu aiguise son appétit. Il s'en approche (v. 12-13*a*). Mais son désir est frustré. Il n'y a pas un fruit car — l'explication de Marc est savoureuse — « ce n'était pas la saison des figues » (v. 13*b*). On le voit, la faim de Jésus est bien mal venue ! On a, cependant, quelques difficultés à voir le Maître maudire furieusement cet arbre jugé, par lui, stérile (v. 14).

Le lecteur est embarrassé. Il découvre un Jésus qui ne ressemble guère à celui qu'il a fréquenté jusque-là. C'est une espèce de magicien dément : quelqu'un qui joue avec les lois de la nature ! Cela ressemble fort au Jésus capricieux et farceur des évangiles « apocryphes » (ces ouvrages dont les auteurs sont inconnus, et à ce titre suspects) qui ont alimenté l'imagination populaire, friande de prodiges insensés.

Mais Marc est un conteur subtil. Chez lui ce geste de Jésus, dénué de raison apparente, prend une singulière signification. On se souvient de ce qui précède immédiatement notre récit. La veille, Jésus pressé par l'heure tardive, a percé d'un regard courroucé ce qui se passait dans le Temple (11,11). Il a découvert que le lieu saint ne portait pas les fruits qu'on pouvait en attendre. Bientôt, par un coup d'éclat, il va mettre cette réalité au jour (11,15-18).

Son étrange démarche du moment trouve son sens dans cette conjoncture. Jésus a faim, dit Marc. De quelle faim s'agit-il ? Dans la Bible, le figuier, comme la vigne, est le symbole d'Israël. Dieu a choisi ce peuple pour le salut du monde. Mais voici que, depuis des siècles, Israël répond par l'infidélité à ce qu'attend le Dieu de l'alliance (voyez un exemple éclairant : Isaïe 5,1-7). Jésus vient manifester que la faim de Dieu se trouve frustrée. Comme le faisaient les prophètes, il veut dénoncer la stérilité du Peuple de Dieu. Sa malédiction du figuier stérile est une parole gestuée symbolique : elle annonce le jugement divin sur le temple au culte improductif. C'est un geste prophétique à l'égal de ceux que posaient les prophètes de l'Ancien Testament envers Jérusalem (*cf.* Jr 19,1-15). Ainsi s'éclaire parfaitement le comportement d'allure démente de Jésus. Il ne fait que donner un signal d'alerte avant son intervention musclée dans le Temple pour en chasser les vendeurs (*cf.* ce qui suit : 11,15-18).

Marc, pour l'instant, se contente de souligner que « ses disciples écoutaient » (v. 14*b*). C'est pour eux qu'il vient de faire ce signe. Sans doute n'en comprennent-ils pas encore le sens. Dans la tradition évangélique, le récit du figuier stérile a connu une fortune diverse qui montre l'embarras des auteurs devant l'attitude de Jésus. Seul Marc a bien mis en valeur cet épisode en en faisant le cadre même de la scène de l'expulsion des vendeurs du Temple. Matthieu ne l'a placé qu'après ce vigoureux coup de force (Mt 21,18-22). Luc n'a pas hésité à n'en faire qu'une « parabole » sur la patience de Dieu, en dehors du présent contexte historique (Lc 13,6-9).

Rappelons-nous que les évangélistes n'ont pas cherché à faire un compte rendu exact de ce qui s'est passé. Leur but était de reprendre l'enseignement de Jésus pour répondre aux besoins des communautés chrétiennes auxquelles ils écrivent. Nous en avons ici un bon exemple.

## LES VENDEURS CHASSÉS DU TEMPLE (11,15-19)

**15 Ils arrivent à Jérusalem.**
**Alors Jésus entra dans le Temple**
**et se mit à expulser**

**ceux qui vendaient et ceux qui achetaient dans le Temple.**
**Il renversa les comptoirs des changeurs**
**et les sièges des marchands de colombes,**
16 **et il ne laissait personne traverser le Temple**
**en portant quoi que ce soit.**
17 **Il enseignait, et il déclarait aux gens :**
**« L'Écriture ne dit-elle pas :**
***Ma maison s'appellera***
***maison de prière pour toutes les nations ?***
**Or vous, vous en avez fait une *caverne de bandits.* »**
18 **Les chefs des prêtres et les scribes apprirent la chose,**
**et ils cherchaient comment le faire mourir.**
**En effet, ils avaient peur de lui,**
**car toute la foule était frappée par son enseignement.**
19 **Et quand le soir tombait,**
**Jésus et ses disciples s'en allaient hors de la ville.**

Ce très court récit est d'une importance capitale dans l'histoire de Jésus. Il mérite la plus grande attention. Trois parties le composent : l'action de Jésus (v. 15 et 16), le commentaire qui en est fait (v. 17), les réactions qui s'ensuivent (v. 18-19).

*L'action de Jésus.* Le Maître est en route vers la Ville sainte avec ses disciples. Ces derniers viennent de l'entendre maudire le figuier stérile (11,14). « Ils arrivent à Jérusalem. Alors Jésus entra dans le Temple » (v. 15*a*). La veille déjà, il avait pénétré dans le Lieu saint. D'un regard courroucé, il avait inspecté toutes choses, mais différé son action (11,11). Maintenant il prend possession du Temple. C'est un ensemble de constructions dont le cœur était le sanctuaire proprement dit, inaccessible au commun des mortels (sauf le grand prêtre une fois l'an). Autour des bâtiments s'étendent les parvis sur une esplanade rectangulaire très vaste. L'accès en est rigidement réparti, par zones concentriques, entre les catégories socio-religieuses de l'époque. Les prêtres se tiennent à l'endroit le plus proche du sanctuaire. Au-delà, en s'écartant, on trouve les juifs : d'abord les hommes, puis les femmes, séparés les uns des autres. Enfin, tout à l'extérieur, sont parqués les païens, jugés impurs.

Jésus n'a peut-être pas dépassé cette zone du parvis des païens. C'est là que les commerçants font négoce, essentiellement les vendeurs d'animaux pour les sacrifices et aussi les agents de change. Pour acheter les bêtes, il faut, en effet, changer la monnaie romaine, tenue pour impure, en argent juif. Jésus, dans un geste de colère assez rare, chasse la foule qui s'y presse, acheteurs comme vendeurs, et il renverse l'étal de ces derniers (v. 15*b*). On devine le scandale causé par ce chambardement ! Même s'il ne les a pas physiquement bousculés,

Jésus a « expulsé » les marchands du Temple, ainsi que leurs clients. Pour comprendre le sens de cet acte, il faut bien en prendre la mesure. Il ne s'agit pas d'écarter un commerce envahissant comme celui qu'on trouve dans les lieux de pèlerinage aux abords des sanctuaires. Jésus s'en prend à ce qui fait le fonctionnement même du Temple. La vente et l'achat de bêtes, en monnaie juive (pure), sont des activités indispensables à la marche de la liturgie, les sacrifices d'animaux. On a voulu voir dans le geste de Jésus un simple mouvement de purification du Temple profané par tout un trafic financier. En réalité, le Messie fait un acte prophétique : il annonce l'abolition du culte juif. Il inaugure l'ère nouvelle de la fin des temps où, selon les prophètes, « il n'y aura plus de marchands dans la Maison du Seigneur, le Tout-Puissant, en ce jour-là » (Za 14,21).

*Le commentaire de l'action de Jésus.* Le comportement du Maître est immédiatement expliqué par lui-même à tous ceux qui veulent l'entendre (v. 17). Comme en d'autres circonstances particulièrement graves (10,6-9), il en appelle à « l'Écriture » par-dessus la pratique actuelle. Par là, il entend rappeler la volonté de Dieu. En premier, il cite un passage du prophète Isaïe (56,1-8) : Dieu veut que sa Maison de prière soit largement ouverte. Elle doit être accessible, même aux étrangers, à « tous les peuples » de la Terre. Marc insiste moins sur la nécessité de la prière que sur sa dimension universelle. Car, au temps de Jésus, les païens sont bel et bien exclus de l'approche de Dieu. Cette exclusion est même matériellement signifiée dans l'enceinte du Temple. Les non-juifs sont tenus à distance par une barrière infranchissable. On a retrouvé en 1935, à Jérusalem, l'inscription en grec et en latin qui figurait sur cette barrière : « Que nul étranger ne pénètre à l'intérieur du périmètre qui entoure le sanctuaire. Celui qui serait pris s'imputera à lui-même que mort s'ensuive. » Jésus s'insurge contre cette discrimination religieuse.

En finale, son enseignement évoque un autre texte prophétique. Dans le livre de Jérémie, Dieu fait une critique amère de ces fidèles qui, chaque jour, bafouent la loi divine dans leur vie et se croient en sécurité, par la seule pratique du culte, dans le Temple : « À vos yeux est-ce un repaire de brigands, ce Temple qui porte mon Nom ? Moi, en tout cas, je vois clair ! Oracle du Seigneur » (Jr 7,1-11). Jésus reprend à son compte cette véhémente accusation. Ses frères de religion se conduisent comme des bandits : ils commettent une foule de forfaits et pensent trouver la paix en se réfugiant dans le culte au Temple comme en une cache protectrice.

Le Maître ne vient pas simplement dénoncer les abus qui défigurent le vrai culte de Dieu. Sa fracassante intervention , en acte et en parole, engage plus qu'une simple réforme. Elle insinue l'idée d'une abolition des sacrifices. En ce sens, on peut lire un détail surprenant de la scène :

« Et il ne laissait personne traverser le Temple en portant quoi que ce soit » (v. 16). On a pensé que Jésus ne faisait qu'interdire au public de circuler dans l'enceinte sacrée comme en un lieu profane. Le texte est plus subtil que cela. En réalité, Jésus s'oppose au transport de tout « objet » de culte : il veut mettre fin à la liturgie juive du Temple.

*Les réactions*. Cette volonté de Jésus d'arrêter le mécanisme des sacrifices rituels est la seule qui puisse rendre compte de l'émotion provoquée. Une fois connue en haut lieu, l'affaire déclenche la recherche d'une punition adéquate : la mort du fauteur de troubles (v. 18*a*). Certes Jésus n'a pas prétendu détruire le Temple, mais ses adversaires ne se trompent pas sur le caractère subversif de son action. Le Galiléen renverse l'ordre établi : il doit mourir. Pour la première fois, Marc indique que les chefs des prêtres s'associent aux scribes. Ils sont le personnel qualifié pour tout ce qui regarde le culte. On a une reprise du complot esquissé en 3, 6 par les pharisiens et les hérodiens. Et l'évangéliste souligne la crainte de Jésus qui habite les responsables religieux du peuple (v. 18*b*). Elle grandit au fur et à mesure que croît l'influence du Maître sur ses auditoires.

Un cap est franchi sans retour. Désormais la mort se profile à l'horizon du prophète qui attente aux valeurs reçues. Et lui, avec sa troupe de suiveurs, doit se cacher hors de la Ville (v. 19). C'est là une sage mesure de prudence, pour quelqu'un qui se sent traqué. La résidence à Béthanie (11,11) est plus sûre qu'à Jérusalem même.

### AUTOUR DU FIGUIER DESSÉCHÉ (11,20-25)

**20 Le lendemain matin, en passant,**
**ils virent le figuier qui était desséché jusqu'aux racines.**
**21 Pierre, se rappelant ce qui s'était passé, dit à Jésus :**
**« Rabbi, regarde :**
**le figuier que tu as maudit est desséché. »**
**22 Alors Jésus leur déclare :**
**« Ayez foi en Dieu.**
**23 Amen, je vous le dis :**
**Tout homme qui dira à cette montagne :**
**"Enlève-toi de là,**
**et va te jeter dans la mer",**
**s'il ne doute pas dans son cœur,**
**mais croit que ce qu'il dit va arriver,**
**cela lui sera accordé !**
**24 C'est pourquoi, je vous le dis :**
**tout ce que vous demandez dans la prière,**
**croyez que vous l'avez déjà reçu, cela vous sera accordé.**

25 **Et quand vous êtes là, en train de prier,**
**si vous avez quelque chose contre quelqu'un,**
**pardonnez-lui,**
**pour que votre Père qui est aux cieux**
**vous pardonne aussi vos fautes. »**

Après l'épisode des vendeurs chassés du Temple, reprend le récit interrompu du figuier maudit (en 11,14). On se souvient que les Douze écoutaient Jésus quand il a proféré sa malédiction de l'arbre jugé stérile (v. 14*b*). En repassant sur les lieux, on conçoit bien leur étonnement dont Pierre se fait le porte-parole dans sa question au Maître (v. 21). L'histoire devient ici si invraisemblable qu'elle pose question aux historiens. On pourrait penser, avec certains d'entre eux, qu'à l'origine il y avait une parabole de Jésus (*cf.* Luc 13,6-9). La tradition, chez Marc, l'aurait historicisée. On n'a pas là-dessus de certitude. Mais ce qui est clair, c'est la signification symbolique de ce figuier. Devenu tout sec, jusqu'aux racines, il est la figure expressive du Temple mort, dont le Messie n'attend plus rien. L'occasion était belle pour Marc de présenter Jésus en train de tirer, pour ses disciples, la leçon de « l'affaire » du Temple. Le discours que tient le Maître n'a pas de logique bien apparente. Il pourrait s'agir de paroles que Jésus a prononcées dans un contexte par la suite oublié. Ces paroles devenues « baladeuses », Marc les a ici regroupées grâce au système des mots crochets qui leur sont communs. Ces mots sont « Foi - croire » (v. 22-24) et « prière - prier » (v. 24-25).

Le premier thème à lire est celui de la foi. La parole du verset 23 est célèbre. Elle est passée dans le proverbe : « avoir une foi à transporter les montagnes ». C'est une hyperbole très orientale. Elle exprime surtout la puissance de Dieu. Ce dernier se moque bien de l'ordre établi. Figuier, Temple, montagne, aucun de ces obstacles naturels ne lui résiste. Tous peuvent être renversés. Car Jésus l'a déjà dit : « Rien n'est impossible en faveur de celui qui croit » (9,23*b*). Après son intervention au Temple, Jésus entend promouvoir ce culte nouveau qu'est la Foi. Par là même, se trouve bien introduit le second thème, la prière. Puisque la Maison des sacrifices ne produit aucun fruit, il faut croire à la valeur de la prière et à son efficacité (v. 24). Jésus continue d'annoncer le monde nouveau qui sera substitué à la « caverne de bandits » (11,17*b*). La formule sur la nécessité de pardonner aux frères pour obtenirle pardon du « Père des cieux » rappelle la finale de la prière du Notre Père chez Matthieu (6,15). Comme Marc n'a pas rapporté cette prière de Jésus, on peut penser qu'il veut y renvoyer en cette fin de séquence.

Finalement, c'est très intentionnellement que le récit du figuier stérile, pui desséché (11,12-14 et 20-25), « encadre » le récit des vendeurs chassés du Temple (11,15-19). Il porte en lui des mots aux résonnances très significatives sur ce qu'attend Jésus de ses disciples : la faim (spirituelle ; v. 12) ; des fruits (religieux, v. 14) ; des racines (profondément vivantes, v. 20) ; la foi (solide, v. 22) ; la prière (confiante, v. 24) ; le pardon (réconciliateur, v. 25). De quoi beaucoup méditer !

## L'AUTORITÉ DE JÉSUS EN QUESTION (11,27-33)

**27 Jésus et ses disciples reviennent à Jérusalem.**
**Et comme Jésus allait et venait dans le Temple,**
**les chefs des prêtres, les scribes et les anciens vinrent le trouver.**
**28 Ils lui demandaient :**
**« Par quelle autorité fais-tu cela ?**
**Ou bien qui t'a donné autorité pour le faire ? »**
**29 Jésus leur dit :**
**« Je vais vous poser une seule question.**
**Répondez-moi, et je vous dirai par quelle autorité je fais cela.**
**30 Le baptême de Jean venait-il du ciel ou des hommes ?**
**Répondez-moi. »**
**31 Ils faisaient en eux-mêmes ce raisonnement :**
**« Si nous disons : 'Du ciel', il va dire :**
**'Pourquoi donc n'avez-vous pas cru à sa parole ?'**
**32 Mais allons-nous dire : 'Des hommes' ? »**
**Ils redoutaient la foule,**
**car tout le monde estimait que Jean était réellement un prophète.**
**33 Ils répondent donc à Jésus :**
**« Nous ne savons pas ! »**
**Alors Jésus leur dit :**
**« Moi non plus, je ne vous dirai pas**
**par quelle autorité je fais cela. »**

C'est la troisième fois que Jésus entre à Jérusalem et pénètre dans l'enceinte du Temple (11,11.15). Il a fait du Lieu saint le centre de son enseignement (11,17). C'est là qu'il va affronter les représentants du judaïsme en une série de trois controverses qui sont comme la réplique des controverses galiléennes du début de sa mission (2,1 à 3,6). Au-delà du cadre significatif où ces discussions se déroulent, on a bel et bien l'impression que Jésus y subit un interrogatoire en règle : son procès se trouve déjà engagé avant le temps.

Les thèmes des débats maintenant ouverts sont les suivants : l'autorité de Jésus (11,27-33) ; l'impôt dû à César (12,13-17) ; la résurrection des morts (12,18-27). Pour l'heure, « l'affaire » du Temple est encore toute chaude (11,15-17). La question des chefs des prêtres et des scribes est de pleine actualité : « Par quelle autorité fais-tu cela ? » (v. 28). Ce n'est pas un hasard si ce sont des membres du sanhédrin, la haute cour de justice, qui soumettent Jésus à cette question. De quel droit est-il intervenu dans la marche du culte ? La question est d'autant plus insidieuse que ces personnages n'ignorent pas qu'ils sont les seuls à s'ériger en maîtres dans ce domaine particulier. Et ils se croient dépositaires d'un pouvoir qui vient de Dieu. Jésus ne répond pas directement à leur question. Il leur oppose une interrogation préalable (v. 29) Cette demande est très habile. Elle met les interlocuteurs de Jésus en présence d'un choix douloureux. S'ils déclarent que Jean Baptiste et sa mission venaient « du ciel », c'est-à-dire de Dieu, ils devraient reconnaître aussi l'origine divine de l'autorité du Messie (v. 30-31). S'ils jugent que l'œuvre de Jean est purement humaine, ils vont se heurter à l'opinion publique qui la tient pour prophétique (v. 32).

Marc prend soin de noter la crainte des autorités juives. Décidées à la perte de Jésus, elles ont peur, sans le dire, de l'immense popularité dont il jouit à l'instar de Jean Baptiste (11,18 ; 12,12). Leur réponse dilatoire au défi de Jésus (« Nous ne savons pas ! ») est manifestement une dérobade (v. 33*a*). Jésus en tire la conséquence. Il ne livrera pas le secret de son autorité (v. 33*b*).

## LES VIGNERONS HOMICIDES (12,1-12)

**1 Jésus se mit à leur parler en paraboles :**
**« Un homme planta une vigne,**
**il l'entoura d'une clôture,**
**y creusa un pressoir et y bâtit une tour de garde.**
**Puis il la donna en fermage à des vignerons,**
**et partit en voyage.**

**2 Le moment venu, il envoya son serviteur auprès des vignerons**
**pour se faire remettre par ceux-ci**
**ce qui lui revenait du produit de la vigne.**
**3 Mais les vignerons se saisirent du serviteur,**
**le frappèrent, et le renvoyèrent sans rien lui donner.**
**4 De nouveau, il leur envoya un autre serviteur ;**
**et celui-là, ils l'assommèrent et l'insultèrent.**
**5 Il en envoya encore un autre, et celui-là, ils le tuèrent ;**

**puis beaucoup d'autres serviteurs :**
**ils frappèrent les uns et tuèrent les autres.**
6 **Il lui restait encore quelqu'un : son fils bien-aimé.**
**Il l'envoya vers eux en dernier. Il se disait :**
**"Ils respecteront mon fils."**
7 **Mais ces vignerons-là se dirent entre eux :**
**'Voici l'héritier : allons-y ! tuons-le,**
**et l'héritage va être à nous !'**
8 **Ils se saisirent de lui, le tuèrent, et le jetèrent hors de la vigne.**
9 **Que fera le maître de la vigne ?**
**Il viendra, fera périr les vignerons,**
**et donnera la vigne à d'autres.**
10 **N'avez-vous pas lu ce passage de l'Écriture :**
***La pierre qu'ont rejetée les bâtisseurs***
***est devenue la pierre angulaire.***
11 ***C'est là l'œuvre du Seigneur,***
***une merveille sous nos yeux ?*»**
12 **Les chefs des Juifs cherchaient à arrêter Jésus,**
**mais ils eurent peur de la foule.**
**(Ils avaient bien compris que c'était pour eux**
**qu'il avait dit cette parabole.)**
**Ils le laissèrent donc et s'en allèrent.**

L'histoire que l'on découvre maintenant est introduite sans notations de temps ni de lieu. Elle est insérée au sein des polémiques qui opposent Jésus aux responsables d'Israël. « Jésus se mit à leur parler en paraboles » (v. 1*a*). Le Maître ne peut s'adresser qu'aux chefs des prêtres, aux scribes et aux anciens précédemment en scène (11,27*b*). Ce sont eux, du reste, qui se sentiront visés par Jésus (12,12). Elle est étrange, cette « parabole » racontée à cet endroit, loin de celles que Jésus adressait non aux autorités juives, mais aux foules galiléennes et à ses disciples (*cf.* 4,1-37). L'ambiance ici est autre, les destinataires aussi. Comme nous allons le découvrir, il s'agit d'une parabole grandement allégorisée. L'allégorie est un récit imagé qui permet de « parler d'autre chose ». Dans ce type de récit, chaque trait prend une signification propre.

Le tout début du récit est emprunté au chant d'amour de Dieu pour Israël, le peuple de l'Alliance, chez le prophète Isaïe (5,1-7). Dans ce poème, comme toujours dans la Bible, la vigne représente le peuple élu. Dieu l'a plantée avec un amour fou. Il l'a entourée de soins jaloux : ce que soulignent la clôture, le pressoir, la tour de garde. Et là chez Isaïe vient immédiatement le procès que Dieu intente à son peuple infidèle : « Il en attendait de beaux raisins, il n'en eut que de mauvais » (v.4).

Jésus, lui, s'en prend non au peuple, mais à ses dirigeants : les vignerons. Dieu leur a confié sa vigne en fermage, puis s'est absenté. L'image de Dieu sous la figure de quelqu'un qui s'absente est peut-être empruntée aux conditions sociales de la Palestine du Ier siècle : les grands propriétaires fonciers louaient leur exploitation à des paysans locaux, et vivaient à l'étranger. Ils ne se sentaient concernés que par la récolte. Toujours est-il que c'est par trois fois que le propriétaire dépêche des émissaires pour percevoir le fruit de sa vigne (v. 2-5*a*). Chaque fois, un mauvais sort leur est réservé. Ces « serviteurs » du Maître de la vigne sont les prophètes. Tout au long de l'histoire d'Israël, Dieu les a envoyés pour recueillir les fruits de l'Alliance : la foi et la fidélité. Ils ont été mal reçus, maltraités, supprimés (v. 3-5). Au temps de Jésus, le thème des prophètes assassinés est florissant dans la littérature juive. C'est ce thème que Jésus développe ici avec une réelle insistance. Mais la pointe du récit se situe au-delà de la succession des prophètes martyrs. Malgré l'hostilité constante dont ses envoyés ont été l'objet, Dieu ne s'est pas lassé de s'intéresser à sa vigne. « Il lui restait encore quelqu'un : son fils bien-aimé. Il l'envoya vers eux en dernier » (v. 6).

L'allusion au destin de Jésus est claire. C'est lui qui est désigné sous la figure du « fils bien-aimé », le titre que lui a donné le Père au baptême (1,11) et à la transfiguration (9,7). Il a bien conscience d'être le Messie de la fin des temps, cet Envoyé spécial, l'ultime que Dieu dépêche, en espérant qu'on respectera en lui « l'héritier ». Malheureusement, il est l'objet d'un odieux complot. Les termes s'accumulent pour décrire sa fin atroce : saisi, tué, jeté hors de la vigne (v. 8). C'est dire qu'il est appelé à subir un sort semblable à celui des prophètes assassinés. À ce point de la parabole, le lecteur est invité à se souvenir des annonces de la Passion, plus particulièrement de la première où Jésus dit à ses disciples : « qu'il fallait que le Fils de l'homme souffre beaucoup, qu'il soit rejeté par les anciens, les chefs des prêtres et les scribes, qu'il soit tué... » (8,31).

Cette histoire pourrait se conclure sur cette annonce renouvelée de la Passion. Il n'en est rien. Le texte se poursuit par cette question-réponse de Jésus : « Que fera le maître de la vigne ? » (v. 9*a*). On le voit, Dieu donnera une réplique cinglante au meurtre de son Envoyé. Il châtiera les coupables en leur infligeant la peine de mort (v. 9*b*). Surtout il leur retirera sa vigne pour la confier « à d'autres » (v. 9*c*). À qui exactement ? Jésus ne le dit pas. Mais Marc, en écrivant ces mots, pense certainement aux païens qui, nombreux, sont en train d'entrer dans l'Église à la place du peuple élu. Les chrétiens issus du paganisme sont là pour témoigner que Dieu a opéré le transfert de son Règne, d'un peuple infidèle (Israël) à un peuple nouveau et fidèle de non-juifs (1 P 2,9-10).

Ce n'est pas tout. Comme il l'a déjà fait (10,6 ; 11,17), Jésus en appelle à l'Écriture : c'est une nouvelle et petite parabole qui vient se greffer sur la précédente (v. 10-11). Cette fois, l'horizon s'élargit considérablement. La pierre rejetée par les bâtisseurs, et que Dieu — « le Seigneur » — replace comme pierre de faîte de l'édifice, annonce la Résurrection de Jésus. Dieu, en effet, ne peut laisser défigurer son œuvre. Puisque les hommes ont condamné injustement et supprimé son Fils, Il lui rend justice en le réhabilitant pleinement. Ce passage sur la pierre rejetée, devenue clé de voûte, est tiré du psaume 118 (v. 22-23). Déjà Marc l'avait mis dans la bouche de ceux qui escortaient le Messie lors de son entrée triomphale à Jérusalem (11,9-10). Ce psaume servait, dans la primitive Église, pour proclamer sa foi au Christ ressuscité (*cf.* Ac 4,8-12 ; 1 P 2,4-10).

Il paraît peu probable que Jésus ait annoncé aussi clairement, et à ses adversaires, sa Résurrection. Lorsqu'il l'évoque, c'est toujours de façon discrète, et à ses seuls disciples, à la fin des annonces de la Passion (8,31 ; 9,31 ; 10,32-34). On est donc ici en présence d'une relecture des paroles de Jésus à la lumière de Pâques. Aménagée par la communauté chrétienne, la parabole des vignerons homicides, retraçant le drame du Christ crucifié, se termine maintenant par la proclamation pascale.

Dans son contexte actuel, cette proclamation vient comme la riposte voulue de Jésus à la contestation de son autorité par « les bâtisseurs » du moment : les sanhédrites. Ces gardiens et interprètes de l'Écriture devraient la méditer. On ne rejette pas impunément ce Messie donné par Dieu, au terme d'une longue histoire d'amour avec Israël, pour faire aboutir son dessein de salut universel. La parabole des vignerons homicides s'achève par un épilogue historique (v. 12). Marc souligne que les responsables religieux se sont bien sentis visés par l'enseignement de Jésus. Ils sont même passés à un début d'exécution du complot déjà fomenté contre lui (11,18). Seule la crainte de la foule les a fait reculer — une nouvelle fois — dans cette manœuvre d'élimination d'un homme devenu vraiment gênant.

## L'IMPÔT DÛ À CÉSAR (12,13-17)

**13 On envoya à Jésus des pharisiens et des hérodiens**
**pour le prendre au piège en le faisant parler,**
**14 et ceux-ci viennent lui dire :**
**« Maître, nous le savons : tu es toujours vrai ;**
**tu ne te laisses influencer par personne,**
**car tu ne fais pas de différence entre les gens,**
**mais tu enseignes le vrai chemin de Dieu.**

**Est-il permis, oui ou non,**
**de payer l'impôt à l'empereur ?**
**Devons-nous payer, oui ou non ? »**
15 **Mais lui, sachant leur hypocrisie, leur dit :**
**« Pourquoi voulez-vous me mettre à l'épreuve ?**
**Faites-moi voir une pièce d'argent. »**
16 **Ils le firent, et Jésus leur dit :**
**« Cette effigie et cette légende, de qui sont-elles ?**
**— De l'empereur César », répondent-ils.**
17 **Jésus leur dit :**
**« A César, rendez ce qui est à César,**
**et à Dieu, ce qui est à Dieu. »**
**Et ils étaient remplis d'étonnement à son sujet.**

Une nouvelle controverse — la seconde (*cf.* 11,27-33) —, oppose Jésus aux dirigeants juifs. La démarche de ceux-ci est non feinte (v. 13*a*). On y retrouve deux groupes déjà unis, dès la mission de Jésus à Capharnaüm, pour le perdre (3,6). Les hérodiens, partisans d'Hérode Antipas, le tétrarque de Galilée, sont dépendants du pouvoir romain en place. Les pharisiens, eux, s'accommodaient assez bien de l'occupant. Ils sont envoyés — sûrement par les sanhédrites (11,27) — pour tendre un piège à Jésus (v. 13*b*). Ce n'est pas leur première tentative de ce genre (*cf.* 8,11).

Si fourbe soit-elle, la flatterie par laquelle ils l'abordent dit vrai sur le comportement de Jésus : c'est un rabbi particulièrement ouvert, sans exclusion aucune (v. 14*a*). Mais, dans la bouche de ses détracteurs, cette adulation vise à faire passer la question piège : « Est-il permis, oui ou non, de payer l'impôt à l'empereur ? Devons-nous payer, oui ou non ? » (v. 14*b*). Les juifs supportaient mal le lourd tribut payé à l'occupant. Le paiement de l'impôt romain faisait l'objet de discussions d'école. On aimait provoquer sur ce point la prise de position des rabbins. Et tout le monde avait en mémoire que c'est justement contre l'impôt d'occupation que s'était soulevé Judas le Galiléen (Ac 5,37). Jésus, quant à lui, savait qu'en se prononçant, il serait classé automatiquement parmi les collaborateurs ou parmi les résistants. La question est des plus embarrassantes. Le Maître connaît le manque de sincérité de ses interlocuteurs. Il décide de les soumettre à un test concret, révélateur : lui présenter une pièce de monnaie à l'effigie significative (v. 15). Ainsi Jésus les met dans l'obligation de reconnaître un fait : les transactions commerciales se font avec la monnaie en cours de l'occupant (v. 16). Ses adversaires croient alors avoir démasqué l'adhésion du Maître à la collaboration. Mais lui leur fait cette réplique fameuse qui a fait couler beaucoup d'encre : « À César, rendez ce qui est à César, et à Dieu ce qui est à Dieu » (v. 17*a*). Par là, Jésus les oblige à remettre les choses en place. L'État, même étranger, est l'État, mais Dieu est Dieu. Les pharisiens et leurs amis sont invités à mesurer leurs reponsabilités religieuses, plus importantes que tout.

Au cours de l'histoire de l'Église, on a voulu tirer de cette assertion lapidaire de Jésus des conséquences importantes. Il aurait voulu distinguer les domaines souvent confondus du temporel et du spirituel. Le danger est toujours d'isoler une partie du propos de Jésus (« rendez à César... ») et de l'arracher aux circonstances historiques dans lesquelles il fut prononcé.

Quand on regarde bien le contexte, Jésus ne fait que renvoyer les questionneurs à leur question. Puisqu'ils usent de la monnaie romaine, il est logique qu'ils s'acquittent de l'impôt dû à l'empereur. C'est bien dans la manière de Jésus de toujours remettre ses adversaires face à leurs responsabilités (*cf.* 11,30-33). Aussi bien sa réponse provoque-t-elle chez eux un nouvel étonnement sur sa personnalité (v. 17*b*). En réalité, le Maître a bien déjoué le piège. Il a mis au jour ce qu'impliquait, logiquement, la pratique monétaire de ses contemporains. Ce n'est pas à partir de ce fait qu'on pourra le taxer d'inconditionnel du pouvoir romain, pas davantage de connivence avec les nationalistes révolutionnaires du temps. Il se place décidément au-dessus de ces partis pris. C'est même l'ambiguïté de sa position qui a permis, plus tard, lors de son procès devant Pilate, de l'accuser faussement de soulever le peuple en empêchant de payer le tribut à César (Lc 23,2).

## LES SADDUCÉENS ET LA RÉSURRECTION (12,18-27)

**18 Des sadducéens**
**— ceux qui affirment qu'il n'y a pas de résurrection —**
**viennent trouver Jésus, et ils l'interrogeaient :**
**19 « Maître, Moïse nous a donné cette loi :**
***Si un homme a un frère qui meurt***
***en laissant une femme, mais aucun enfant,***
***qu'il épouse la veuve***
***pour donner une descendance à son frère.***
**20 Il y avait sept frères :**
**le premier se maria, et mourut sans laisser de descendance.**
**21 Le deuxième épousa la veuve,**
**et mourut sans laisser de descendance.**
**Le troisième pareillement.**
**22 Et aucun des sept ne laissa de descendance.**
**Et finalement, la femme mourut aussi.**

23 **A la résurrection, quand ils ressusciteront,**
**de qui sera-t-elle l'épouse,**
**puisque les sept l'ont eue pour femme ? »**

24 **Jésus leur dit :**
**« N'êtes-vous pas dans l'erreur,**
**en méconnaissant les Écritures, et la puissance de Dieu ?**
25 **Lorsqu'on ressuscite d'entre les morts,**
**on ne se marie pas,**
**mais on est comme les anges dans les cieux.**
26 **Quant à dire que les morts doivent ressusciter,**
**n'avez-vous pas lu dans le livre de Moïse,**
**au récit du buisson ardent,**
**comment Dieu lui a dit :**
***Moi, je suis le Dieu d'Abraham,***
***le Dieu d'Isaac,***
***le Dieu de Jacob*** **?**
27 **Il n'est pas le Dieu des morts, mais des vivants.**
**Vous êtes complètement dans l'erreur. »**

Une nouvelle controverse — la dernière (depuis 11, 27) — s'instaure entre Jésus et des représentants de la pensée juive. C'est la première fois que Jésus a affaire avec les sadducéens (v. 18*a*). Ce sont les représentants de l'aristocratie sacerdotale. En politique, ils sont conciliants avec l'occupant. En religion, ce sont des conservateurs. Pour eux, la seule règle de foi se trouve dans la Torah écrite : les cinq premiers livres de la Bible. Ils rejettent les doctrines qui sont apparues postérieurement, chez les prophètes et chez les sages. C'est le cas de la résurrection des morts (*cf.* Dn 12,2 ; 2 M 7,1-23). On ne s'étonnera donc pas de les voir attaquer Jésus sur ce point majeur de la foi qu'il partage entièrement avec les pharisiens. Selon la croyance qui leur est propre, les sadducéens interrogent Jésus à partir de la loi de Moïse (v. 19). Il s'agit de la loi du Lévirat (de « lévir », en latin : « beau-frère »). À la mort d'un homme, si son épouse n'a pas d'enfant mâle, son beau-frère se doit de la prendre pour femme afin d'assurer la descendance (Dt 25,5-10). Cette loi, en vigueur aussi chez d'autres peuples (Assyriens, Hittites) répondait au besoin de préserver la postérité dans des populations à la survie menacée. Elle assurait aussi la stabilité des biens par l'héritage. On la pratiquait encore largement au temps de Jésus. Mais les sadducéens en prennent occasion pour poser au Maître un curieux cas de conscience (v. 20-23). Les lecteurs occidentaux que nous sommes sont déroutés par cette cascade de « sept » cas de mariages suivis de mort sans descendance. On le voit, par cet excès même — « sept » est un nombre parfait —, cette histoire est extravagante. Elle relève d'une hypothèse d'école typiquement rabbinique, sans fondement dans la vie. Surtout elle présente la doctrine de la résurrection comme une impasse. Dans sa vive répartie, Jésus accuse les sadducéens d'être « dans l'erreur », de méconnaître à la fois les Écritures et la Puissance de Dieu (v. 24). S'ils lisaient l'ensemble des Écritures, les prophètes et les sages tout autant que la Loi de Moïse, ils verraient la foi de leurs pères en la résurrection (depuis le IIe siècle avant J. C.). Mais surtout, ils font bon marché de « la Puissance de Dieu ». Et ici Jésus en profite pour attaquer vivement la conception matérialiste (assez enfantine) de l'au-delà, assez répandue de son temps. C'est faire peu de cas de « la puissance de Dieu » que de penser la résurrection comme une simple reconduction de la vie terrestre. En réalité, la vie des ressuscités n'est pas rationnellement concevable. Elle ne doit pas être imaginée sur le mode de l'existence présente. Entre autres, le problème de la procréation ne s'y pose plus. En déclarant que l'« on ne se marie pas, mais qu'on est comme des anges », Jésus n'entend pas dire pour autant que l'homme et la femme ressuscités auront une condition « angélique ». Le « comme » est important. C'est une comparaison pour faire comprendre simplement que l'union charnelle n'est plus de mise dans l'au-delà : il y a une transformation du mode humain d'exister. Mais en parlant des anges, Jésus ne devait pas convaincre beaucoup ses interlocuteurs. Les sadducéens ne croyaient pas plus aux anges qu'à la résurrection des morts (*cf.* Ac 23,8). Cependant le Maître, en excellent rabbin, poursuit son argumentation (v. 26-27*a*). Il en vient à ce qui reste le fond du problème qu'on lui a posé : l'Écriture annonce-t-elle la résurrection des morts ? Pour argumenter avec ces adversaires un peu particuliers que sont les sadducéens, le Maître évite d'alléguer un texte des prophètes ou des sages qu'ils récusent. Il choisit un passage du « livre de Moïse, au récit du buisson ardent » (Ex 3,1-6). Et il interprète ce passage, d'une manière qui nous déroute, à la lumière des écrits postérieurs. Avec la tradition pharisienne très ancienne, il tient que les patriarches Abraham, Isaac et Jacob, partenaires de l'Alliance, ne peuvent pas avoir été que des interlocuteurs éphémères de Dieu. Dans la foi des Pères, on les sait entrés dans une vie nouvelle auprès de Dieu. Le Dieu de l'alliance n'est pas « le Dieu des morts, mais des vivants ». La foi en la résurrection des morts ne peut trouver de « preuves » dans l'Écriture, mais des appuis. Elle dépasse les raisonnements humains et repose directement sur la confiance absolue au Créateur dans sa Toute-Puissance. Jésus conclut cet affrontement en règle avec les sadducéens incrédules par un retentissant : « vous êtes complètement dans l'erreur » (v. 27*b*).

## LE PLUS GRAND COMMANDEMENT (12,28-34)

**28 Un scribe qui avait entendu la discussion,**
**et remarqué que Jésus avait bien répondu,**
**s'avança pour lui demander :**
**« Quel est le premier de tous les commandements ? »**
**29 Jésus lui fit cette réponse :**
**« Voici le premier :**
***Écoute, Israël :***
***le Seigneur notre Dieu***
***est l'unique Seigneur.***
**30 *Tu aimeras le Seigneur ton Dieu***
***de tout ton cœur, de toute ton âme,***
***de tout ton esprit et de toute ta force.***
**31 Voici le second :**
***Tu aimeras ton prochain comme toi-même.***
**Il n'y a pas de commandement plus grand que ceux-là. »**
**32 Le scribe reprit :**
**« Fort bien, Maître,**
**tu as raison de dire que Dieu est l'Unique**
**et qu'il n'y en a pas d'autre que lui.**
**33 L'aimer de tout son cœur,**
**de toute son intelligence, de toute sa force,**
**et aimer son prochain comme soi-même,**
**vaut mieux que toutes les offrandes et tous les sacrifices. »**
**34 Jésus, voyant qu'il avait fait une remarque judicieuse, lui dit :**
**« Tu n'es pas loin du royaume de Dieu. »**
**Et personne n'osait plus l'interroger.**

À la suite des controverses qui viennent d'avoir lieu, ce morceau s'annonce différent. C'est un scribe — un seul — qui s'approche de Jésus (v. 28*a*). Et Marc nous précise d'emblée qu'il a une opinion favorable du Maître en raison de ses bonnes réponses (*cf.* 12,24-27). La question qu'il formule peut étonner de la part d'un scribe (v. 28*b*). Il est un bon connaisseur de l'Écriture. C'est même sa spécialité. Mais, à l'époque, la discussion est vive entre les rabbins sur l'importance de tel ou tel précepte divin. Ils en ont recensé jusqu'à six cent trente dans l'Ancien Testament. C'est un maquis touffu dans lequel les juifs pratiquants ont du mal à se retrouver. Les pharisiens, toujours rigoureux sur la loi, en tirent une morale tatillonne. Un discernement s'impose. On pouvait s'attendre à ce que Jésus renvoie son interlocuteur au Décalogue (*cf.* Ex 20,1-17). Au lieu de cela, il cite les premiers mots de la prière qui, chez les juifs, est l'équivalent du « Notre Père » (v. 29*a*). Elle porte le nom de « Shema Israël » : « Écoute, Israël... » (Dt 6,4-5). C'est une magnifique profession de foi au Dieu Unique qui veut être aimé totalement. Mais Jésus n'en reste pas là. Il joint à ce premier commandement un second (v. 31*a*) qui prescrit l'amour du prochain (Lv 19,18). Dans la littérature juive du temps, on peut trouver un pareil rapprochement. Mais Jésus fait ici un coup de Maître : il enchaîne l'amour du prochain à l'amour de Dieu, comme ne faisant qu'un seul précepte. Et pour indiquer leur unité fondamentale, Marc n'hésite pas à mêler le singulier au pluriel : « Il n'y a pas de commandement plus grand que ceux-là » (v. 31*b*).

La réponse de Jésus, pour une fois, provoque l'entière satisfaction de son interlocuteur. Au verset 32, l'homme ne fait que répéter, en des termes très proches, les deux textes cités par Jésus. Au passage, il insiste sur la portée monothéiste du premier : « Dieu est l'Unique et il n'y en a pas d'autre que lui » (Dt 4,35). Puis il conclut que l'amour de Dieu et du prochain est préférable à tous les sacrifices du culte juif (v. 33). Cela consonne parfaitement avec la pensée des prophètes où Dieu déclare : « C'est l'amour que je veux et non les sacrifices » (Os 6,6). Pour un scribe c'est une prise de position d'autant plus remarquable qu'on est dans les parvis du Temple (depuis 11,27). La qualité de ces propos ne passe pas inaperçue aux yeux de Jésus qui parle de « remarque judicieuse », et adresse à son auteur ce compliment rare : « tu n'es pas loin du Royaume de Dieu » (v. 34*a*). On se rend compte que, même dans le groupe des scribes largement hostile à Jésus depuis le début (2,16 ; 3,22 ; etc.), se trouvent des hommes en marche vers la lumière. Au total, Marc a fait de cette rencontre un épisode heureux. Selon lui — et à l'inverse de Matthieu (22,34-40) et de Luc (10,25-28) — on n'a plus affaire à une controverse comme précédemment. Au-delà du jeu piquant des questions et des réponses, il s'agit ici d'un dialogue profond entre Jésus et un pharisien particulièrement ouvert, sans aucune arrière-pensée. La finale est significative de la qualité de cet entretien. Personne n'osait plus interroger Jésus (v. 34*b*), ce qui veut dire que le temps des controverses est révolu.

## JÉSUS ET LES SCRIBES (12,35-40)

**35 Quand Jésus enseignait dans le Temple,**
**il déclarait :**
**« Comment les scribes peuvent-ils dire**
**que le Messie est le fils de David ?**
**36 David lui-même a dit sous l'inspiration de l'Esprit Saint :**
***Le Seigneur a dit à mon Seigneur :***

***"Siège à ma droite***
***jusqu'à ce que j'aie mis tes ennemis sous tes pieds !"***
**David lui-même le nomme Seigneur.**
37 **D'où vient qu'il est également son fils ? »**
**Et la foule, qui était nombreuse, l'écoutait avec plaisir.**

38 **Dans son enseignement, il disait :**
**« Méfiez-vous des scribes,**
**qui tiennent à sortir en robes solennelles**
**et qui aiment les salutations sur les places publiques,**
39 **les premiers rangs dans les synagogues**
**et les places d'honneur dans les dîners.**
40 **Ils dévorent les biens des veuves**
**et affectent de prier longuement :**
**ils seront d'autant plus sévèrement condamnés. »**

Marc se plaît à revenir en arrière. L'affrontement direct entre Jésus et ses adversaires a cessé avec la fin de leurs questions (12,34). Maintenant l'évangéliste rappelle une scène où c'est Jésus qui interroge (v. 35). Son auditoire est indéterminé. En finale, on nous dit seulement qu'une foule nombreuse l'écoutait avec plaisir (v. 37*b*). Le Maître s'en prend de nouveau aux scribes. Il commence par contredire leur opinion sur lui (v. 35-37*a*). Puis il dénonce leur hypocrisie (v. 38-40).

Dans un premier temps (v. 35-37), le Maître discute du titre qu'on lui donne : « fils de David ». Une vieille tradition juive, enracinée dans la Bible, voyait le Messie comme un descendant du valeureux roi (2 S 7,14-17). L'appellation de « fils de David » donnée à Jésus est même très populaire (voyez l'aveugle de Jéricho en 10,48-49 ; la foule à Jérusalem, 11,10). Pourtant, il est certain que Jésus a évité de se nommer comme cela. Sans doute parce que ce titre était trop ambigu. L'attente du fils de David risquait de réveiller dans le peuple les instincts nationalistes et royalistes. On serait tenté de donner au Messie-Roi un rôle surtout politique. Jésus, une nouvelle fois, prend ici sa distance vis-à-vis de ce type de messianité. Et comme il répond aux scribes, il emprunte un raisonnement scripturaire assez proche de leur manière d'argumenter. Cette argumentation ne nous paraît pas limpide. Jésus cite un passage du psaume 110 que la tradition attribuait à David et qui était tenu pour un psaume messianique. David — qui est inspiré — y déclare : « Le Seigneur ( = Dieu) a dit à mon Seigneur ( = le Messie) : "Siège à ma droite..." » (Ps 110,1). Ainsi le Messie, qui est fils de David, est appelé par lui « Seigneur ». L'Écriture elle-même donne au messie une qualification plus grande que celle de fils de David. Elle lui décerne un titre divin : celui de « Seigneur ». Jésus emploie, grâce à l'Écriture, un argument *ad hominem*. Il vaut surtout pour la communauté chrétienne à laquelle Marc adresse son évangile. Après Pâques, soucieux de donner à Jésus les titres que requiert sa qualité, les chrétiens utilisent beaucoup le psaume 110. Grâce à son vocabulaire, ils proclament de Jésus qu'il a le rang divin : ressuscité, Dieu l'a fait « Seigneur ». Il est monté au ciel et est assis à la droite de Dieu (Ac 2,34-36). Aux yeux de la primitive Église, Jésus ne peut voir sa messianité réduite à la filiation davidique : par sa Résurrection, le Messie a dévoilé le mystère divin de sa personnalité, inscrite dans l'Écriture.

Dans les versets qui suivent (v. 38-40), Jésus dénonce, une dernière fois, ses adversaires : les scribes et les pharisiens. Il demande la méfiance envers ces guides spirituels présomptueux. Ce sont des hommes très influents auprès du peuple, mais au comportement immodeste. Le Maître stigmatise la vaine ostentation de ces notables à la recherche de l'adulation populaire (v. 38*b*-39). Et ce n'est pas tout. « Ils dévorent les biens des veuves et affectent de prier longuement » (v. 40*a*). Il y a plus grave encore que le manque de modestie. C'est l'hypocrisie religieuse. Ces meneurs du peuple n'hésitent pas à exploiter les pauvres sans défense, et leurs longues prières ressemblent à des faux-semblants. La condamnation que Jésus finit par prononcer (v. 40*b*) peut nous paraître trop dure. Jésus avait bien des points communs avec le parti des pharisiens et leurs chefs, les scribes. Il se trouvait, on l'a vu, que certains de ces derniers recherchaient sincèrement le Royaume de Dieu (12,28-34).

Mais Marc écrit, presque 40 ans après la vie de Jésus. En ce laps de temps, l'image des responsables juifs s'est modifiée. En rapportant cette vigoureuse diatribe de Jésus avec les scribes, Marc a voulu éclairer ses lecteurs, les chrétiens de Rome, sur l'état d'esprit et le comportement des dirigeants d'Israël après leur rejet de Jésus. La polémique engagée par le Maître avec les scribes s'est envenimée après son départ, au fur et à mesure de l'hostilité croissante qui s'est installée entre la jeune Église chrétienne et la Synagogue dans les années 80-90. On trouvera en Luc (11,42-54) et surtout en Matthieu (23,13-32) un développement sensible de cette critique acerbe des scribes et des pharisiens devenus les adversaires types de la Bonne Nouvelle.

## L'OBOLE DE LA VEUVE (12,41-44)

**41 Jésus s'était assis dans le Temple en face de la salle du trésor,**
**et regardait la foule déposer de l'argent dans le tronc.**
**Beaucoup de gens riches y mettaient de grosses sommes.**
**42 Une pauvre veuve s'avança et déposa deux piécettes.**
**43 Jésus s'adressa à ses disciples :**

**« Amen, je vous le dis :**
**cette pauvre veuve a mis dans le tronc**
**plus que tout le monde.**
44 **Car tous, ils ont pris sur leur superflu,**
**mais elle, elle a pris sur son indigence :**
**elle a tout donné, tout ce qu'elle avait pour vivre. »**

C'est le dernier épisode de Jésus au Temple. Un épisode émouvant. Marc vient de faire un portrait impitoyable des scribes : « Ils dévorent le bien des veuves » (12,40*a*). Il offre maintenant, en contraste, le geste particulièrement généreux d'une veuve. C'est bien ce mot de « veuve » qui sert de mot crochet entre les deux passages.

La scène est située dans l'enceinte du Temple, près de la salle du trésor. Ce n'était pas un espace recélant les richesses du Temple, mais le lieu où l'on déposait les offrandes des fidèles (2 R 12,10). Des troncs y étaient disposés à cette fin à l'entrée. Des riches, assez nombreux, y mettaient de « grosses sommes » (v. 41*b*). Mais le regard de Jésus se porte sur un fait qui mérite l'attention. « Une pauvre veuve s'avança et déposa deux piécettes » (v. 42). Il s'agit d'une veuve, c'est-à-dire d'une femme : un être très largement déprécié dans le monde masculin régnant. De plus, privée de la protection de son mari, la veuve est, à l'époque, une personne privée de ressources propres et sans assistance. Dans la Bible, avec l'orphelin et l'étranger, la veuve appartient à la catégorie des plus pauvres (Dt 24,17-22). C'est pourquoi Marc parle d'une « pauvre veuve ». Ce qu'elle dépose dans le tronc est sans valeur : deux piécettes de monnaie juive. Une somme dérisoire. Cependant Jésus prend l'occasion de cet humble geste pour adresser une leçon d'importance à ses disciples (v. 43-44). Le contraste porte bien sur le fait que les riches ont donné de leur « superflu », alors que cette femme indigente a donné de son nécessaire. Y a-t-il plus bel exemple de don de soi ? Les amis de Jésus devraient reconnaître en cette pauvre veuve si généreuse un vrai « disciple ». Notons qu'il est plein d'intérêt, dans les évangiles, que Jésus mette en relief, auprès de son entourage masculin, la qualité remarquable des femmes (*cf.* Lc 10,38-42 : Marthe et Marie ; Jn 4,1-42 : la Samaritaine, etc.).

C'est sur ce fait de vie que Jésus va quitter le Temple (13,1). Il n'y reviendra jamais plus.

## Un discours très particulier (13,1-37)

L'enseignement de Jésus en public, dans le Temple, est suivi par un long discours adressé aux plus intimes de ses disciples. Il a pour sujet la ruine du Temple, les bouleversements qu'elle représente pour le monde juif et l'espérance de la venue en Gloire du Fils de l'Homme.

Ce morceau — qui brise apparemment la trame des événements en cours — est un message en « langage codé » comme les « apocalypses » juives, ces écrits de résistance spirituelle pour temps de crise. Nous allons essayer de le décoder, de part en part, pour voir ce qu'il nous dit aujourd'hui.

### LA RUINE DU TEMPLE ET AU-DELÀ... (13,1-4)

**1 Comme Jésus sortait du Temple,**
**un de ses disciples lui dit :**
**« Maître, regarde :**
**quelles belles pierres ! quelles belles constructions ! »**
**2 Mais Jésus lui dit :**
**« Tu vois ces grandes constructions ?**
**Il n'en restera pas pierre sur pierre : tout sera détruit. »**
**3 Et comme il s'était assis au mont des Oliviers,**
**en face du Temple,**
**Pierre, Jacques, Jean et André l'interrogeaient à part :**
**4 « Dis-nous quand cela arrivera,**
**dis-nous quel sera le signe que tout cela va finir ? »**

Cette fois, Jésus quitte le Temple, où il avait pris l'habitude de donner son enseignement (11,27 ; 12,35 ; 38,41). C'est un disciple anonyme qui interpelle Jésus (v. 1*a*). Il est vrai que le Temple de Jérusalem figurait parmi les plus belles constructions de l'époque. C'est Hérode le Grand, le célèbre bâtisseur, qui s'employa à l'embellir (de -20 av. J.-C. à 64 ap. J.-C.). Au temps de Jésus, les travaux n'étaient pas achevés. On peut, aujourd'hui encore, deviner la splendeur de l'édifice en contemplant ses restes : les pierres du mur de soutènement de l'esplanade (dit : « mur occidental »). Jésus, comme ses contemporains, admirait le faste de ces bâtiments, mais il en annonce ici clairement la ruine prochaine. C'est lors de la guerre des Juifs avec les Romains que le Temple sera incendié et détruit, en 70. Il n'en restera pas « pierre sur pierre » (v. 2).

La destruction du Temple, le cœur religieux de la Ville sainte, a dû être pour les juifs du premier siècle un désastre à nul autre pareil. On comprendra que cet événement ait suscité une foule de questions fiévreuses. Le cadre où cette scène se déroule est hautement significatif. Jésus prend la position de l'enseignant. Il est « assis ». Mais pas n'importe où. Sur les pentes du mont des Oliviers (v. 3*a*). C'est l'endroit d'où l'on a la plus merveilleuse vue d'ensemble sur l'esplanade du Temple, ses constructions et la ville tout entière. Marc évoque en outre cette page du prophète Ezéchiel qui vit, au temps de l'Exil, la Gloire de Yahvé sortir du Temple, s'arrêter sur le mont à l'est de la ville, avant d'aller rejoindre le peuple de Dieu à Babylone (Ez 10,18-22 ; 11,22-25). C'est une manière de dire qu'il ne faut plus s'attarder à regarder le Temple. La présence de Dieu s'en éloigne. Ce sont les quatre premiers disciples que Jésus a appelés (1,16-20) qui l'interrogent (v. 3*b*). Ils le font en aparté comme pour recueillir des confidences du Maître. Leur question est double (v. 4). Elle porte d'abord sur le « quand cela arrivera-t-il ? » : une question de temps. Mais cette demande est aussitôt précisée par une autre : « Quel sera le signe que tout cela va finir ? » Cette précision élargit considérablement le champ de l'interrogation. On recherche des « signes » et l'expression globale « tout cela va finir » dépasse manifestement l'horizon de la ruine du Temple. L'événement de la destruction du Temple et de la ruine de Jérusalem par Titus en 70 eut un retentissement considérable. Pour tous ses contemporains, ce fut le signal de la fin d'un monde et le déclenchement d'une peur généralisée de ce qu'on phantasmait comme une catastrophe universelle.

Jésus va répondre à toutes ces questions par un long discours de trente trois versets (13,5-37). C'est un cas vraiment singulier car, dans tout le reste de l'évangile, si Marc parle souvent de « l'enseignement » de Jésus (1,21 ; 2,2,13 ; etc.), il n'en livre que très partiellement le contenu. De ce fait, le discours qui va suivre prend une importance toute particulière. On peut s'en rendre compte aussi chez Matthieu (24,1-44) et chez Luc (21,5-36).

## DES SITUATIONS DE CRISE (13,5-13)

5 **Alors Jésus se mit à leur dire :**
**« Prenez garde que personne ne vous égare.**
6 **Beaucoup viendront sous mon nom, en disant : "C'est moi",**
**et ils égareront bien des gens.**
7 **Quand vous entendrez parler de guerres et de rumeurs de guerre,**
**ne vous laissez pas effrayer ;**
**il faut que cela arrive,**
**mais ce ne sera pas encore la fin.**
8 **Car on se dressera nation contre nation, royaume contre royaume,**
**il y aura des tremblements de terre çà et là,**
**il y aura des famines ;**
**c'est le début des douleurs de l'enfantement.**
9 **Soyez sur vos gardes ;**
**on vous livrera aux tribunaux et aux synagogues ;**
**on vous frappera,**

**on vous traduira devant des gouverneurs et des rois**
**à cause de moi ;**
**il y aura là un témoignage pour eux.**
10 **Mais il faut d'abord que la Bonne Nouvelle**
**soit proclamée à toutes les nations.**
11 **Et lorsqu'on vous emmènera pour vous livrer,**
**ne vous tourmentez pas d'avance pour savoir ce que vous direz,**
**mais ce qui vous sera donné à cette heure-là, dites-le.**
**Car ce n'est pas vous qui parlerez,**
**c'est le Saint-Esprit.**
12 **Le frère livrera son frère à la mort,**
**et le père, son enfant ;**
**les enfants se dresseront contre leurs parents**
**et les feront mettre à mort.**
13 **Vous serez détestés de tous à cause de mon nom.**
**Mais celui qui aura persévéré jusqu'au bout,**
**celui-là sera sauvé.**

Le discours qui commence ici, dans le cadre précédemment décrit (13,1-4), met le lecteur moderne mal à l'aise. Il y est question de catastrophes : l'on en parle comme d'une « apocalypse ». Le mot a pris aujourd'hui un sens purement négatif. Il est devenu synonyme de cataclysmes, ruines, malheurs. Or le mouvement « apocalyptique » est né, au IIe siècle avant Jésus-Christ, comme un message porteur d'espérance au sein d'une crise profonde. Dans cette littérature d'époque troublée, dont le livre de Daniel reste l'exemple type, il y a une dramatisation voulue de l'histoire. À partir d'une situation de crise, on montre, à l'aide d'images de plus en plus terrifiantes, le Mal en train de proliférer sur la Terre. Coups après coups, il mûrit et sa maturation atteint de monstrueux sommets. Lorsqu'il a gagné un point de non-retour, c'est alors que Dieu intervient de toute sa puissance. Il met un terme à la croissance irrépressible du Mal par un renversement total de situation. C'est le temps du salut. Il faut donc savoir que le procédé favori des apocalypses est de noircir d'autant plus le tableau des épreuves humaines qu'on veut mettre en lumière le salut de Dieu. Il y a nécessité de prévenir fortement le lecteur du discours qu'il lit : « Il ne faut pas que les arbres cachent la forêt. » L'amoncellement des épreuves n'a pour but que de faire apparaître une parole pleine d'espérance à l'adresse des gens éprouvés.

Jésus commence par une mise en garde (v. 5-6). C'est la première d'une longue série (13,9,23,33), comme un leitmotiv de tout le discours. Il faut à tout prix se méfier des imposteurs (v. 6). Il ne manquera pas de personnages qui se feront passer pour le Messie (voyez plus explicitement 13,21-22). Il serait fâcheux de se laisser abuser. Il convient également d'être très prudent (v. 7*a*). L'avertissement de Jésus ne porte pas sur des conflits en cours, mais sur de simples rumeurs, les « bruits de guerre » alarmistes. Les disciples ne doivent pas s'en effrayer. Les conflits sont inévitables. On ne peut pas les prendre pour des signes de la fin du monde, c'est clairement dit : « ce ne sera pas encore la fin » (v. 7*b*). Ici, comme c'est l'habitude dans les apocalypses, on accumule les malheurs à plaisir : les catastrophes de l'Histoire (les guerres) et les cataclysmes naturels (séismes et famines). Mais c'est aussitôt pour affirmer qu'ils n'ont pas la portée de signes prémonitoires qu'on leur prête trop aisément. Tous ces maux sont à prendre non comme l'agonie de l'ancien monde mais pour un gage de « l'enfantement » d'un monde nouveau (v. 8*c*). Cette lecture très optimiste se trouve déjà chez les prophètes (*cf.* Mi 4,10).

Vient ensuite un tableau plus précis : celui des persécutions religieuses (v. 9*a*). Il s'agit d'une épreuve spécifique aux disciples du Christ : comme leur Maître, ils seront persécutés. D'abord par les autorités juives, leurs tribunaux (littéralement « les sanhédrins ») et leurs synagogues. Mais la persécution viendra aussi des autorités païennes : les gouverneurs et les rois (v. 9*b*). Marc s'adresse aux chrétiens de Rome qui connaissent de telles persécutions. Ils sont traînés en procès à cause de leur foi devant les instances juives religieuses de leurs anciens coreligionnaires, et devant les juridictions politiques de l'Empire romain (comme ennemis de l'empereur et de la cité). Or, pas plus que les catastrophes de l'histoire ou de la nature, ces épreuves de l'Église n'annoncent la fin du monde. Dans la pensée de l'évangéliste, ces dures épreuves seront l'occasion offerte aux chrétiens de porter « témoignage » au Christ dans le monde entier (v. 9*b*-10). Cette perspective heureuse éclaire le sombre tableau des lourdes adversités qui attendent les croyants. Et si l'hostilité générale les pousse à rendre compte de leur foi devant des juges particulièrement sévères, les chrétiens ne doivent pas craindre leur éventuelle défection. Marc veut rassurer au maximum ceux qui ont peur — sous la pression de leurs bourreaux, des tortures — de ne pas pouvoir professer leur foi. Face à leurs détracteurs, l'Esprit saint sera un avocat précieux pour leur souffler ce qu'il leur faudra dire (v. 11 ; *cf.* aussi Jn 14,16-17). Il n'empêche que le péril sera grand.

Marc vise avec précision la situation douloureuse vécue par les chrétiens persécutés de son temps. La prise de position des convertis en faveur du Christ n'était pas sans entraîner de terribles divisions au sein même des familles. Les délations, les dénonciations de leurs proches, valaient à certains chrétiens d'être mis à mort en raison de leur foi nouvelle (v. 12). Les liens du sang, loin d'être une protection, pouvaient ajouter à la haine des persécuteurs. De nouveau, cependant, on est en présence d'un grossissement volontaire du Mal propre aux apocalypses (v. 13*a*). L'évangéliste fait écho au climat de violence universelle jadis décrit par les anciens prophètes (*cf.* Mi 7,1-6). Au total, le mépris déclenché à cause du Christ ne doit pas être sous-estimé par les chrétiens. Mais leur persévérance à « tenir bon » dans la foi sera payante (v. 13*b*). C'est toujours un trait des apocalypses que de promettre, au terme d'une somme de malheurs accumulés, le salut à ceux des fidèles qui auront traversé ces épreuves redoutables sans faiblir (*cf.* Dn 12,1-4).

## LA GRANDE ÉPREUVE (13,14-23)

**14 Lorsque vous verrez le Sacrilège Dévastateur**
**installé là où il ne faut pas**
**— que le lecteur de l'Écriture comprenne ! —**
**alors ceux qui seront en Judée,**
**qu'ils s'enfuient dans la montagne ;**
**15 celui qui sera sur sa terrasse,**
**qu'il n'en descende pas et ne rentre pas**
**pour emporter quelque chose de sa maison ;**
**16 Celui qui sera dans son champ,**
**qu'il ne retourne pas en arrière pour emporter son manteau.**
**17 Malheureuses les femmes qui seront enceintes,**
**et celles qui allaiteront en ces jours-là.**
**18 Priez pour que cela n'arrive pas en hiver,**
**19 car en ces jours-là il y aura une détresse**
**comme il n'y en a jamais eu**
**depuis le commencement, quand Dieu créa le monde,**
**jusqu'à maintenant,**
**et comme il n'y en aura jamais plus.**
**20 Et si le Seigneur n'abrégeait pas le nombre des jours,**
**personne n'aurait la vie sauve ;**
**mais à cause des élus, de ceux qu'il a choisis,**
**il a abrégé ces jours-là.**
**21 Et alors, si quelqu'un vous dit :**
**"Voilà le Messie ! Il est ici ! Il est là !"**
**ne le croyez pas.**
**22 Il surgira des faux messies et des faux prophètes**
**qui feront des signes et des prodiges**
**afin d'égarer les élus, si c'est possible.**
**23 Quant à vous, prenez garde : je vous ai tout dit à l'avance.**

Comme c'en est la coutume dans ce genre d'écrits, le discours de Jésus connaît une graduation savante dans le déchaînement des forces du Mal. Après les fléaux d'ordre général (guerres, séismes, famines) et les tourments de la persécution (13,5-13), voici le paroxysme du malheur. Jésus annonce le fléau majeur d'un « sacrilège dévastateur » qu'il faudra fuir (v. 14). Cette annonce est bizarre, si énigmatique que Marc demande de la perspicacité à ceux qui le lisent : « Que le lecteur de l'Écriture comprenne ! » Il s'agit de l'évocation d'un événement biblique retentissant : en 167 avant J.C., alors qu'il persécutait le peuple juif, le roi syrien Antiochos Épiphane commit une odieuse profanation du Temple. Ce souverain impie alla jusqu'à installer dans le Lieu saint un autel dédié à Zeus, l'illustre divinité grecque (*cf.* 2 M 6,1-9). Ce scandale avait profondément blessé l'âme juive (*cf.* « l'odieuse horreur », Dn 9,27 ; 11,31 ; 12,11).

Il est très difficile de savoir quel événement concret visait Jésus en évoquant la venue d'un « sacrilège dévastateur » à ses contemporains. La tournure grammaticale utilisée, à partir de l'Écriture, laisse entendre qu'il s'agirait d'un personnage redoutable. Est-il question de « l'antichrist » qui doit surgir à la fin des temps (*cf.* 2 Th 2,3-8) ; 1 Jn 2,18 ; 4,3) ? On se perd en conjonctures ! En tout cas, les consignes d'évasion devant ce terrible spectre sont impératives (v. 15-18). Tout retard pris dans la fuite serait dommageable. Il faut souhaiter qu'aucune circonstance défavorable ne vienne entraver une rapide échappée : en l'occurrence, l'état de grossesse ou d'allaitement chez les femmes, les intempéries de l'hiver pour tous. La scène est terrifiante à souhait. Les auteurs d'apocalypses ne sont pas avares de détails empruntés aux exodes guerriers pour faire frémir leurs lecteurs. Et pour toute explication de ce cauchemar horrible, l'évangéliste déclare que ce sera un temps de détresse comme il n'y en a jamais eu et qu'il n'y en aura jamais plus (v. 19). Ces mots appartiennent, eux aussi, aux clichés traditionnels de l'apocalyptique (*cf.* Dn 12,1). Ainsi le Mal qui remplit l'histoire humaine doit culminer dans l'horreur jusqu'à un point de non-retour. Une fois le comble atteint, de mémoire d'homme, la tribulation ne peut que déboucher sur le salut (v. 20). La crise inouïe qui est née quelque part « en Judée » (v. 14*c*) a fini par embraser le monde entier. Le Mal a pris la proportion d'une catastrophe universelle. S'il devait durer, il n'y aurait aucun survivant. Mais Dieu est là. « Le Seigneur » demeure le Maître absolu du temps et de l'histoire. Il prend un soin jaloux de ses « élus ». Ce terme, très fréquent dans les apocalypses, ne désigne pas une élite de gens prédestinés, mais tous les croyants qui se seront montrés fidèles dans la tourmente. Pour eux, Dieu abrègera le temps de l'épreuve. Il est le sauveur de toute détresse. Le Salut est toujours le dernier mot de l'apocalyptique. Si grande que soit l'Épreuve — et cette sorte d'écrit s'y appesantit avec une délectation morbide — les chrétiens ne doivent pas perdre courage. La certitude d'être sauvés galvanisera leurs énergies.

Lorsqu'il rédige cette page, terrifiante par bien des côtés, Marc fait une relecture des événements de son temps à l'aide des procédés en usage à l'époque. Il reprend sûrement des propos qu'a tenus Jésus sur la ruine prochaine du Temple. Mais il y ajoute l'atmosphère particulièrement lourde que connaissent les chrétiens de Rome affrontés à une persécution furieuse (Pierre et Paul ont été martyrisés dans les années 64 à 67). L'actualité l'oblige à éclairer la dureté de la crise présente par la promesse de son heureux dénouement, à la lumière de l'Écriture.

Et l'évangéliste ne peut qu'achever cette fresque pathétique par une nouvelle mise en garde. Il y aura des faux prophètes pour égarer les croyants (v. 21-22). Derrière cet avertissement se profile la situation mouvementée qu'a connue la Palestine dans les années qui ont précédé le siège de Jérusalem en 70. Dans la guerre juive, entre 66 et 70 après J. C., il n'a pas manqué de révolutionnaires charismatiques pour rallier les faveurs du peuple à leur cause (*cf.* Ac 5,36-37). Ce péril de l'égarement des fidèles par des imposteurs (déjà dénoncé en 13,5-6) devait aussi menacer l'Église de Rome. Les imposteurs sont de tous lieux et de tous temps. Le morceau s'achève donc par une nouvelle mise en garde (v. 23). On ne saurait mieux faire !

## LA VENUE DU FILS DE L'HOMME (13,24-37)

**24 En ces temps-là, après une terrible détresse,**
**le soleil s'obscurcira et la lune perdra son éclat.**
**25 Les étoiles tomberont du ciel,**
**et les puissances célestes seront ébranlées.**
**26 Alors on verra le Fils de l'homme venir sur les nuées**
**avec grande puissance et grande gloire.**
**27 Il enverra les anges**
**pour rassembler les élus des quatre coins du monde,**
**de l'extrémité de la terre à l'extrémité du ciel.**

**28 Que la comparaison du figuier vous instruise :**
**Dès que ses branches deviennent tendres**
**et que sortent les feuilles,**
**vous savez que l'été est proche.**
**29 De même, vous aussi, lorsque vous verrez arriver cela,**
**sachez que le Fils de l'homme est proche, à votre porte.**
**30 Amen, je vous le dis :**

**cette génération ne passera pas avant que tout cela n'arrive.**
31 **Le ciel et la terre passeront,**
**mes paroles ne passeront pas.**
32 **Quant au jour et à l'heure,**
**nul ne les connaît, pas même les anges dans le ciel,**
**pas même le Fils, mais seulement le Père.**
33 **Prenez garde, veillez :**
**car vous ne savez pas quand viendra le moment.**
34 **Il en est comme d'un homme parti en voyage :**
**en quittant sa maison,**
**il a donné tout pouvoir à ses serviteurs,**
**fixé à chacun son travail,**
**et recommandé au portier de veiller.**
35 **Veillez donc,**
**car vous ne savez pas quand le maître de la maison reviendra,**
**le soir ou à minuit, au chant du coq ou le matin.**
36 **Il peut arriver à l'improviste et vous trouver endormis.**
37 **Ce que je vous dis là, je le dis à tous : Veillez ! »**

« En ces temps-là, après une terrible détresse... » (v. 24*a*). Ces mots marquent une continuité et une rupture avec tout ce qui précède. Jusqu'ici le discours de Jésus s'est largement occupé des signes qui doivent avoir lieu « avant » la fin des temps. Il s'est focalisé surtout sur l'apparition du « Sacrilège Dévastateur » en qui l'on peut voir « l'antichrist » si l'on veut (13,14-23). Maintenant il est question de ce qui arrivera « après » ces événements précurseurs. La formule « en ces temps-là », par son flou même, veut désigner les derniers jours : le temps de la fin. Il ne faut pas s'étonner que ce temps semble commencer par une série de catastrophes (v. 24*b*-25). Il s'agit d'un bouleversement cosmique colossal. Le soleil et la lune s'éteignent. Les étoiles abandonnent leur place et leur fonction. Mais une lecture prenant cela au pied de la lettre serait à cent lieues de la mentalité juive du Ier siècle.

À cette époque, dans les apocalypses, un tel chambardement de la nature n'a rien d'extraordinaire. C'est un langage traditionnel pour annoncer l'intervention de Dieu, sa victoire sur les forces du Mal (*cf.* Is 13,10 ; 34,4). Il ne faut pas oublier, en effet, que chez les peuples de l'Antiquité orientale — en dehors d'Israël — les astres étaient les divinités maîtresses de l'univers. Parler de l'éclipse du Soleil et de la Lune, de la chute des étoiles, c'est donc attester le triomphe du Dieu Unique sur l'idolâtrie païenne. Il faut que le vieux monde disparaisse pour laisser place au monde nouveau. La Bonne Nouvelle qui retentit est la venue du « Fils de l'homme » en gloire, sur fond de désagrégation de l'univers pécheur. L'image est reprise du livre de Daniel, où l'énigmatique image d'un « Fils d'homme » — un humain — fait son entrée victorieuse auprès de Dieu (Dn 7,13-14). Il s'agit d'une vision apocalyptique avec son inévitable caractère mystérieux. Ce « Fils d'homme » est porté par les nuées célestes. Il apparaît dans la sphère divine. Dieu lui confère un souverain pouvoir qui manifeste sa Victoire définitive sur les forces du mal déchaînées. Au tournant de notre ère, la figure du « Fils de l'homme » désigne communément le Messie que Dieu investit pour établir son Règne sur la terre. On a vu Jésus s'attribuer ce titre, de préférence à tout autre (2,10.28 ; 8,31 ; 9,31 ; 10,33,45). Ici il annonce donc sa Venue triomphale comme Juge et Sauveur universel de la Fin des Temps. De fait, immédiatement, son action salvatrice est décrite (v. 27). Le Salut est pensé comme le rassemblement des fidèles du monde entier autour du Messie glorieux. C'est la réalisation — universalisée — de la promesse faite, dans l'ancien Testament, aux Israélites que le péché a dispersés parmi les nations (*cf.* Dt 30,3-5 ; Za 2,10-17).

Surtout cette proclamation de la venue triomphale du Fils de l'homme pour le salut universel est le point d'orgue lumineux du discours inauguré en 13,5. Si redoutables que soient les épreuves que doivent traverser les croyants — y compris la Grande Tribulation (v. 14-20) —, la description de ces maux est tout entière orientée vers cette finale heureuse : l'avènement du Christ glorieux comme libérateur décisif de l'humanité. Mais « quand » aura donc lieu cet événement majeur ? Cette question ne cesse de hanter les esprits. Elle a été la première posée à Jésus par ses amis (13,4). C'est à cette question qu'entend répondre la conclusion du discours (v. 28-37).

La petite parabole du figuier est parlante (v. 28). Le figuier est un arbre dont les fruits sont tardifs (11,13). Mais personne ne s'y trompe, l'apparition des bourgeons et des feuilles est le signe indubitable que l'été est proche. L'été, c'est la chaleur et la saison des fruits tant attendus. Cette parabole est donc claire : la fin des temps est en marche. Mais son application en est plus difficile (v. 29). L'expression « cela » est très vague. En grec, ce pronom est au pluriel. Il désigne sans précision « ces événements » dont on vient de parler. S'agit-il de la destruction du temple ? Des bouleversements variés qui culminent en une persécution sévère (v. 14-23) ? Tous ces événements sont bien comparables au craquement des bourgeons au printemps. Sous leur aspect dérangeant, ils sont annonciateurs d'une ère nouvelle. Une fois encore, le texte écarte l'interprétation « catastrophique » au bénéfice de la Bonne Nouvelle annoncée : le Fils de l'homme vient et son salut « est proche, à votre porte ». Jésus le confirme même avec solennité (v. 30). La très grande proximité du Salut est affirmée avec cette précision nouvelle : il aura lieu au cours de la « génération » présente. Marc n'a pas hésité à retenir cette parole de Jésus pour ses propres lecteurs, alors qu'il était clair que cette génération-là était révolue et que rien ne s'était passé. Il en allait de même pour cet autre propos de Jésus déjà rencontré (*cf.* 9,1) où l'attente d'une fin du monde imminente transparaissait. Peut-être est-ce pour exorciser cette attente que Jésus ajoute une formule catégorique (v. 31).

L'idée que le ciel et la terre sont des éléments qui doivent disparaître est un lieu commun des apocalypses (*cf.* Ap 21,1). Mais l'espérance du monde nouveau, du Règne de Dieu, repose sur la parole de Jésus : une parole qui prend ici l'autorité de la Parole divine (Is 40,8). Cependant la certitude de la proximité de la fin de l'histoire n'empêche pas l'ignorance totale en ce qui concerne son moment précis (v. 32). Cette phrase troublante, Luc l'a omise, des manuscrits de Matthieu l'ont gommée. Marc l'a maintenue. Elle dit clairement que personne ne sait l'échéance précise — le jour et l'heure — de la fin du monde. Le « Fils » lui-même ne les connaît pas. Cette ignorance du « Fils » a embarrassé les théologiens. Elle souligne avec force l'humanité de Jésus. Pour Marc, elle est une raison supplémentaire pour mettre un terme aux vaines supputations, aux curiosités malsaines sur « le moment de la fin du monde ». La date de cet événement est inconnaissable : elle demeure un secret absolu du Père (*cf.* Ac 1,7).

C'est pourquoi revient, comme un refrain incessant, l'appel à la vigilance (v. 33). Il ne faut pas se démobiliser à cause du retard. La vigilance s'impose d'autant plus. L'expression « Prenez garde » se lit plus concrètement en grec : « Ouvrez l'œil » (comme aux versets 13,5.9.23). L'incertitude sur le moment est ici tout entière mise au service de l'exhortation à veiller. Une ultime petite parabole incite à l'attention la plus grande (v. 34). Cette comparaison, propre à Marc, est très proche de celle que l'on trouve chez Luc (12,36-40) : « Soyez semblables à des gens qui attendent le maître à son retour des noces, afin de lui ouvrir dès qu'il viendra et frappera (...) car c'est à l'heure où vous n'y penserez pas que le Fils de l'homme viendra. » Chez Marc le maître est parti en voyage (sans doute à l'étranger). On doit prévoir une absence de longue durée. Mais il ne faut pas baisser la garde, car son retour peut se faire de façon soudaine, imprévisible. Aussi bien, la parabole, à peine ébauchée, est-elle interrompue par un appel direct aux lecteurs (v. 35-36). La vigilance doit être constante, car le retour peut être inopiné. Marc cite les quatre veilles de la nuit, qui servaient alors de repères : le soir, minuit, le chant du coq, le matin. Il ne faut pas se laisser prendre par le sommeil à quelque heure de la nuit que ce soit. Une veille continue est d'autant plus requise, rappelons-le, qu'il ne s'agit pas de l'attente d'un simple événement, mais de Quelqu'un. Depuis 13,24-25, « la Fin » porte un nom : c'est Jésus, le Fils de l'homme dont le retour glorieux est certain.

L'évangéliste conclut ces propos en mettant dans la bouche de Jésus une insistance particulière : « je le dis à tous : Veillez ! » (v. 37). Le discours avait commencé par une note intimiste, à l'adresse des seuls premiers disciples de Jésus (13,3-4). Il se présentait comme un savoir réservé à quelques initiés. C'était tout à fait dans la façon du message codé des apocalypses, elles s'adressent, en termes volontairement sibyllins, aux lecteurs. Les persécutés doivent comprendre, pas les persécuteurs ! Mais ici, en finale, le pressant appel à veiller s'ouvre « à tous », car des générations nombreuses sont concernées.

Il est temps de refermer ce volumineux chapitre 13 de saint Marc. De façon rétrospective, on peut mieux souligner les points originaux du discours de Jésus. En l'état actuel, il est impossible de démêler les propos prononcés par Jésus de la réflexion qu'ils ont engendrée dans la communauté chrétienne de Marc. La question initiale des disciples portait sur la ruine du Temple : quand aurait-elle lieu ? La réponse opère un dépassement considérable de cette question. En bref, il ne faut plus porter ses regards vers le Temple comme lieu de rassemblement. Il doit s'écrouler et tout un monde avec lui. Les yeux doivent se lever vers Celui qui, bien mieux que le Temple, sera le rassembleur d'une humanité sauvée du Mal : le Christ Glorieux, Ressuscité.

Cette heureuse perspective ne permet pas d'entretenir l'obsession de « la fin du monde » comme une catastrophe cosmique, universelle. Le mystère du mal, avec ses crises suraiguës, fait partie de la structure même de l'histoire. C'est une donnée constante de notre monde dont le terme est proprement imprévisible. Il est vain de lire les « signes des temps » comme des événements avant-coureurs de la Fin. Cette erreur a été commise lors des grandes crises de l'histoire (*cf.* les terreurs de l'an mille). Elle risque de ressurgir à l'approche du troisième millénaire. Pourtant, on l'a vu, la proximité de la venue du Christ glorieux est dans la main de Dieu. Elle dépend uniquement de sa liberté. Dieu est le maître absolu de l'histoire. Lui seul en connaît le terme.

Tout ce discours sur la Fin des Temps relève, en définitive, d'un optimisme foncier. Le Mal peut, certes, s'emballer par moments. Il ne peut enrayer le germe puissant de l'Univers nouveau qu'ont introduit dans le monde la Résurrection du Christ et le Don de l'Esprit. On n'oubliera jamais que le genre littéraire des « apocalypses » comporte de soi l'accumulation des plus ténébreuses calamités pour mettre d'autant plus en lumière le salut de Dieu. Quels contresens fréquents sont faits lorsque le lecteur s'arrête — impressionné — à la description de la prolifération du Mal ! La pointe du récit oubliée, le message heureux dont il est porteur s'évanouit.

COMMENT EST NÉ L'ÉVANGILE DE MARC ?

Nous autres, Occidentaux, avons une conception moderne — et fausse ! — de la naissance des évangiles. Jésus aurait parlé et agi. En le suivant, les évangélistes, tels des journalistes, auraient enregistré sa parole (au magnétophone ?) et ses actes (à la caméra ?). De son vivant, ou juste après sa mort, ils auraient, en chambre, composé ses « mémoires », puis livré leur ouvrage aux chrétiens.

La réalité a été tout autre. Jésus n'a rien écrit lui-même. Il n'a pas ordonné d'écrire à ses disciples. Tous vivaient dans une civilisation orale. Après son départ, les disciples de Jésus ont vécu en communauté de foi en sa personne. Ils ont lentement assimilé son message, en répondant aux questions vitales qui se posaient à eux. Ils propageaient en même temps la Bonne Nouvelle auprès des païens. C'est cette expérience d'une Église vivante et missionnaire que les évangélistes ont finalement mise par écrit.

De ce fait, les évangiles ne sont pas des « livres d'histoire » au sens moderne du mot, pas des comptes rendus exacts et exhaustifs de ce qui s'est passé. Ce sont des « témoignages de foi » sur Jésus, dignes d'un grand crédit : ils reposent sur le précieux apport des « témoins oculaires » de la vie de Jésus et des « serviteurs de sa Parole » (Lc 1,2). Mais l'on se tromperait en voyant dans ces livres le simple souvenir d'un grand homme du passé, de son œuvre et de son destin tragique. Ils introduisent à la vie d'un Vivant : le « Seigneur » Jésus ressuscité (*cf.* 16,6-7). Car, après sa Résurrection — à la Pentecôte —, Jésus a envoyé l'Esprit saint à la communauté de ses disciples. C'est alors seulement qu'ils sont entrés dans l'intelligence de son mystère (*cf.* Ac 2,22-36). C'est alors que, se sentant investis par la force du Christ victorieux de la mort, ils se sont mis à témoigner de lui dans le monde (Ac 4,33). C'est alors qu'ils se sont rassemblés pour approfondir leur connaissance du Sauveur et célébrer son mystère (Ac 2,42).

Cette maturation de la foi par la primitive Église s'est opérée au travers de ses trois activités essentielles :

1. *La mission.* Les premiers chrétiens ont diffusé la Bonne Nouvelle dont ils étaient les heureux bénéficiaires : ce Jésus de Nazareth qui a été crucifié malgré son innocence, Dieu l'a ressuscité. Il est « le juge et sauveur » universel de la fin des temps (voyez, par exemple, Ac 10,34-43). On peut évaluer l'importance exceptionnelle accordée à ce message de foi par la longueur du « récit suivi » de la Passion et de la Résurrection (14,1 à 16,8). Que la mort tragique du Messie ait trouvé son heureux dénouement dans la résurrection, c'est ce qu'annonçaient ses miracles, tous « signes » de sa victoire sur les forces du Mal et de la Mort.

2. *La liturgie.* C'est dans le cadre des assemblées de prière que les premiers chrétiens ont conservé jalousement les faits et gestes de Jésus

pour communier à son mystère. Les récits du baptême de Jésus (1,9-11) et de l'institution de l'eucharistie (14,17-25) ont pris forme dans la célébration de ces sacrements.

3. *La catéchèse.* Enfin les premiers chrétiens n'ont cessé de laisser interroger leur vie par la Parole et l'attitude de Jésus. Leurs questions les poussaient à chercher réponse dans l'exemple même du Maître. Ces questions ne manquaient pas : « Que faut-il faire quand on est tenté d'abandonner sa foi ? » — Voyez la réponse dans : *la prière de Gethsémani* (14,32-42). « Faut-il continuer d'observer la loi de Moïse : le sabbat ? le jeûne ? les rites de purification ? » — Voyez ce qu'en pense Jésus (2,18-28). « Que faut-il penser du divorce ? » — Voyez 10,1-12. « Quelle attitude avoir vis-à-vis des richesses ? » — Voyez 10,17-31 etc.

Certains problèmes de vie se posaient journellement à la communauté chrétienne, et non des moindres : « Comment se comporter vis-à-vis des pécheurs et des païens, ''exclus'' de toute fréquentation par les Juifs les plus fervents ? » — Voyez l'attitude de Jésus : *le repas pris avec les pécheurs* (2,13-17) ; *la foi d'une païenne* (7,24-30). « Comment garder la foi au cœur de la persécution ? » — Voyez : *la vraie famille de Jésus* (3,31-35) ; *suivre Jésus en donnant sa vie pour lui* (8,34-9,1). « Quand on a un pouvoir dans l'Église, comment l'exercer ? » — Voyez : *comment suivre Jésus en serviteur ?* (9,33-37) ; la réponse du Maître à *la demande des fils de Zébédée* (10,35-45).

Ainsi en s'appuyant sur l'enseignement de Jésus et sa pratique quotidienne, des catéchèses se sont mises en place, source de « révisions de vie » pour tous les baptisés.

Il faut donc en prendre acte : l'évangile de Marc n'est pas une « biographie » de Jésus au sens actuel du mot. Aux questions purement critiques et historicistes du genre : « Qu'est-ce qui s'est vraiment passé ? », l'évangile n'apporte aucune réponse ! L'œuvre est le produit d'une longue et profonde réflexion de près de quarante ans (des années 30 à 70) sur la personne et la mission de Jésus. Sa vie et son activité terrestres sont relues à la lumière de la Résurrection et de l'Écriture, par une communauté de croyants qui les propose à la foi de tous (voyez la finale de Jean : 20,30-31).

SIXIÈME ÉTAPE

# *LA PASSION ET LA RÉSURRECTION DE JÉSUS* (14,1 à 16,8)

La sixième et ultime étape est celle où l'évangile culmine dans les récits, enchaînés, de la Passion et de la Résurrection de Jésus.

I. Le récit de la Passion (14,1 à 15,47).
Il tient une grande place — deux chapitres entiers — dans cette étape. On mesure par là combien la souffrance et la mort de Jésus ont été dures à accepter par les disciples. Cependant, malgré les défaillances humaines de ces derniers (trahison, reniement, fuite, etc.), Jésus a tenu à les associer pleinement au mystère de sa mort salvatrice.

Une *introduction*, très courte (14,1-11), ouvre le récit. Elle comporte trois petites scènes qui mettent le lecteur en situation.

— *Le complot contre Jésus* (14,1-2) signale la stratégie des autorités juives pour se débarrasser d'un homme populaire devenu gênant.
— *L'onction à Béthanie* (14,3-9) raconte le geste prophétique d'une femme anticipant l'embaumement de Jésus.
— *L'offre de trahison de Judas* (14,10-11) déclenche le drame.

Une *première séquence* (14,12-52) est toute centrée sur l'événement capital de « la Pâque » de Jésus avec ses disciples.
— *Les préparatifs du repas d'adieu* (14,12-16) relatent, de façon solennelle, les dispositions prises par Jésus pour associer ses amis au « mémorial » de la Nouvelle Alliance qu'il va sceller entre Dieu et son peuple, par le mystère de sa mort et de sa Résurrection.
— *L'institution de l'eucharistie* (14,22-26) montre comment, au cours de son repas d'adieu, Jésus a laissé aux siens ce précieux « testament » du don de sa personne et de sa vie.
Deux petits récits sont venus « encadrer » cet événement d'importance et lui donner une atmosphère particulièrement grave :
— *l'annonce de la trahison de Judas* (14,17-21) et
— *l'annonce du reniement de Pierre* (14,27-31). Le climat de

délation et de défection qui règne dans le cercle des disciples n'empêche pas Jésus de faire participer ceux-ci au « sacrement » de sa mort et de sa Résurrection salutaires.

La séquence se termine par la relation de deux moments très émouvants :

— *La prière de Gethsémani* (14,32-42) souligne la faiblesse de la foi des disciples.

— *L'arrestation de Jésus* (14,43-52) provoque la dislocation du groupe des Douze dans la fuite.

Une *deuxième séquence* (14,53 à 15,47) nous entraîne au cœur du drame : le « procès » et la « mise à mort » de Jésus.

1/ Le *procès* de Jésus se déroule en deux temps :

— *Jésus devant le sanhédrin* (14,53-65) est la phase juive ;

— *Jésus devant Pilate* (15,1-15) est la phase romaine.

Marc a centré ces deux récits sur la révélation publique que Jésus est amené à faire de son identité et de sa mission. S'il est bien « le roi des Juifs », le Messie, sa déclaration solennelle devant le grand prêtre donne à ce titre une ampleur insoupçonnée. Il s'affirme comme le Juge et Sauveur universel de la fin des temps.

Cette révélation n'empêche pas l'homme Jésus de subir lâchetés et humiliations diverses :

— *le reniement de Pierre* (14,66-72) illustre la lâcheté ;

— *les scènes de dérision* (15,16-20) éclairent ses humiliations.

2/ Le procès achevé, la *mise à mort de Jésus* fait l'objet d'une relation fortement dramatique (15,21-47). Condamné par Pilate à l'infâme supplice de la croix, Jésus connaît cet atroce martyre. Marc en brosse les deux scènes pathétiques :

— *le crucifiement au Golgotha* (15,21-32) situe bien l'événement ;

— *la mort de Jésus* (15,33-41) est la pointe du récit de la Passion. L'évangéliste y donne à son lecteur une leçon magistrale : c'est dans la bouche d'un païen, au pied de la croix, qu'est mise la profession de foi « chrétienne » en plénitude, avec ces mots : « Vraiment cet homme était le Fils de Dieu » (15,39). Ainsi vient la réponse adéquate à la question sans cesse posée sur Jésus depuis le début de l'évangile : « Quel est cet homme ? »

La séquence s'achève alors par la simple scène de :

— *l'ensevelissement* (15,42-47).

II. Le récit de la Résurrection (16,1-8)

Ce récit très bref — de huit versets — vient clore l'ensemble de l'évangile, davantage comme une « ouverture » que comme un achèvement. Des femmes en sont les seules héroïnes. Elles ont eu le courage d'accompagner Jésus jusqu'à la croix et au sépulcre. Elles sont encore toutes tournées vers la mort lorsqu'elles découvrent

— *le tombeau ouvert* (16,1-8).

Un messager céleste vient leur annoncer l'heureuse nouvelle : le Crucifié est Ressuscité. Ce message est inouï au point qu'elles s'enfuient, transies de crainte. La raison humaine est déroutée par cette révélation que seule la foi peut accueillir : Jésus de Nazareth est le Messie et le Fils de Dieu qui est mort et ressuscité pour le salut des hommes.

Dans un court *épilogue* (16,9-20), il restera au rédacteur final à mettre l'accent sur les conséquences de ce joyeux Message. Avec l'appui de sa présence efficace, le Ressuscité envoie ses disciples proclamer la Bonne Nouvelle dans le monde entier.

## LE COMPLOT CONTRE JÉSUS (14,1-2)

1 **La fête de la Pâque et des pains sans levain**
**allait avoir lieu dans deux jours.**
**Les chefs des prêtres et les scribes**
**cherchaient le moyen d'arrêter Jésus par ruse,**
**pour le faire mourir.**
2 **Car ils se disaient :**
**« Pas en pleine fête,**
**pour éviter une émeute dans le peuple. »**

Après le long excursus du chapitre 13, tout entier centré sur la ruine du Temple et la fin des temps, le récit de la Passion commence.

Pour la première fois, le lecteur est situé dans l'horizon de « la fête de la Pâque » (v. 1*a*). Avant l'histoire du peuple hébreu, la Pâque était une fête de pasteurs nomades, éleveurs de petit bétail. Au printemps, lors de la reproduction des troupeaux, on offrait à la divinité les premiers-nés des agneaux (*cf.* Ex 12,1-11). Lorsque Israël s'est sédentarisé, il a adopté une autre fête, d'agriculteurs celle-là : la fête « des pains sans levain ». Elle célébrait la moisson des céréales nouvelles. Ces deux fêtes — Pâque et les pains sans levain — ont assez tôt fusionné. Au lieu de célébrer la renaissance de la nature au printemps, elles ont servi à commémorer la libération de l'esclavage (la sortie d'Égypte) qui a permis la constitution du peuple de Dieu (Dt 16,1-8). En Israël, la Pâque était devenue la première et la plus grande fête juive. Ce n'est pas par hasard que le récit de la Passion est placé sous le signe de cette fête. Elle lui donne un ton résolument liturgique.

Mais aussitôt le cours des choses reprend ses droits (v. 1*b*). On a vu naître très tôt le complot contre Jésus, du moins ce qui n'était qu'une esquisse (3,6). C'était alors le fait des pharisiens et des partisans d'Hérode. Mais depuis que le Maître se trouve à Jérusalem, le projet de l'arrêter s'est précisé. Ce sont les milieux sacerdotaux qui ont pris le relais des laïcs, surtout depuis « l'affaire » du Temple (11,15-18 ; 12,12). Maintenant les chefs des prêtres, aidés par les scribes, en sont à rechercher les moyens concrets pour se saisir de lui. Ils opèrent par ruse, conscients de devoir éviter un soulèvement populaire (v. 2). La fête de la Pâque attirait à Jérusalem une grande foule de pèlerins, des juifs dispersés dans toutes les nations. C'était un moment propice aux émeutes. Or, Jésus avait la faveur du peuple en raison de l'enseignement lumineux qu'il lui dispensait au Temple (12,12,37). Les autorités juives doivent donc faire vite, agir avant que la fête ne commence. C'est plus sûr pour l'ordre public.

## L'ONCTION À BÉTHANIE (14,3-9)

**3 Jésus se trouvait à Béthanie, chez Simon le lépreux.**
**Pendant qu'il était à table, une femme entra,**
**avec un flacon d'albâtre**
**contenant un parfum très pur et de grande valeur.**
**Brisant le flacon, elle le lui versa sur la tête.**
**4 Or, quelques-uns s'indignaient :**
**« A quoi bon gaspiller ce parfum ?**
**5 on aurait pu le vendre pour plus de trois cents pièces d'argent**
**et en faire don aux pauvres. »**
**Et ils la critiquaient.**
**6 Mais Jésus leur dit :**
**« Laissez-la !**
**Pourquoi la tourmenter ?**
**C'est une action charitable qu'elle a faite envers moi.**
**7 Des pauvres, vous en aurez toujours avec vous,**
**et, quand vous voudrez, vous pourrez les secourir ;**
**mais moi, vous ne m'aurez pas toujours.**
**8 Elle a fait tout ce qu'elle pouvait faire.**
**D'avance, elle a parfumé mon corps pour mon ensevelissement.**
**9 Amen, je vous le dis :**
**partout où la Bonne Nouvelle sera proclamée**
**dans le monde entier,**
**on racontera, en souvenir d'elle, ce qu'elle vient de faire. »**

La scène rapportée ici sert de prologue à la Passion. L'histoire se passe à Béthanie, petit village proche de Jérusalem où Jésus a pris l'habitude de se retirer en sortant de la Ville (11,11). L'homme qui le reçoit n'est pas autrement connu. C'est sûrement un ancien lépreux qui a gardé ce surnom (v. 3*a*). Il est guéri puisqu'il accueille Jésus chez lui.

Il est unique chez Marc de voir Jésus rencontrer une femme alors qu'il est à table chez un ami (v. 3*b*). Cette femme est anonyme. L'évangéliste n'a pas porté son attention sur sa personne, mais sur son action. Elle tient dans un vase précieux un parfum « très pur ». Il s'agit d'une huile aromatisée extraite d'une plante exotique de l'Inde. « Brisant le flacon, elle lui verse sur la tête » (v. 3*c*). Marc souligne la prodigalité du geste. La femme n'hésite pas à casser le flacon pour en déverser plus abondamment et plus vite le contenu. C'est très facilement qu'elle répand le parfum sur la tête de Jésus : ce dernier est attablé à la manière antique, c'est-à-dire allongé de côté sur une banquette. Que signifie ce geste inattendu ? C'est sûrement de la part de cette femme un grand hommage rendu à la personne du Maître. Peut-être même est-ce la reconnaissance de sa messianité, car c'est par une onction d'huile sur la tête qu'on marquait les rois. Selon l'attente juive, le Messie serait l'« oint », le consacré par excellence (*cf.* Is 61,1). Mais l'entourage de Jésus réagit très mal.

Entre Simon, Jésus et la femme, on ignorait la présence des disciples. Ce sont eux qui s'indignent. Ils voient là un évident gaspillage. Ils allèguent le souci des pauvres en évaluant le prix du parfum perdu à plus de trois cents « deniers » : l'équivalent du salaire de trois cents jours de travail pour un ouvrier agricole (v. 4-5). C'est une somme énorme ! Cette critique est habile. Mais Jésus maintient la valeur du geste : « c'est une action charitable qu'elle a faite envers moi » (v. 6). Voilà les disciples prévenus. On n'est pas à la veille de manquer de pauvres à secourir. Certes, dans la loi de Moïse, Dieu a demandé à son peuple de tout mettre en œuvre pour supprimer l'injustice que représente la pauvreté : « Qu'il n'y ait pas de pauvre chez toi ! » (Dt 15,4). Mais cet idéal ne doit pas faire illusion. « Les pauvres ne disparaîtront pas de ce pays. Aussi je te donne ce commandement : tu dois ouvrir ta main à ton frère, à celui qui est pauvre et humilié dans ton pays » (Dt 15,11). Jésus ne nie donc pas qu'il soit urgent d'aider les pauvres. Du reste, au sein même du groupe de ses disciples, il y a — comme dans les confréries du temps — l'un d'eux plus particulièrement chargé des aumônes. D'après Jean, c'était même le rôle dévolu à Judas, le trésorier des Douze (*cf.* Jn 12,4-6). C'est flagrant, les apôtres, Judas en tête, font figure d'hypocrites en accusant la femme de gaspillage. Et Jésus donne au geste de l'inconnue un sens hautement positif. « D'avance, elle a parfumé mon corps pour mon ensevelissement » (v. 8). Pour lui, cette femme vient de poser un geste prophétique. Elle vient d'anticiper l'embaumement de son cadavre. C'est un acte sans prix quand on sait que la mise en sépulture de Jésus sera celle des condamnés : elle aura lieu en hâte et sans que le corps soit embaumé (15,46). Soulignons aussi que dans le judaïsme de l'époque, une controverse existait sur l'importance des œuvres de charité. La tradition déjà plaçait l'ensevelissement des morts comme un acte de bienfaisance caractérisée, à côté de l'aumône faite aux pauvres (*cf.* Tb 1,16-18).

Jésus n'a pas hésité à mettre l'action de cette femme anonyme en rapport avec le drame qu'il va vivre. Et Marc n'a pas manqué de conclure son récit en notant la parole solennelle du Maître : cet événement sera connu du monde entier partout où la Bonne Nouvelle du Salut sera proclamée (v. 9). Lorsqu'il met en page cette scène, l'évangéliste sait que l'onction à Béthanie se trouve liée à la proclamation de « l'évangile » de la Passion du Seigneur Jésus. On connaît l'intérêt de Marc pour la communication universelle de la « Bonne Nouvelle » de Jésus Christ (1,1 ; 8,35 ; 10,29 ; 13,10). Le cœur de l'Évangile est la Passion et la Résurrection du Messie. L'humble geste de cette femme y a trouvé sa place tout naturellement.

## L'OFFRE DE TRAHISON DE JUDAS (14,10-11)

10 **Judas Iscariote, l'un des Douze,**
**alla trouver les chefs des prêtres pour leur livrer Jésus.**
11 **A cette nouvelle, ils se réjouirent**
**et promirent de lui donner de l'argent.**
**Dès lors Judas cherchait une occasion favorable pour le livrer.**

Comme on l'a vu : parmi les disciples qui se sont élevés contre l'offre d'un parfum précieux fait à Jésus par une femme (14,3-9), se trouvait sûrement « Judas Iscariote, l'un des Douze » (v. 10*a*). Grâce à Jean l'évangéliste, nous savons qu'il était, dans le collège apostolique, celui qui tenait la bourse. Chargé des dépenses du groupe, il avait aussi la responsabilité de l'aide aux pauvres. Or, il n'en avait cure, car « c'était un voleur... il dérobait » ce qu'on mettait dans la bourse (Jn 12,4-6). Est-il besoin de beaucoup d'imagination pour penser qu'avec l'appât du gain il était le plus enclin à trahir son maître par avarice ? De fait, c'est lui qui « alla trouver les chefs des prêtres pour leur livrer Jésus ». En retour il reçut de l'argent (v. 10*b*-11a). Ainsi, par ruse, sans bruit comme ils le recherchaient (14,1*b*), les chefs des prêtres voient mûrir leur projet. Et Marc, par ces simples mots, met bien en évidence que, pour un avantage sordide, un traître s'est glissé dans la troupe des amis de Jésus. Le Maître avait choisi Judas comme les autres apôtres, en toute confiance, pour être avec lui et l'aider dans sa mission (3,13-19). Il faudra se souvenir que l'une des responsabilités de la mort de Jésus incombe en premier lieu à l'un de ses proches. Judas maintenant cherche l'occasion de livrer Jésus (v. 11*b*). Cette occasion surgira à son heure. Ce n'est plus qu'une question de jours (14,43-50).

## LES PRÉPARATIFS DU REPAS D'ADIEU (14,12-16)

**12 Le premier jour de la fête des pains sans levain,**
**où l'on immolait l'agneau pascal,**
**les disciples de Jésus lui disent :**
**« Où veux-tu que nous allions faire les préparatifs**
**pour ton repas pascal ? »**
**13 Il envoie deux disciples :**
**« Allez à la ville ;**
**vous y rencontrerez un homme portant une cruche d'eau.**
**14 Suivez-le. Et là où il entrera, dites au propriétaire :**
**"Le Maître te fait dire : Où est la salle**
**où je pourrai manger la Pâque avec mes disciples ?"**
**15 Il vous montrera, à l'étage,**
**une grande pièce toute prête pour un repas.**
**Faites-y pour nous les préparatifs. »**
**16 Les disciples partirent, allèrent en ville ;**
**tout se passa comme Jésus le leur avait dit ;**
**et ils préparèrent la Pâque.**

Le récit qui commence ici surprend le lecteur par son souci de précision. Il porte d'abord sur la date et la signification du repas d'adieu pris par Jésus avec ses disciples. D'abord la date. Marc — comme Matthieu (26,17-19) et Luc (22,7-13) au même endroit — fait du dernier repas de Jésus le repas pascal que les juifs célébraient la veille de la fête de Pâque (v. 12*a*). Or, il est très peu probable que Jésus ait pu manger la Pâque juive. Il serait mort, le lendemain, en pleine fête pascale. Mais, selon les règlements juridiques de l'époque, il est impossible de voir condamner et exécuter quelqu'un une fois la grande Fête commencée. Au plan historique, la chronologie indiquée par l'évangéliste Jean semble préférable. La Pâque juive tombait, cette année-là, un samedi, le jour du sabbat (Jn 19,31). Jésus a été crucifié la veille, un vendredi, à l'heure où l'on égorgeait les agneaux pour les manger le soir même (Jn 18,28). Compte tenu du temps nécessaire à son procès, c'est le jeudi que Jésus a pris son repas d'adieux avec ses disciples. Ce décalage chronologique s'impose. De toute façon, c'est dans l'ambiance de la fête toute proche que ce repas a eu lieu. Et l'on comprend qu'après coup, les évangiles synoptiques aient fait de ce repas un repas pascal. La mort et la Résurrection de Jésus scellaient la « Pâque nouvelle » : la libération du Mal et de la Mort. Paul, le premier, avait pu dire : « Le Christ notre Pâque a été immolé. Célébrons la Fête non avec du vieux levain... mais avec des azymes (pains sans levain) de pureté et de vérité » (1 Co 5,7-8).

Puis le récit continue dans un style qui côtoie « le merveilleux ». À la demande qu'on lui fait sur le lieu du repas, Jésus apporte une curieuse réponse (v. 13-15). Deux choses frappent dans ce récit. La première, c'est la rencontre par les disciples d'un homme porteur d'eau. D'ordinaire, ce sont les femmes qui effectuent cette tâche. Jésus donne donc ce trait insolite comme un signe convenu à l'avance. La seconde chose bizarre, c'est la découverte d'une salle « toute prête » pour le repas. La Providence semble avoir tout prévu, et Jésus nous est présenté comme un prophète qui connaît les événements à venir jusqu'au moindre détail. Comment expliquer cela ? Il est à peu près certain que Marc s'est inspiré, pour rédiger cette page, d'un modèle biblique connu. Dans le premier livre de Samuel, le prophète de ce nom prévoit les rencontres providentielles que fera le jeune Saül. Ces rencontres doivent prouver que Dieu a choisi ce jeune homme comme roi d'Israël (1, S 10,1-10). De la même façon, la rencontre prévue du porteur d'eau par deux disciples sera le signe que Dieu a bien choisi Jésus pour être le Roi-Messie. Cette lecture trouve sa confirmation dans cet autre passage de Marc : l'entrée de Jésus à Jérusalem (11,1-11). Là aussi, le Maître envoie deux disciples. Ils font la rencontre de l'ânon. L'événement est clairement messianique. Et chaque fois les choses se passent conformément à leur prédiction. Tout se déroule selon la voyance prophétique du Maître (v. 16).

Concluons en soulignant que la répétition ici, par deux fois, de l'adjectif « pascal » (v. 12*b* et *d*) et de l'expression « la Pâque » (v. 14 et 16) appelle l'attention du lecteur sur la signification ultime du repas que va prendre Jésus. Ce sera la célébration d'événements commémorant la sortie d'Égypte : l'annonce de la mort et la Résurrection libératrices du Messie.

## L'ANNONCE DE LA TRAHISON DE JUDAS (14,17-21)

**17 Le soir venu, Jésus arrive avec les Douze.**
**18 Pendant qu'ils étaient à table et mangeaient,**
**Jésus leur déclara :**
**« Amen, je vous le dis :**
**l'un de vous, qui mange avec moi, va me livrer. »**
**19 Ils devinrent tout tristes,**

**et ils lui demandaient l'un après l'autre :**
**« Serait-ce moi ? »**
20 **Il leur répondit :**
**« C'est l'un des Douze, qui se sert au même plat que moi.**
21 **Le Fils de l'homme s'en va, comme il est écrit à son sujet ;**
**mais malheureux celui qui le livre !**
**Il vaudrait mieux pour lui qu'il ne soit pas né. »**

C'est en soirée, la nuit tombée, que les juifs prennent leur principal repas. Marc souligne aussi que le moment présent est grave (v. 17) : c'est l'heure des ténèbres. Davantage. Jusque-là, l'évangéliste a parlé des « disciples » (14,12), ici il précise qu'il est question des Douze. Il s'agit bien du collège des apôtres, ceux que Jésus a associés à sa personne et à sa mission. Le groupe qui se rassemble pour manger est le symbole du peuple de Dieu tout entier (les douze tribus d'Israël). Il est censé former une communauté unie. Pourtant, celle-ci porte la division en son sein. Aussi, Jésus annonce-t-il clairement la trahison de Judas, sans pourtant le nommer. Il fait allusion au thème biblique du juste persécuté, à l'homme trahi par son entourage le plus proche : « Même l'ami sur lequel je comptais, et qui partageait mon pain, se lève insidieusement contre moi » (Ps 41,10). Ces paroles frappent les disciples de plein fouet (v. 19).

Comme Jésus ne démasque pas tout à fait le traître, chacun est acculé à s'interroger sur sa propre traîtrise : « Serait-ce moi ? » Marc a certainement glissé là cette question pour que tout chrétien s'interroge, à son tour, sur les sentiments qui l'animent lorsqu'il prend part au repas du Seigneur. Jésus renvoie ses amis à leur question (v. 20). Dans le repas juif, chacun prend sa part de nourriture en portant la main dans un plat commun. Une fois de plus, Jésus ne désigne pas nommément le traître. Il laisse planer le doute, mais il s'agit bien de quelqu'un qui est là : « l'un des Douze » (14,10). Et le Maître évoque son sort comme un dessein de Dieu (v. 21*a*). Aucune parole de l'Ancien Testament n'annonce la mort du « Fils de l'homme ». Mais Jésus en appelle à l'Écriture comme à la source dernière de l'explication du destin qui l'attend. Nous cherchons souvent des raisons psychologiques aux événements de la Passion. Qu'est-ce qui a pu pousser Judas à trahir son Maître ? Ce genre de question n'intéressait pas les premiers chrétiens. Ce qui leur importait, c'était de comprendre comment le scandale du Messie abandonné par les siens entrait dans le dessein de Dieu (*cf.* Is 53,7-9).

Enfin Jésus conclut son présent propos par des paroles souvent mal comprises (v. 21*b*). On a voulu voir dans ces mots la claire affirmation par Jésus de la damnation éternelle de Judas. C'est oublier que Jésus s'exprime dans le style bien connu des lamentations bibliques. Il ne juge pas le traître, il ne le condamne pas : il le plaint ; il pleure sur lui à la manière dont les prophètes gémissaient sur l'infidélité de tout le peuple de Dieu : « Malheur ! Nation pécheresse ! Peuple coupable ! Race de malfaiteurs, fils pervertis » (Is 1,4). On a déjà rencontré ce genre d'apostrophe de Jésus sur le mal qui le presse et le conduit à sa perte (*cf.* 9,19). On ne peut vraiment pas conclure de la plainte de Jésus qu'il ait voué Judas à l'enfer.

## L'INSTITUTION DE L'EUCHARISTIE (14,22-26)

**22 Pendant le repas,**
**Jésus prit du pain, prononça la bénédiction, le rompit,**
**et le leur donna, en disant :**
**« Prenez, ceci est mon corps. »**
**23 Puis, prenant une coupe et rendant grâce,**
**il la leur donna, et ils en burent tous.**
**24 Et il leur dit :**
**« Ceci est mon sang, le sang de l'alliance,**
**répandu pour la multitude.**
**25 Amen, je vous le dis : je ne boirai plus du fruit de la vigne,**
**jusqu'à ce jour où je boirai un vin nouveau**
**dans le royaume de Dieu. »**

**26 Après le chant d'action de grâce,**
**ils partent pour le mont des Oliviers.**

On aurait bien aimé connaître dans le détail tout ce qui s'est passé au cours du dernier repas de Jésus avec ses disciples. Mais, au lieu d'une description longue et circonstanciée, Marc nous livre — comme Matthieu (26,26-29) et Luc (22,19-20) — un récit court et très schématique. Il s'agit manifestement d'un texte liturgique déjà formé. Il s'attache en peu de mots, de façon très dense, à dégager le sens des actes et des paroles de Jésus à ce qu'on appelle « la Cène » (mot latin qui veut dire littéralement « repas du soir »).

Le Maître fait un geste rituel bien connu des juifs lors de leur repas de fête (v. 22). Comme le père de famille qui préside la table, il prend du pain et adresse à Dieu une grande prière de louange et de remerciement pour les dons reçus de lui. La « bénédiction » juive, loin d'être une parole furtive, est un acte solennel par lequel les Israélites rendent grâce au Seigneur de leur avoir procuré le salut. Ainsi lit-on dans la « Haggada » de la Pâque (le rituel du repas pascal) : « Nous avons une dette : celle de remercier, de louer (...) de bénir Celui qui fit pour nos pères et pour nous tous les signes. Il nous tira de la servitude vers la liberté, de la détresse vers la joie, du deuil vers la fête, des ténèbres vers la lumière et de l'oppression vers l'affranchissement. Et chantons devant sa face un chant nouveau : Alléluia. » Une fois prononcé ce type de prière, Jésus rompt le pain. Il le partage en en distribuant une bouchée à chaque convive. Et, ce faisant, il leur dit : « Prenez, ceci est mon corps. » Dans la langue de Jésus, l'araméen, le mot « corps » ne désigne pas la chair humaine, mais la « personne » tout entière. Jésus ne donne donc pas sa chair à manger — interprétation matérialiste et occidentale. Il annonce que sa personne va être livrée à la mort et qu'on peut communier à cela.

La signification du don qu'il fait s'éclaire davantage par le geste et la parole parallèlement effectués sur la coupe. Avec solennité, il déclare : « Ceci est mon sang, le sang de l'Alliance, répandu pour la multitude » (v. 23-24). Tous les mots ont ici une densité peu commune. Jésus, avec la coupe de vin à la main, commence à nouveau par « rendre grâce » à Dieu. C'est cette expression grecque qui a donné en français le mot « eucharistie » (action de grâce) par lequel on désigne l'ensemble des rites ici rapportés. En passant, notons cette curiosité du texte : les disciples ont bu avant que Jésus ait donné le sens de son geste. L'expression « mon sang », en langage sémitique, signifie « ma vie » (Lv 17,14). En prenant le vin consacré, les disciples ne boivent pas du sang humain. Ils ne sont pas des anthropophages. Ils communient à la personne du Christ qui a donné sa vie sur la croix (1 Co 11,17-34). Les paroles qui suivent explicitent le sens que Jésus a donné à sa mort. Son sang versé sera « le sang de l'alliance ». Jadis au Sinaï, Dieu avait conclu un pacte de communion avec Israël, le peuple élu. Après avoir lu la loi divine aux Israélites, Moïse avait scellé cette première alliance par le sang de jeunes taureaux immolés (Ex 24,3-8). Maintenant, Jésus par sa mort va fonder ce que Paul (1 Co 11,25) et Luc (22,20) précisent être « la nouvelle » Alliance entre Dieu et l'humanité entière. Jésus en effet donne à sa propre mort un sens « sauveur » et universel. Son sang va être « répandu pour la multitude ». La « multitude » est une formule sémitique qui désigne l'ensemble des hommes. Et cette formule fait allusion de manière discrète, mais sûre, au Serviteur souffrant que le prophète Isaïe montre en train de mourir pour réconcilier les foules humaines avec Dieu (Is 53,12).

Ainsi Jésus a-t-il donné à sa mort prochaine une portée salutaire universelle. Il offre sa personne et sa vie pour le salut du monde. Et, en finale de ce dernier repas, le Maître a ouvert une perspective heureuse (v. 25). Ici, par-delà sa mort, Jésus annonce sa victoire. Il promet la venue du Règne de Dieu sous l'image messianique du banquet qui doit rassasier la faim et la soif des hommes à la fin des temps. Là coulera le « vin nouveau » de la Fête sans trêve où, une fois la Mort détruite (l'ultime obstacle !), toutes les nations de la Terre communieront au Dieu vivant (Is 25,6-9).

En ces quelques versets d'un récit déjà utilisé par les communautés chrétiennes, Marc nous a montré Jésus instituant l'Eucharistie. Pour les chrétiens auxquels il s'adresse, ce repas est déjà renouvelé comme un « mémorial » de la mort et de la Résurrection du Sauveur. Lorsqu'ils partagent le « pain rompu » et la « coupe de bénédiction », les chrétiens sont conscients de se rendre contemporains des événements du salut. Ils savent que le sacrement actualise — rend présent — le mystère du Christ mort et ressuscité. Comme leurs frères juifs célébrant la Pâque, les disciples de Jésus peuvent reprendre ces paroles du rituel : « De génération en génération, c'est une dette pour l'homme de se voir comme s'il était sorti d'Égypte. Ce ne sont pas seulement nos pères qu'il sauva, le Saint, béni soit-il, mais nous-mêmes, en eux, il nous sauva. »

Le repas d'adieux de Jésus avec les Douze se termine comme tous les repas de fête chez les juifs (v. 25). On chante la deuxième partie du « Hallel », les psaumes 115 à 118. Ces prières de louange se concluent par l'acclamation « Alléluia » : « Louez le Seigneur. » Puis Jésus et ses amis se rendent au mont des Oliviers. C'était un moyen bien simple, pour le Maître et ses disciples, d'échapper aux menaces qui pesaient sur eux à l'intérieur des murs de la ville.

### L'ANNONCE DU RENIEMENT DE PIERRE (14,27-31)

**27 Jésus leur dit :**
**« Vous allez tous être exposés à tomber,**
**car il est écrit :**
***Je frapperai le berger***
***et les brebis seront dispersées.***
**28 Mais, après que je serai ressuscité,**
**je vous précéderai en Galilée. »**
**29 Pierre lui dit alors :**
**« Même si tous viennent à tomber,**
**moi, je ne tomberai pas. »**
**30 Jésus lui répond :**
**« Amen, je te le dis :**
**toi, aujourd'hui, cette nuit même,**
**avant que le coq chante deux fois,**
**tu m'auras renié trois fois. »**
**31 Mais lui reprenait de plus belle :**
**« Même si je dois mourir avec toi,**
**je ne te renierai pas. »**
**Et tous disaient de même.**

Le climat de fête du dernier repas laisse place à une atmosphère lourde, pesante. Jésus prévient ses amis (v. 27-28). Il n'est pas sans voir venir les graves conséquences qu'entraînera sa disparition. Il annonce la dispersion du groupe qui l'accompagne, sa défection. Cette épreuve qui attendait les Douze s'est révélée très dure. Marc a trouvé le passage d'Écriture qui permettait aux premiers chrétiens de surmonter le scandale causé par cet abandon de leur Maître par les disciples. Il s'agit d'un verset du livre de Zacharie le prophète. On y lit le drame des brebis qui se retrouvent sans pasteur (Za 13,7*b*). Depuis le début de son ministère, Jésus s'est présenté comme le Pasteur d'Israël, celui qui vient rassembler le troupeau (6,34). Il a désigné douze de ses disciples pour cette même tâche auprès des foules (6,37 : « Donnez-leur vous-mêmes à manger »). Lorsque l'épreuve de sa Passion aura décimé les Douze, Jésus, « ressuscité », reviendra se mettre à la tête de ses amis. À nouveau rassemblés, il marchera devant eux afin de les guider.

Pour l'heure, l'épreuve est toute proche. Il faut l'affronter avec courage. La protestation de fidélité de Pierre, premier des Douze, est tout à son honneur (v. 29). Elle révèle un cœur généreux. Mais le Maître n'ignore pas la fragilité de ses amis (v. 30). L'attachement de Pierre ne tiendra que jusqu'au lever du jour prochain (*cf.* 14,66-72). Il a beau assurer Jésus de l'indéfectibilité de son loyalisme, ainsi que ses compagnons (v. 31). Marc a souvent souligné l'aveuglement des disciples devant la mort prochaine de leur Maître. À ce moment ils sont plus que jamais totalement inconscients de ce qu'ils vont réellement faire.

Rappelons, pour finir, que c'est à dessein que l'évangéliste a encadré le récit de l'institution de l'eucharistie (14,22-26) par ces deux morceaux annonciateurs de la lâcheté des fidèles les plus proches de Jésus : la trahison de Judas (14,17-21) et le reniement de Pierre (14,27-31).

## LA PRIÈRE DE GETHSÉMANI (14,32-42)

**32 Ils parviennent à un domaine appelé Gethsémani.**
**Jésus dit à ses disciples :**
**« Restez ici ; moi, je vais prier. »**
**33 Puis il emmène avec lui Pierre, Jacques et Jean,**
**et commence à ressentir frayeur et angoisse.**
**34 Il leur dit :**
**« Mon âme est triste à mourir.**
**Demeurez ici et veillez. »**
**35 S'écartant un peu, il tombait à terre et priait**

**pour que, s'il était possible, cette heure s'éloigne de lui.**
36 **Il disait :**
**« *Abba*... Père, tout est possible pour toi.**
**Éloigne de moi cette coupe.**
**Cependant, non pas ce que je veux,**
**mais ce que tu veux ! »**
37 **Puis il revient et trouve les disciples endormis.**
**Il dit à Pierre :**
**« Simon, tu dors ! Tu n'as pas eu la force de veiller une heure ?**
38 **Veillez et priez pour ne pas entrer en tentation :**
**l'esprit est ardent, mais la chair est faible. »**
39 **Il retourna prier, en répétant les mêmes paroles.**
40 **Quand il revint près des disciples,**
**il les trouva endormis, car leurs yeux étaient alourdis.**
**Et ils ne savaient que lui dire.**
41 **Une troisième fois, il revient et leur dit :**
**« Désormais, vous pouvez dormir et vous reposer.**
**C'est fait ; l'heure est venue :**
**voici que le Fils de l'homme est livré aux mains des pécheurs.**
42 **Levez-vous ! Allons ! Le voici tout proche, celui qui me livre. »**

Cette scène, tragique entre toutes, à laquelle Luc a donné le nom d'« agonie » (22,44), s'ouvre par l'indication du lieu : « un domaine appelé Gethsémani » (v. 32*a*). La tradition situe l'endroit au pied du mont des Oliviers où l'on est rendu (14,26). Il y avait là, au-delà du torrent du Cédron, une oliveraie et l'appareillage pour traiter les olives : un « pressoir à huile », ce que signifie « Gethsémani ». Jésus dit à ses disciples : « Restez ici ; moi, je vais prier » (v. 32*b*). Le Maître a l'habitude de se retirer à l'écart pour prier (1,35 ; 6,46). Mais cette fois, il emmène avec lui Pierre, Jacques et Jean (v. 33*a*). C'est le trio de ses amis. Il en a fait les témoins privilégiés des événements importants de sa vie : le rappel à la vie de la fille de Jaïre (5,37) et la transfiguration (9,2). Comment pourraient-ils être éloignés du Maître au moment où « il commence à ressentir frayeur et angoisse » (v. 33*b*) ? Jésus est pleinement homme. Il voit venir la mort et il a peur. L'angoisse l'envahit comme tout homme qui se trouve en face d'un événement sur lequel il n'a aucune prise, qu'il ne peut intégrer à son univers familier : la mort !

Jusque-là, Jésus avait montré une sérénité parfaite devant ce qui se tramait. Marc avait seulement dit la tristesse des disciples (14,19). Maintenant, elle s'empare de Jésus lui-même (v. 34). S'il est « triste à mourir », c'est à cause de la solitude qui est la sienne et de l'échec (au moins apparent) de sa mission. Il demande à ses trois amis de lui tenir compagnie, mais à quelque distance de lui. Jésus ne pense pas que les siens, les plus proches, soient capables d'entrer dans le drame qu'il vit (v. 35). Il s'éloigne d'eux, de quelques mètres. Et là, la terre vacille sous ses pas. Épuisé, Jésus s'effondre au sol. Il entre en « tentation » : cette crise où le moi humain se trouve aux prises avec la volonté divine. Il prie intérieurement que « cette heure » s'éloigne de lui : l'heure où, abandonné de tous, il va être livré. Marc est le seul des évangélistes à nous livrer ici le cœur de la prière de Jésus (v. 36*a*). Il jette à Dieu un émouvant appel. Dans sa langue araméenne, il l'appelle « Abba », c'est-à-dire « Papa ». C'est le cri des petits enfants israélites à leur père. Dans leur prière, les juifs n'utilisaient pas ce vocable jugé trop familier pour s'adresser à Dieu. Dans la bouche de Jésus, c'est donc l'expression d'une conscience aiguë des liens uniques qui le relient personnellement au Père. Il sait que « tout est possible » à ce dernier (10,27). Il le supplie instamment d'éloigner « cette coupe ». La coupe est le symbole de la souffrance qu'il faut boire jusqu'à la lie (10,38). Jésus lutte de toutes ses forces. Il est tenté (comme l'annonçait la scène de 1,12-13) d'échapper à la mort qui l'attend. Mais il comprend que le dessein de Dieu dépasse sa propre volonté. Il s'y abandonne donc totalement dans la confiance (v. 36*b*). Le combat a été rude. Mais l'homme Jésus est habité par une foi sans faille en la volonté du Père. Il sort victorieux de l'épreuve.

Une première fois, sa prière achevée, le Maître rejoint ses amis. C'est pour constater leur parfaite inconscience (v. 37). S'il appelle Pierre par son ancien prénom : Simon, c'est qu'il reproche au chef des Douze — choisis pour être avec lui (3,14) — de manquer, de manière impardonnable, à son devoir. D'où la pressante exhortation qui suit aux expressions sémitiques souvent mal comprises (v. 38). Jusque-là le sommeil n'était que l'opposé physiologique de l'état de veille. Mais en associant à l'ordre de veiller celui de prier, Jésus montre qu'il ne s'agit pas simplement de ne pas dormir, mais qu'il faut se tenir dans la vigilance spirituelle. Cela réclame une attention soutenue, comme celle du portier de la parabole qui doit mobiliser tout son être afin d'accueillir son Maître de retour à n'importe quelle heure de la nuit (13,34). Les disciples sont vivement conviés à « ne pas entrer en tentation ». Cette parole est proche de la demande du « Notre Père » que seul Marc n'a pas rapportée (*cf.* Mt 6,13 et Lc 11,4*b*). Qu'est-ce que la tentation ? Dans les moments cruciaux où ses vues terrestres ont du mal à rejoindre les pensées de Dieu, l'homme ne doit pas se laisser aller à un manque de foi (8,33). L'expression « l'esprit est ardent, mais la chair est faible » prend dans ce contexte un sens particulier. On l'a souvent comprise à la manière grecque, à savoir que l'homme serait un composé de deux réalités contraires : l'âme qui est bonne et le corps qui est mauvais. Mais dans le langage sémitique, « la chair » désigne « l'homme tout entier » dans sa faiblesse. Il est porté au péché s'il ne fait droit à « l'esprit », son ouverture à Dieu.

Cela dit — et bien dit — Jésus rejoint son lieu de prière. Mais le deuxième retour du Maître vers les siens lui confirme, s'il en était besoin, leur défaut total de vigilance (v. 39-40). Marc est très indulgent. Il met cela au compte d'un simple assoupissement. Il s'agit plutôt d'une torpeur coupable. Une fois encore, mais aux moments les plus graves, les disciples manifestent leur entière incompréhension du drame personnel que vit Jésus. En témoigne la phrase « ils ne savaient que dire ».

Le groupe est parfaitement représentatif d'hommes fragiles et pécheurs, incapables de soutenir leur Maître dans l'affrontement de la mort. Aussi bien, dans un beau crescendo dramatique, Marc fait-il revenir Jésus, une troisième (et dernière) fois, vers le trio de ses collaborateurs les plus intimes (v. 41). Cette ultime intervention de Jésus n'est pas sans une certaine ironie. Ses amis peuvent bien maintenant succomber à leur inconscience. Tout est joué. « L'heure » est là. La trahison du Fils de l'homme n'est plus qu'une question de temps très court. Marc est le premier des évangélistes à parler de « l'heure » du Fils de l'homme. Chez Jean, ce sera un thème amplement développé (Jn 12,23-30 ; 13,1 ; 17,1-2 ; etc.). Tout s'achève sur un ordre de Jésus qui tranche par sa promptitude avec les paroles antérieures : « Levez-vous ! Allons ! Le voici tout proche, celui qui me livre » (v. 42). Jésus, que sa prière a conforté, est prêt à affronter le traître. Ses amis peuvent-ils encore sortir de la paralysie qui est la leur ?

Par ce récit d'une rare densité, l'évangéliste a sûrement voulu répondre aux questions que se pose sa communauté : les chrétiens de Rome, persécutés, connaissent « la tentation » de Jésus : comment affronter la mort sans abjurer sa foi ? Marc leur met devant les yeux la lutte que le Maître a dû traverser pour accueillir la volonté divine, même si elle s'apparente à un incompréhensible dessein. L'évangéliste a bien marqué le contraste saisissant entre le sommeil coupable des disciples et la vigilante prière de Jésus. Le triple va-et-vient du Christ entre son Père et les hommes affalés est significatif. Le nombre « trois », dans l'évangile, est celui de la persévérance. C'est par trois fois que Jésus, en chemin vers Jérusalem, a répété qu'il fallait au Fils de l'homme marcher vers sa mort (8,31 ; 9,31 ; 10,32-34). Chacune de ces annonces de la Passion marquait une insistance du Maître sur le sort inexorable qu'il entrevoit, à l'opposé des attentes humaines. Ici encore les trois appels de Jésus à la vigilance et à la prière veulent marquer des points sur les *i*. Au-delà, l'évangéliste invite tous les disciples du Christ à refaire sans cesse la demande instante du « Notre Père » : « Ne nous introduis pas en tentation » (Mt 6,13 ; Lc 11,4). La formule, d'origine sémitique, est insolite, car ce n'est pas Dieu qui tente. Mais c'est lui qui laisse les hommes dans ces situations de crise où son agir bienveillant disparaît du champ de leur perception. La foi, dès lors, se trouve en péril grave. Il faut donc prier le Seigneur d'éviter à ses fidèles ce type d'épreuve.

## L'ARRESTATION DE JÉSUS (14,43-52)

**43 Jésus parlait encore**
**quand Judas, l'un des Douze, arriva**
**avec une bande armée d'épées et de bâtons,**
**envoyée par les chefs des prêtres, les scribes et les anciens.**
**44 Or, le traître leur avait donné un signe convenu :**
**« Celui que j'embrasserai, c'est lui :**
**arrêtez-le, et emmenez-le sous bonne garde. »**
**45 A peine arrivé, Judas, s'approchant de Jésus, lui dit :**
**« Rabbi ! » Et il l'embrassa.**
**46 Les autres lui mirent la main dessus et l'arrêtèrent.**
**47 Un de ceux qui étaient là tira son épée,**
**frappa le serviteur du grand prêtre et lui trancha l'oreille.**
**48 Alors Jésus leur déclara :**
**« Suis-je donc un bandit**
**pour que vous soyez venus m'arrêter**
**avec des épées et des bâtons ?**
**49 Chaque jour, j'étais parmi vous dans le Temple,**
**où j'enseignais ; et vous ne m'avez pas arrêté.**
**Mais il faut que les Écritures s'accomplissent. »**
**50 Les disciples l'abandonnèrent et s'enfuirent tous.**

**51 Or, un jeune homme suivait Jésus ;**
**il n'avait pour vêtement qu'un drap.**
**On le saisit.**
**52 Mais lui, lâchant le drap, se sauva tout nu.**

Marc n'a pas peur du choc des faits. Alors que Jésus n'a pas fini de parler avec ses amis, au jardin de Gethsémani, le traître survient à la tête d'une milice à la solde du sanhédrin (v. 43). L'évangéliste souligne une nouvelle fois que Judas appartient à la communauté des Douze. Il est du sérail. Son comportement n'en est que plus odieux. La troupe que Judas conduit ne connaît pas Jésus. Pour en faire leur proie, ces gens ont besoin d'un « signe convenu » (v. 44). Le traître va user d'un stratagème peu glorieux (v. 45). L'appellation « Rabbi », c'est-à-dire « mon Maître », est bien naturelle, à l'époque, dans la bouche d'un disciple vis-à-vis de son guide. Le baiser qui l'accompagne, lui, est un geste concret d'affection. Mais ici, parole et geste sont radicalement pervertis. « Le baiser de Judas » deviendra tristement célèbre comme signe de trahison. Il déclenche la mainmise immédiate sur Jésus (v. 46).

Cet acte de violence appelle la réplique. Un ami du Maître tire l'épée et tranche l'oreille d'un valet du grand prêtre (v. 47). Marc ne nous livre pas le nom de celui qui a voulu défendre Jésus. Plus tard, la tradition l'identifiera à Pierre (*cf.* Jn 18,10). En soi, son geste de résistance ne doit pas être surévalué. L'évangéliste suggère même le ridicule de l'anecdote : il emploie un diminutif pour faire comprendre que l'épée n'a tranché qu'un bout de l'oreille. C'est seulement par le biais de l'amplification traditionnelle que l'on apprendra le nom du serviteur blessé, un certain Malchus (Jn 18,10) et la guérison opérée par Jésus (Lc 22,50-51). En Marc, il n'est pas dit que le Maître réprimande son zélé défenseur pour cet acte maladroit et insensé. Au contraire, plein de sérénité, il s'adresse à ses agresseurs en soulignant le paradoxe de sa situation (v. 49*a*). De fait, Jésus s'est conduit comme un rabbi pacifique. Son enseignement public en fait foi. D'où vient qu'on s'en prenne à lui comme à un hors-la-loi, un dangereux perturbateur de l'ordre public ? « Mais il faut que les Écritures s'accomplissent », conclut Jésus (v. 49*b*). Ces mots sont là pour lever le scandale que son arrestation n'a cessé de causer à tous ceux qui le suivent. C'est un événement absurde, incompréhensible. Seul le recours à l'Écriture peut le faire admettre comme accomplissement d'un dessein de Dieu mystérieux. Toutefois, sur le moment, ses disciples réagissent comme des inconscients. S'ils avaient suivi Jésus jusque-là, malgré leur extrême fragilité, à cet instant « tous l'abandonnèrent et prirent la fuite » (v. 50). Leur déroute est générale comme Jésus l'avait prédit (14,27). Il n'en reste pas un pour racheter l'autre malgré leurs assertions répétées de fidélité jusqu'à la mort (14,31). La solitude de Jésus, déjà grande, est désormais totale. Est-ce intentionnel ou un pur hasard ?

Marc conclut cette sombre page par une anecdote qui intrigue fort les lecteurs (v. 51-52). On a d'abord pensé que ce jeune homme anonyme qui a essayé de suivre Jésus, mais a dû prendre la fuite, n'était autre que Marc lui-même. L'évangéliste, témoin de la scène, aurait consigné son souvenir en guise de signature. D'autres ont vu en cet énigmatique personnage une figure du disciple réduit, comme son Maître, à affronter la mort dans la nudité. Mais les images employées par Marc pour ce court épisode suggèrent plutôt une portée symbolique plus profonde. Il est à noter que c'est également un « jeune homme » qui, au tombeau ouvert, annoncera la Résurrection (16,5). Le cadavre de Jésus sera enveloppé d'un simple « drap » comme celui-ci (15,46). Cette petite anecdote pourrait donc symboliser ceci : ses adversaires croient se saisir de Jésus et l'enfermer dans la mort. Mais lui s'échappe. Il ressuscite, ne laissant en leurs mains que le linceul vide. On le sait, Marc, dans son récit de la Passion, pas plus qu'ailleurs, ne fait un compte rendu rigoureux des événements. Lorsqu'il écrit ce petit scénario, Jésus est ressuscité, il est sorti vainqueur du traquenard qu'on lui avait tendu. Le scénario pittoresque qu'on vient de lire évoque à souhait l'issue heureuse de son drame.

## JÉSUS DEVANT LE SANHÉDRIN (14,53-65)

**53 Ils emmenèrent Jésus chez le grand prêtre,**
**et tous les chefs des prêtres, les anciens et les scribes**
**se rassemblent.**
**54 Pierre avait suivi Jésus de loin,**
**jusqu'à l'intérieur du palais du grand prêtre,**
**et là, assis parmi les gardes, il se chauffait près du feu.**
**55 Les chefs des prêtres et tout le grand conseil**
**cherchaient un témoignage contre Jésus**
**pour le faire condamner à mort,**
**et ils n'en trouvaient pas.**
**56 De fait, plusieurs portaient de faux témoignages contre Jésus,**
**et ces témoignages ne concordaient même pas.**
**57 Quelques-uns se levaient pour porter contre lui ce faux témoignage :**
**58 « Nous l'avons entendu dire :**
**"Je détruirai ce temple fait de main d'homme,**
**et en trois jours j'en rebâtirai un autre**
**qui ne sera pas fait de main d'homme." »**
**59 Et même sur ce point, ils n'étaient pas d'accord.**
**60 Alors le grand prêtre se leva devant l'assemblée**
**et interrogea Jésus :**
**« Tu ne réponds rien à ce que ces gens déposent contre toi ? »**
**61 Mais lui gardait le silence, et il ne répondait rien.**
**Le grand prêtre l'interroge de nouveau :**
**« Es-tu le Messie, le Fils du Dieu béni ? »**
**62 Jésus lui dit :**
**« Je le suis, et vous verrez *le Fils de l'homme***
***siéger à la droite du Tout-Puissant,***
***et venir parmi les nuées du ciel.* »**
**63 Alors, le grand prêtre déchira ses vêtements et dit :**

**« Pourquoi nous faut-il encore des témoins ?**
64 **Vous avez entendu le blasphème.**
**Quel est votre avis ? »**
**Tous prononcèrent qu'il méritait la mort.**
65 **Quelques-uns se mirent à cracher sur lui,**
**couvrirent son visage d'un voile,**
**et le rouèrent de coups, en disant :**
**« Fais le prophète ! »**
**Et les gardes lui donnèrent des gifles.**

Une fois Jésus arrêté, sans plus tarder, son procès commence. Marc met en scène les plus hautes autorités religieuses d'Israël (v. 53). Le grand prêtre de l'époque, dont le nom est tu, s'appelait Caïphe (Mt 28,57). C'était un personnage prestigieux : le chef suprême de la nation. Avec lui s'assemble le « sanhédrin » ou « grand conseil ». C'est la haute cour de justice des Juifs. Avec ses soixante et onze membres, elle est imposante. Trois collèges la composent. Les « chefs des prêtres » sont l'aristocratie sacerdotale des sadducéens (les descendants du prêtre Sadoq établi par Salomon : 1 R 2,35). Les « anciens » sont la noblesse laïque très proche des précédents. Les « scribes », venus de toutes les couches de la société, sont cette élite du parti pharisien, fins connaisseurs et interprètes de la Loi.

Cette présentation par Marc des instances dirigeantes juives au grand complet pose de graves problèmes aux historiens. La législation en cours interdisait au sanhédrin de tenir une réunion officielle de nuit, comme c'est le cas ici. De plus, le grand conseil ne se rassemblait pas au palais du grand prêtre, mais dans la salle qui lui était réservée dans l'enceinte sacrée du Temple. Pour ces raisons, et quelques autres, conformes aux procédures juridiques du temps, il est peu probable qu'il y ait eu un véritable procès de Jésus en présence du sanhédrin. La tradition qu'on trouve dans l'évangile de Jean est plus vraisemblable. Jésus a comparu en privé devant le grand prêtre et son entourage immédiat. Là, il a subi, de nuit, un interrogatoire assez sommaire avant d'être remis au tribunal romain le lendemain matin (*cf.* Jn 18,12-24). Marc, suivi par Matthieu (26,57-68), a donc procédé à un aménagement de l'histoire. À quelles fins ? Le déroulement extérieur des faits lui importait moins que leur portée religieuse. Une fois encore, rappelons-nous que l'écrivain de l'Antiquité préférait à l'exactitude matérielle des événements leur signification religieuse. Marc s'est attaché ici — on va le voir — à mettre en valeur la déclaration solennelle de Jésus sur son identité profonde.

Avant d'en arriver là, le récit note que Pierre avait, de loin, suivi Jésus jusqu'au palais du grand prêtre. Dans la cour, mêlé aux gardes, il se réchauffait à un feu de bois (v. 54). Cette incise n'a d'autre but que de préparer la scène suivante : le reniement du premier des Douze (14,66-72). Cela dit, Marc reprend le fil de l'instruction de Jésus (v. 55). Nous voilà prévenus. Les sanhédrites n'ont en tête qu'une chose : trouver un motif suffisant pour mettre Jésus à mort. Le procès est joué d'avance. C'est une parodie de justice. Néanmoins la visée de ses accusateurs est contrariée par les faits : Jésus est innocent. On ne trouve aucune charge valable contre lui. Les faux témoignages se succèdent (v. 56). Selon la loi juive, pour condamner quelqu'un, il fallait la déposition convergente d'au moins deux témoins (Dt 19,15). Alors que les faux témoins défilent, Marc retient un chef d'accusation majeur : Jésus est dénoncé pour avoir voulu détruire le Temple (v. 57-58). Cette accusation est très parlante pour le lecteur d'après Pâques : le Temple relevé le troisième jour, et non fait de main d'homme, c'est le corps du Christ ressuscité (*cf.* Jn 2,19-22). Mais il est peu vraisemblable que Jésus ait, par avance, parlé de la sorte. Ce qui est vrai, c'est qu'il a annoncé la fin du Temple juif dans l'acte énergique par lequel il a chassé personnel et matériel d'usage pour la marche du culte (11,15-18). C'est par ce geste qu'il s'est mis à dos le haut clergé et les tenants de la tradition. Pourtant même ce grief sérieux n'est pas suffisant pour entraîner sa condamnation. L'instant pour Marc est capital (v. 59-60). Les dépositions des témoins n'ont pu s'accorder. Le grand prêtre est forcé d'intervenir lui-même. Et c'est d'abord pour reconnaître la grande dignité de Jésus : il est resté silencieux devant les accusations de ses délateurs. L'interrogation du magistrat suprême ne le fait pas changer d'attitude. Marc le souligne : Jésus reste imperturbablement muet (v. 61*a*). Ce silence est éloquent. Le juste, conscient de son innocence, se tait devant ceux qui trament sa perte (Is 53,7).

Alors vient le moment essentiel de la scène : la question du grand prêtre sur les prétentions identitaires de Jésus (v. 61*b*). Cette interrogation est directe. Dans la bouche d'un juif, l'expression « le Fils du Dieu béni » n'a pas de portée supérieure à celle de « Messie ». Les juifs ne peuvent concevoir que l'Envoyé spécial de Dieu pour établir son Règne soit autre qu'un homme sans plus. À ce point précis de son interrogatoire, l'accusé rompt le silence qui était le sien pour faire une révélation étonnante (v. 62). Pour la première fois dans l'évangile de Marc, Jésus revendique en public les titres qui sont les siens : ceux d'un messie transcendant. Jusque-là cette identité profonde demeurait un secret jalousement gardé à cause de son ambiguïté. Maintenant, Jésus est prisonnier. À la veille d'une mort incontournable, il ne craint plus de dévoiler en pleine lumière le mystère de sa personne. Il le fait en reprenant une formule sous laquelle il s'est toujours présenté : « le Fils de l'homme ». Mais cette fois, à l'aide de deux passages d'Écriture conjugués, il en précise toute la portée. « Siéger à la droite du Tout-Puissant » n'est pas seulement s'asseoir à la place d'honneur auprès du

Maître de l'univers comme c'était annoncé du Messie (Ps 110,1), mais c'est accéder au pouvoir souverain de Dieu (voyez déjà 12,35-37). Et « venir parmi les nuées du ciel », selon l'imagerie du livre de Daniel (7,13-14), c'est recevoir les pleins pouvoirs divins de juge et de sauveur universel de la fin des temps. Par ces deux citations bibliques, Jésus ne peut, avec plus d'éclat, afficher ses prérogatives divines. Le Messie, lui ? Bien sûr, mais très au-delà de ce que ses contemporains mettent sous ce mot. La prétention exorbitante qu'il affiche provoque aussitôt une réaction hostile, une fin de non recevoir violente (v. 63-64*a*). Dans l'Ancien Orient, déchirer ses vêtements (au moins quelques centimètres) souligne l'indignation, l'horreur. De fait, le grand prêtre crie au blasphème ! Jésus a, selon lui, proféré des paroles qui offensent Dieu. Selon la loi juive, le blasphémateur est passible de mort (Lv 24,16). La cause est entendue. Sans plus attendre, le sanhédrin au grand complet prononce la peine capitale (v. 64*b*). Les historiens discutent encore pour savoir si, au temps de Jésus, sous l'occupation romaine, les autorités juives avaient conservé le droit de prononcer cette peine ultime. Ce qui est certain, pour le « cas Jésus », c'est qu'au terme de ce qui fut, non un vrai procès religieux, mais un simulacre de justice, la décision fut prise de condamner à mort le prophète galiléen.

Le récit s'achève par une scène d'injures à peine croyable (v. 65). Ces traitements indignes ne peuvent, sans plus de précaution, être mis au compte des membres de la Haute Cour. Outrages et ironie cinglante auront sans doute été le fait des valets et des gardes.

On le voit, par ce très long épisode, Marc n'a pas prétendu faire un compte rendu exact, la « minute » du jugement de Jésus. Son intention est autre. À sa communauté chrétienne, il a voulu montrer la grande responsabilité qui a incombé aux autorités juives dans la mort du Christ. Lui, au milieu des accusations et des atteintes à sa dignité, s'est manifesté le Juste par excellence. Il est même probable que l'évangéliste ait inscrit une signification symbolique dans le geste du grand prêtre déchirant ses vêtements (v. 63*a*). On sait, en effet, que ce geste-là était interdit au personnage sacré du grand prêtre (Lv 21,10). S'il le fait au moment précis où Jésus se proclame avec force le Messie transcendant, c'est qu'une « déchirure » profonde se produit (comme celle du voile du Temple en 15,38) : le régime de la loi juive touche à sa fin. C'est Jésus lui-même qu'il faut maintenant regarder comme le vrai Grand Prêtre des temps nouveaux (Hb 9,11-12).

## LE RENIEMENT DE PIERRE (14,66-72)

**66 Comme Pierre était en bas, dans la cour,**
**arrive une servante du grand prêtre.**

67 **Elle le voit qui se chauffe,**
**le dévisage et lui dit :**
**« Toi aussi, tu étais avec Jésus de Nazareth. »**
68 **Pierre le nia.**
**« Je ne sais pas, je ne comprends pas ce que tu veux dire. »**
**Puis il sortit dans le vestibule.**
69 **La servante, l'ayant vu,**
**recommença à dire à ceux qui se trouvaient là :**
**« En voilà un qui est des leurs ! »**
70 **De nouveau, Pierre le niait.**
**Un moment après, ceux qui étaient là lui disaient :**
**« Sûrement, tu en es !**
**D'ailleurs, tu es Galiléen. »**
71 **Alors il se mit à jurer en appelant sur lui la malédiction :**
**« Je ne connais pas l'homme dont vous parlez. »**
72 **Et aussitôt, un coq chanta pour la seconde fois.**
**Alors Pierre se souvint de la parole de Jésus :**
**« Avant que le coq chante deux fois,**
**tu m'auras renié trois fois. »**
**Et il se mit à pleurer.**

Marc interrompt le procès fait à Jésus pour souligner encore l'immense solitude du Messie face à ses juges. Plusieurs scènes ont préparé le moment présent. Au dernier repas qu'il partageait avec eux, les disciples de Jésus, à l'annonce de la trahison de l'un des leurs, s'étaient chacun interrogés : « Serait-ce moi ? » (14,19). Un peu plus tard, au jardin des Oliviers, Jésus avait nettement prédit la défection du groupe tout entier (14,27). Il avait alors entendu le démenti catégorique de Pierre, repris par tous (14,31). Pourtant, à l'arrestation du Maître, ils se sont enfuis. Pas un n'est resté (14,50). Cependant, Pierre, sûrement plus conscient de ses responsabilités propres, a suivi Jésus « de loin » jusque dans la cour du palais du grand prêtre (v. 66).

C'est là que nous le retrouvons, assis, à se réchauffer autour d'un brasero avec le personnel du palais (v. 67). Une servante avisée le reconnaît à sa mine. Le voilà démasqué comme étant bien un disciple de Jésus. S'il le nie avec force, c'est un premier pas dans le mensonge (v. 68*a*). Pris au piège, le disciple se désolidarise de son Maître et tente de se dérober (v. 68*b*). S'en apercevant, la femme le dénonce aux gardes (v. 69). L'apôtre a beau nier (v. 70). L'étau se resserre. Il est maintenant reconnu à son accent de provincial (précisera Matthieu 26,73). Cette fois, peut-il encore se défendre ? L'évidence est là. Mais il persiste dans sa dénégation (v. 71). Marc a noté la subtile progression de l'apôtre dans sa lâcheté. D'abord il a fait celui qui ignore tout ce qui se passe. Ce « je ne connais pas » répète, une dernière fois, l'incompréhension du disciple entraîné par Jésus à reconnaître qu'il serait un Messie souffrant (8,31-32). Mais ici sa couardise éclate lorsqu'il se met à jurer qu'il n'a aucun lien avec « l'homme » dont on lui parle.

Cependant l'heure sonne où Pierre est appelé à prendre conscience de sa trahison (v. 72*a*). Les premières lueurs de l'aube avec le chant du coq amènent le chef des apôtres à reconnaître la profondeur de sa faiblesse. « Et il se mit à pleurer » (v. 72*b*). Ces sanglots traduisent bien son repentir d'une lâcheté coupable.

Marc, en consignant cet épisode, n'a pas voulu rabaisser l'image du premier des Douze dans l'esprit des lecteurs. Simplement, à l'heure de l'épreuve, il a mis en contraste la courageuse attitude de Jésus devant ses juges (14,53-65) et la défaillance du plus fidèle de ses amis. Les chrétiens de Rome persécutés sont invités à méditer sur l'extrême faiblesse humaine : Pierre est ici l'exemple du disciple qui renonce à risquer sa vie pour suivre Jésus jusqu'à la croix (*cf.* 8,34-35).

## JÉSUS DEVANT PILATE (15,1-15)

**1 Dès le matin,**
**les chefs des prêtres convoquèrent les anciens et les scribes,**
**et tout le grand conseil.**
**Puis ils enchaînèrent Jésus**
**et l'emmenèrent pour le livrer à Pilate.**

**2 Celui-ci l'interrogea :**
**« Es-tu le roi des Juifs ? »**
**Jésus répond :**
**« C'est toi qui le dis. »**
**3 Les chefs des prêtres multiplièrent contre lui les accusations.**
**4 Pilate lui demandait à nouveau :**
**« Tu ne réponds rien ?**
**Vois toutes les accusations qu'ils portent contre toi. »**
**5 Mais Jésus ne répondit plus rien,**
**si bien que Pilate s'en étonnait.**

**6 A chaque fête de Pâque, il relâchait un prisonnier,**
**celui que la foule demandait.**
**7 Or, il y avait en prison un dénommé Barabbas,**
**arrêté avec des émeutiers**
**pour avoir tué un homme lors de l'émeute.**
**8 La foule monta donc, et se mit à demander à Pilate**
**la grâce qu'il accordait d'habitude.**
**9 Pilate leur répondit :**

**« Voulez-vous que je vous relâche le roi des Juifs ? »**
**10 (Il se rendait bien compte**
**que c'était par jalousie que les chefs des prêtres l'avaient livré.)**
**11 Ces derniers excitèrent la foule**
**à demander plutôt la grâce de Barabbas.**
**12 Et comme Pilate reprenait :**
**« Que ferai-je donc de celui que vous appelez le roi des [Juifs ? »**
**13 ils crièrent de nouveau :**
**« Crucifie-le ! »**
**14 Pilate leur disait :**
**« Qu'a-t-il donc fait de mal ? »**
**Mais ils crièrent encore plus fort :**
**« Crucifie-le ! »**

**15 Pilate, voulant contenter la foule, relâcha Barabbas.**
**Et après avoir fait flageller Jésus,**
**il le livra pour qu'il soit crucifié.**

Après l'intermède du reniement de Pierre (14,66-72), Marc reprend le récit du procès de Jésus (v. 1*a*). Pour l'évangéliste, cette séance du sanhédrin est la seconde (*cf.* 14,53). Elle a lieu le matin. On ne sait rien de son contenu. Rappelons que selon la procédure juive cette réunion matinale fut la seule (Lc 22,66). Marc souligne l'initiative du collège sacerdotal dans la convocation du Conseil. Et c'est pour transférer Jésus au pouvoir civil (v. 1*b*). Jésus est ligoté (comme un malfaiteur dangereux) et « livré » à Pilate. Cette démarche s'explique au mieux si les autorités juives ont besoin de l'autorisation de la puissance occupante pour l'exécution de la peine capitale. Pilate paraît ici pour la première fois dans l'évangile. C'est un personnage trop connu des chrétiens de Rome pour leur être présenté. Mais qui est-il ? Le représentant officiel de l'Empire romain. Un gouverneur qu'une inscription du Iᵉʳ siècle (retrouvée en 1961 à Césarée Maritime) appelle exactement « préfet de Judée ». Il détient le pouvoir administratif de cette province. Des bords de la Méditerranée où il réside, il monte à Jérusalem lors des fêtes juives dans la crainte d'une émeute populaire. « L'affaire Jésus » est donc portée devant lui, la plus haute autorité politique du pays.

Marc, cette fois encore, n'a pas l'ambition de faire un compte rendu exhaustif de cette entrevue. Il résume à l'extrême l'interrogation du gouverneur (v. 2*a*). La question de Pilate est abrupte, sans préalable. On voit tout de suite que le chef d'accusation a changé. Devant le grand prêtre, Jésus était accusé d'être un Messie qui se prend pour Dieu. Cette prétention religieuse ne pouvait laisser qu'indifférent le magistrat romain. L'expression « roi des Juifs », au contraire, lui importe au plus haut point. Dans sa bouche, elle prend une connotation surtout politique. Pour beaucoup de Juifs du temps, le Messie qui doit venir n'a-t-il pas pour première tâche de bouter l'occupant romain hors du territoire national et de rétablir la royauté de David ? Voilà pourquoi Jésus ne s'est jamais attribué le titre de « roi des Juifs ». Ici même, il ne répond pas à Pilate : « Je le suis », mais « C'est toi qui le dis » (v. 2*b*). Cette réserve est judicieuse. Jésus ne peut être pris pour un citoyen dangereux, une menace directe pour la puissance occupante. Cependant ses coreligionnaires multiplient contre lui « les accusations » (v. 3). Marc ne précise pas lesquelles. Plus tard, Luc affirmera que les sanhédrites ont bel et bien accusé Jésus d'être un véritable fauteur de troubles politiques : « Nous avons trouvé cet homme excitant notre nation à la révolte ; il empêche de payer l'impôt à César et se dit Messie Roi » (Lc 23,2). Ce grief est des plus graves pour l'autorité romaine. Pilate le fait sentir à Jésus (v. 4). Marc souligne à nouveau le silence opposé par le Juste à ses calomniateurs (14,60-61). Le gouverneur lui-même n'obtient plus aucune parole de l'accusé (v. 5). Le mutisme total de Jésus, au moment où se joue son destin, évoque sans doute chez Marc l'attitude du Serviteur souffrant de l'Écriture : « Maltraité, il s'humiliait, il n'ouvrait pas la bouche ; comme l'agneau qui se laisse mener à l'abattoir, comme devant les tondeurs la brebis muette... » (Is 53,7).

L'embarras de Pilate va croître avec un événement nouveau (v. 6). La coutume (non attestée en dehors de l'évangile) voulait que le gouverneur use de son droit d'amnistie lors d'une fête juive. L'occasion lui est donc offerte, à la veille de la Pâque, de sauver la vie de Jésus. Le lourd passé de Barabbas n'en fait pas un prisonnier *a priori* libérable : c'est un émeutier criminel qui a été pris en flagrant délit (v. 7). Cependant le peuple réclame la grâce d'un prisonnier. Pour la première fois, dans le récit de la Passion, un acteur nouveau intervient : la foule (v. 8*a*). Il est difficile — ici comme dans tout l'évangile — d'évaluer son importance numérique. Elle n'est pas forcément considérable, mais elle joue son rôle. En fin diplomate, Pilate lui propose d'amnistier « le roi des Juifs ». C'était une habile manœuvre, dont Marc précise la raison. Pilate méprisait les Juifs (v. 10). Il n'ignorait pas que leurs autorités étaient jalouses de l'ascendant de Jésus sur les foules (*cf.* Jn 7,45-49). Et pour faire bonne mesure, l'évangéliste souligne la pression des prêtres sur le peuple pour demander plutôt la grâce de Barabbas (v. 11). Pilate tente bien de leur opposer celui qui s'appelle « le roi des Juifs ». Sinon, qu'en faire ? C'est alors que monte de la foule cette clameur : « crucifie-le » (v. 13). On le voit, dans cette finale de l'interrogatoire, Marc tend à disculper Pilate. Le gouverneur, une dernière fois, pose à la foule cette question fondamentale sur Jésus : « Qu'a-t-il donc fait de mal ? » (v. 14*a*). Il est conscient de l'innocence de Jésus. Mais il se voit opposer la fureur populaire (v. 14*b*). À vrai dire, il est difficile de savoir comment la foule, à l'instigation des prêtres, a basculé dans la haine contre Jésus. Ses vociférations sont cruelles. Dans sa bouche pour la première fois retentit le cri : « mets-le en croix ! » La crucifixion est le supplice romain réservé aux esclaves, aux criminels, aux terroristes. Même les historiens de l'époque en parlent avec horreur. Cependant l'évangéliste conclut son récit par des faits très troublants (v. 15*a*). C'est bien par lâcheté que le gouverneur a finalement cédé au fanatisme de la foule. Il relâche le meurtrier et livre le juste au châtiment. C'est dire sa part de responsabilité — non négligeable — dans la mort de Jésus. Certes, la tradition aura de plus en plus tendance à excuser Pilate et à charger davantage les autorités juives dans la polémique qui sévira entre l'Église naissante et la Synagogue (*cf.* Ac 3,13-15). Mais ici le pouvoir romain n'est pas totalement blanchi. Marc ne dissimule pas la vilenie choquante du gouverneur. On était en droit d'attendre de lui un non-lieu pour Jésus. Il n'a pas hésité à « livrer » l'innocent à l'infâme châtiment de la croix. Les historiens de l'Antiquité n'ont pas menti en présentant Pilate comme un personnage méprisant et cruel. La flagellation qu'il inflige à Jésus (v. 15*b*) n'est pourtant pas à mettre au compte d'une cruauté supplémentaire. Elle était le prélude obligé de la crucifixion. Elle consistait à fouetter le condamné (avec un fouet aux lanières de cuir bardées de plomb) dans le but de l'affaiblir pour lui rendre moins insupportables les tortures physiques de la mise en croix.

Ainsi prend fin le récit du procès de Jésus. Il est évident que Marc en a simplifié le déroulement pour mettre l'accent sur sa portée religieuse. Les historiens, eux, sont enclins à croire que, de toute façon, ce procès a été bâclé. Les autorités juives voulaient aboutir avant la fête de Pâque. La comparution devant Pilate a pris l'allure d'une procédure expéditive. Jésus n'était pas citoyen romain. Il n'a pu bénéficier des garanties judiciaires attachées à ce titre. Par ailleurs, on a pu se rendre compte que le chef d'accusation porté contre lui a varié au cours des interrogatoires. D'abord purement religieux devant l'instance juive, il a pris un tour proprement politique auprès de l'autorité romaine. Par trois fois, c'est comme en leitmotiv que le titre de « roi des Juifs » est revenu dans la bouche de Pilate (versets 2,9,12). Il ne fait pas de doute que Jésus a finalement été condamné comme un trublion de l'ordre public. On mesure la dérive des faits. Accusé de blasphème par ses coreligionnaires, le Maître méritait la peine de mort. Selon la loi juive, il devait s'attendre à être lapidé (Lv 24,16). La lapidation, traditionnelle chez les Juifs, était une mise à mort non moins horrible que la crucifixion. Mais elle aurait eu du moins le mérite de faire de lui « le martyr » de la cause religieuse qu'il avait vaillamment défendue (*cf.* Lc 13,34). Jésus n'a pas été lapidé. On l'a mis en croix, comme un agitateur politique. Ainsi les chefs des prêtres ont-ils réussi cet odieux tour de force de voler au Messie jusqu'à la signification même de sa mort.

## SCÈNES DE DÉRISION (15,16-20)

**16 Les soldats l'emmenèrent à l'intérieur du Prétoire,**
**c'est-à-dire dans le palais du gouverneur.**
**Ils appellent toute la garde,**
**17 ils lui mettent un manteau rouge,**
**et lui posent sur la tête une couronne d'épines qu'ils ont tressée.**
**18 Puis ils se mirent à lui faire des révérences :**
**« Salut, roi des Juifs. »**
**19 Ils lui frappaient la tête avec un roseau,**
**crachaient sur lui, et s'agenouillaient pour lui rendre hommage.**
**20 Quand ils se furent bien moqués de lui,**
**ils lui ôtèrent le manteau rouge, et lui remirent ses vêtements.**

Jésus vient d'être flagellé en prélude à sa mise en croix (15,15). Pendant que se forme le peloton d'exécution, il est livré aux jeux de la soldatesque (v. 16-17). Piteuse mascarade ! Le verdict de Pilate a porté sur la royauté de Jésus. On affuble donc ce dernier des insignes royaux : le manteau de pourpre et la couronne. Mais c'est une couronne d'épines. La dérision est méchante. Le simulacre de scènes royales est ridicule et, plus encore, humiliant (v. 18-19). Les coups et les crachats évoquent les outrages endurés par le Serviteur de Yahvé (Is 50,5-6). Et Marc fait bien ressortir le contraste entre ces jeux cruels et la dignité du Messie-Roi (v. 20).

## LE CRUCIFIEMENT AU GOLGOTHA (15,21-32)

**21 Puis ils l'emmenèrent pour le crucifier,**
**et ils réquisitionnent, pour porter la croix,**
**un passant, Simon de Cyrène, le père d'Alexandre et de Rufus,**
**qui revenait des champs.**
**22 Et ils amènent Jésus à l'endroit appelé Golgotha,**

**c'est-à-dire Lieu-du-Crâne ou Calvaire.**
23 **Ils lui offraient du vin aromatisé de myrrhe ;**
**mais il n'en prit pas.**
24 **Alors ils le crucifient,**
**puis se partagent ses vêtements,**
**en tirant au sort pour savoir la part de chacun.**
25 **Il était neuf heures lorsqu'on le crucifia.**
26 **L'inscription indiquant le motif de sa condamnation**
**portait ces mots :**
**« Le roi des Juifs ».**
27 **Avec lui on crucifie deux bandits,**
**l'un à sa droite, l'autre à sa gauche.**

29 **Les passants l'injuriaient en hochant la tête :**
**« Hé ! toi qui détruis le Temple et le rebâtis en trois jours,**
30 **sauve-toi toi-même, descends de la croix ! »**
31 **De même, les chefs des prêtres se moquaient de lui**
**avec les scribes, en disant entre eux :**
**« Il en a sauvé d'autres,**
**et il ne peut pas se sauver lui-même !**
32 **Que le Messie, le roi d'Israël, descende maintenant de la croix ;**
**alors nous verrons et nous croirons. »**
**Même ceux qui étaient crucifiés avec lui l'insultaient.**

Vient le moment de l'exécution (v. 21). Le récit de Marc est sobre mais précis. Il ne fait que signaler « le chemin de croix ». Le supplicié doit porter lui-même la poutre transversale sur laquelle ses bras seront étendus, attachés aux poignets par des cordes ou des clous. Parce qu'il est trop faible, on réquisitionne un passant pour cette tâche. L'évangéliste donne le nom de cet homme : Simon, un Africain de Cyrénaïque, dont ses lecteurs romains connaissent les deux fils, Alexandre et Rufus. Puis viennent les noms inoubliables du lieu du supplice (v. 22). De ces appellations, on retient que le « Golgotha » (en araméen), nommé aussi le « Calvaire » (en latin), est un mamelon de terre en forme de crâne. Il est situé à l'ouest de Jérusalem, hors les murs, près d'une porte de la ville. Les Romains aimaient offrir les suppliciés en spectacle aux gens qui entrent ou sortent de la cité : il faut faire des « exemples ». Sur ce monticule arrondi, élevé, se dressent les poteaux verticaux déjà fichés en terre. Il suffira d'y hisser le corps du supplicié suspendu par les bras. La mort suivra, en quelques heures, par asphyxie lente.

Par le Talmud, nous savons que des femmes de la bonne société prêtaient leur assistance aux crucifiés. Elles leur donnaient à boire (v. 23*a*) un mélange d'alcool et de parfum, une sorte de stupéfiant, pour leur faire un peu perdre conscience. Jésus n'accepte pas (v. 23*b*). Il entend garder son entière lucidité jusqu'au bout. Les dépouilles du crucifié revenaient de droit aux légionnaires (v. 24). Marc a bien retenu ce détail mais, comme il en a l'habitude, il l'a relu à la lumière de l'Écriture où les vêtements du juste persécuté sont tirés au sort par ses bourreaux (Ps 22,19).

« Il était neuf heures lorsqu'on le crucifia » (v. 25). Marc est le seul des évangélistes à s'être plus particulièrement intéressé aux heures de la crucifixion : à neuf heures la mise en croix ; à midi, les ténèbres (v. 33) ; à trois heures de l'après-midi, la mort (v. 34). Cet horaire est moins un repère chronologique qu'une donnée liturgique. Le crucifiement est ponctué toutes les trois heures par le rythme de la prière juive au Temple, reprise par les premiers chrétiens (Ac 2,46 ; 3,1). Tout est dit maintenant : totalement nu, Jésus est identifié par un libelle officiel à ce roi bafoué dont la croix est le trône, les assistants, deux bandits à sa droite et à sa gauche (v. 26-27).

Et la scène s'achève par les railleries du public (v. 29-33). Le hochement de tête, en signe de mépris, évoque une fois de plus le psaume 22,8-9. Le faux témoignage sur le Temple est la reprise narquoise du procès (14,58). Un dernier persiflage (v. 31-32*a*) exprime clairement l'ultime tentation devant laquelle Jésus est placé : faire le prodige qui le ferait échapper à la mort et l'imposerait à tous (8,11*b*). Le « scandale » de la croix serait levé ! Les croyants sont invités ici à rejoindre Jésus dans sa fidélité totale au mystérieux dessein de Dieu pour le salut des hommes (10,32-34). Le comble de l'abjection du supplicié est noté dans la dernière phrase : même ses compagnons de mort l'insultent (v. 32*b*).

## LA MORT DE JÉSUS (15,33-41)

**33 Quand arriva l'heure de midi,**
**il y eut des ténèbres sur toute la terre jusque vers trois heures.**
**34 Et à trois heures, Jésus cria d'une voix forte :**
**« *Éloï, Éloï, lama sabactani* ? »**
**ce qui veut dire :**
**« *Mon Dieu, mon Dieu, pourquoi m'as-tu abandonné* ? »**
**35 Quelques-uns de ceux qui étaient là**
**disaient en l'entendant :**
**« Voilà qu'il appelle le prophète Élie ! »**
**36 L'un d'eux courut tremper une éponge dans une boisson vinaigrée,**
**il la mit au bout d'un roseau,**

**et il lui donnait à boire, en disant :**
**« Attendez ! Nous verrons bien**
**si Élie vient le descendre de là ! »**
37 **Mais Jésus, poussant un grand cri, expira.**
38 **Le rideau du Temple se déchira en deux,**
**depuis le haut jusqu'en bas.**
39 **Le centurion qui était là en face de Jésus,**
**voyant comment il avait expiré, s'écria :**
**« Vraiment, cet homme était le Fils de Dieu ! »**

40 **Il y avait aussi des femmes, qui regardaient de loin,**
**et parmi elles, Marie Madeleine,**
**Marie, mère de Jacques le petit et de José, et Salomé,**
41 **qui suivaient Jésus et le servaient quand il était en Galilée,**
**et encore beaucoup d'autres,**
**qui étaient montées avec lui à Jérusalem.**

Arrive le moment fatal : Jésus meurt. Marc garde à son récit une grande sobriété, tout en soulignant le caractère décisif de l'événement par la mention des ténèbres (v. 33). Il ne s'agit pas là d'une notation historique, mais symbolique. Les anciens prophètes avaient conçu l'intervention de Dieu à la fin des temps au travers d'un bouleversement cosmique. L'obscurité qui s'abat sur la terre, en plein milieu du jour, laisse présager, non la mort, mais le salut imminent (*cf.* Am 8,9-10). « L'heure » est venue où le Messie trépasse. Depuis son interrogatoire devant Pilate, Jésus n'a rien dit (15,2). Marc livre ici ses dernières paroles (v. 34). Elles sont déroutantes et ont fait couler beaucoup d'encre. Comment les comprendre ? Jésus pousse un cri en sa langue natale, l'araméen, que Marc traduit aussitôt pour ses lecteurs grecs. Ce cri est la supplication tirée du début d'une prière (le psaume 22,2). Cette prière est la plainte d'un innocent persécuté. Elle commence par cette lamentation désolée (« Mon Dieu, mon Dieu... »), mais elle débouche sur l'assurance que Dieu n'abandonne jamais son fidèle (Ps 22,23-30). Dans la bouche de Jésus expirant, il n'y a donc pas un cri de désespoir. Mais l'évangéliste a néanmoins voulu souligner la solitude immense où se trouve le Juste mourant, comme abandonné non seulement des hommes mais de Dieu même. En cet instant, Jésus a connu la fond de la détresse humaine. On ne pourra jamais oublier la rudesse des derniers mots dans son dernier soupir.

Les passants, toujours aussi ironiques, ne veulent voir dans les ultimes paroles de Jésus qu'un appel à être délivré de la mort (v. 35). En effet, dans la mentalité juive du temps, le prophète Élie est censé venir à l'aide des croyants en train de mourir (v. 36*b*). Même s'il mêle son ironie à celle des autres (« attendez ! Nous verrons bien si Élie... », un anonyme fait un geste plein d'humanité. La soif n'est pas la moindre des souffrances du supplicié (v. 36*a*). La « boisson vinaigrée » est aussi une allusion au psaume 22 qui sert de toile de fond méditative à l'ensemble du récit. « Mais Jésus, poussant un grand cri, expira » (v. 37). Marc est d'une brièveté extrême pour ce moment capital. Ce qui l'intéresse par-dessus tout, c'est de mettre en valeur la signification profonde de la mort de Jésus. Justement, le déchirement du voile du Temple n'est pas anecdotique (v. 38). Quel symbole ! Dans le monde juif, seul le grand prêtre pouvait, une fois l'an, pénétrer jusqu'au cœur du Temple (derrière le rideau du sanctuaire) : en la présence de Dieu. Désormais ce voile de séparation est aboli. Cela veut dire que c'en est fini du culte juif. Tous les hommes — y compris les non-Juifs — ont maintenant un libre accès auprès de Dieu. La scène qui suit a pour objet de préciser le plus concrètement du monde cet événement nouveau (v. 39). Marc le souligne avec force : en la personne de ce militaire romain (qui surveillait l'exécution), c'est le monde païen qui est en train de se convertir. D'emblée, cet étranger donne à Jésus le plus haut de ses titres. Il n'est pas seulement le Messie qu'attendaient les Juifs, mais « le Fils de Dieu ». Et l'évangéliste met sous ces mots le sens fort qu'ils prendront pour exprimer la plénitude de la foi chrétienne : Dieu s'est fait homme en Jésus-Christ.

On le voit par le contraste du récit : tandis que les Juifs (la foule des passants, les dirigeants en tête) n'ont que sarcasmes envers le Messie crucifié, c'est d'un païen que naît l'expression de foi la plus pure. S'adressant aux convertis de Rome issus du paganisme, Marc ne pouvait mieux le suggérer : la défection du peuple juif était comblée par l'entrée des nations païennes dans l'Église (*cf.* Ac 13,46-48).

Du même coup, Marc conduit son lecteur au sommet de son évangile. Dès le début de l'œuvre, on s'en souvient, la question se posait à propos de Jésus : « Qui est cet homme ? » Avec la profession de foi de Pierre au nom des Douze, un premier seuil a été franchi : Jésus est bien « le Messie » (8,29). Mais cette foi naissante avait besoin d'être approfondie. La Passion et la mort de Jésus en ont offert l'occasion. Avec l'acte de foi du centurion, le pas décisif est accompli : Jésus est le « Fils de Dieu », comme la voix du Père l'avait proclamé à son baptême (1,11). Et, selon le vœu formulé par Jésus lors de « l'affaire » du Temple, la présence de Dieu est maintenant accessible « à toutes les nations » (11,17). C'est, bien sûr, à la lumière de la Résurrection de Jésus et de l'entrée des païens dans la primitive Église que cette conviction souveraine a pu prendre corps. Une longue réflexion de la communauté chrétienne — près de quarante ans — a été nécessaire. Il ne faut pas sous-estimer cette question de temps.

C'est seulement au terme du récit (v. 40-41), que l'on apprend, presque furtivement, que Jésus était accompagné, durant sa mission en Galilée, par des femmes (v. 40-41). Elles le suivaient et le servaient.

C'est unique dans la vie d'un rabbi juif. Marc livre leur nom, ce qui souligne leur qualité exceptionnelle de « témoins ». Ces femmes, montées à Jérusalem, ont eu le courage de suivre Jésus jusqu'à la croix, tandis que les apôtres ont lâché leur Maître dès son arrestation (14,50). Le texte dit qu'elles « regardaient de loin ». Il est certain qu'elles n'avaient pas, en tant que femmes, l'autorisation de s'approcher du supplicié. Elles feront le lien entre ces trois événements qui s'enchaînent : la mort de Jésus, sa mise au tombeau (15,47 et suivants) et surtout la découverte qu'il est Vivant, au matin de Pâque (16,1 et suivants).

## L'ENSEVELISSEMENT (15,42-47)

**42 Déjà le soir était venu ;**
**or, comme c'était la veille du sabbat,**
**le jour où il faut tout préparer,**
**43 Joseph d'Arimathie intervint.**
**C'était un homme influent, membre du Conseil,**
**et il attendait lui aussi le royaume de Dieu.**
**Il eut le courage d'aller chez Pilate**
**pour demander le corps de Jésus.**
**44 Pilate, s'étonnant qu'il soit déjà mort,**
**fit appeler le centurion,**
**pour savoir depuis combien de temps Jésus était mort.**
**45 Sur le rapport du centurion,**
**il permit à Joseph de prendre le corps.**
**46 Joseph acheta donc un linceul,**
**il descendit Jésus de la croix, l'enveloppa dans le linceul**
**et le déposa dans un sépulcre qui était creusé dans le roc.**
**Puis il roula une pierre contre l'entrée du tombeau.**

**47 Or, Marie Madeleine et Marie, mère de José,**
**regardaient l'endroit où on l'avait mis.**

Ce court récit veut confirmer la mort bien réelle de Jésus, tout en soulignant la rapidité exceptionnelle de son inhumation. Les Romains ne s'occupaient pas de l'ensevelissement des suppliciés. La loi juive commandait de descendre le cadavre des gens exécutés par pendaison avant la nuit (Dt 21,22-23). Dans le cas de Jésus, l'urgence était encore plus grande : le soir était venu (v. 42). Le sabbat, jour de repos total, commence toujours la veille : il faut s'affairer le vendredi avant la tombée de la nuit. Ceci explique que les choses soient allées vite pour le corps de Jésus. Joseph d'Arimathie ne nous est pas connu par ailleurs. Ce notable juif du sanhédrin était un sympathisant de la cause de Jésus (v. 43). Il eut le courage d'aller chez Pilate pour demander son cadavre. Le gouverneur fit enquêter sur la réalité du décès de Jésus. Et il permit l'enlèvement du corps (v. 45). Dans la démarche de Joseph et l'autorisation de Pilate, nous avons une attestation officielle de l'événement.

L'achat d'un drap et l'enveloppement du cadavre à l'intérieur, sans aucun rite d'embaumement, est le signe d'une hâte certaine (v. 46). Marc ne précise pas non plus le lieu où se trouve le tombeau. Nous apprenons seulement que c'était un monument commun chez les Juifs de l'époque : il s'agit d'une chambre mortuaire taillée dans le rocher. À l'intérieur, une simple banquette de pierre. On y dépose le cadavre enveloppé du linceul, sans cercueil. Puis on roule une grosse pierre devant le monument pour en fermer l'entrée. À nouveau, Marc a noté le regard et le nom de deux des femmes qui ont suivi Jésus jusqu'à la mort (14,40-41). Ce regard assure la continuité du « témoignage » concernant les fondements de la foi chrétienne (v. 47).

## LE TOMBEAU OUVERT (16,1-8)

**1 Le sabbat terminé,**
**Marie Madeleine, Marie, mère de Jacques, et Salomé**
**achetèrent des parfums pour aller embaumer le corps de Jésus.**
**2 De grand matin, le premier jour de la semaine,**
**elles se rendent au sépulcre**
**au lever du soleil.**
**3 Elles se disaient entre elles :**
**« Qui nous roulera la pierre**
**pour dégager l'entrée du tombeau ? »**
**4 Au premier regard, elles s'aperçoivent qu'on a roulé la pierre,**
**qui était pourtant très grande.**
**5 En entrant dans le tombeau,**
**elles virent, assis à droite, un jeune homme vêtu de blanc.**
**6 Elles furent saisies de peur. Mais il leur dit :**
**« N'ayez pas peur !**
**Vous cherchez Jésus de Nazareth, le Crucifié !**
**Il est ressuscité : il n'est pas ici.**
**Voici l'endroit où on l'avait déposé.**
**7 Et maintenant, allez dire à ses disciples et à Pierre :**
**"Il vous précède en Galilée."**
**Là vous le verrez, comme il vous l'a dit. »**
**8 Elles sortirent et s'enfuirent du tombeau,**

**parce qu'elles étaient toutes tremblantes et hors d'elles-mêmes. Elles ne dirent rien à personne, car elles avaient peur.**

En lisant ce récit sur lequel débouche celui de la Passion, on est, une fois encore, tenté de le prendre pour un reportage en direct, pris sur le vif. Or, nous l'avons vu, Marc, malgré la vivacité de sa plume, n'est aucunement un reporter faisant, sur le champ, le compte rendu de l'événement qu'il rapporte. Sous les traits concrets du récit, transpire une expérience de foi profonde mûrie au sein d'une communauté chrétienne : quelque quarante ans de méditation (années 30 à 70). De ce fait, nous serons plus attentifs au message que Marc veut nous délivrer au travers des détails rapportés.

Après le sabbat, la vie reprend son cours normal (v. 1). La scène se passe le samedi soir, lorsque la première étoile apparue dans le ciel marque la fin du jour de repos sacré. Avant la nuit profonde, les magasins ouvrent de nouveau. Les Juifs s'affairent. Ce sont très justement trois des femmes qui ont assisté à la mort de Jésus (15,40) qui font l'achat d'onguents pour la toilette du cadavre (qui n'a pu, faute de temps, être faite la veille). Il ne s'agit pas d'un embaumement proprement dit, à la mode égyptienne, mais de l'onction du corps avec des parfums selon la coutume juive (Jn 19,40). Par l'un de ces contrastes dont Marc est friand, les ténèbres de la mort (15,33-34) font place à la lumière d'un jour nouveau (v. 2). L'évangéliste accumule ici tous les symboles de la naissance d'une ère nouvelle. Il fait une allusion discrète au matin de la création (Gn 1,3-5) : c'est un nouveau commencement du monde qui s'annonce. « Le premier jour de la semaine », après le sabbat juif, deviendra notre « dimanche », du latin *dies dominica* : « le jour du Seigneur » ressuscité.

Cette aube nouvelle précède les femmes, dont le souci reste d'aller rendre un dernier devoir au mort de l'avant-veille. Leur question est bien prosaïque et paraît bien tardive (v. 3) : elles savent parfaitement que seuls deux ou trois hommes peuvent rouler la pierre très lourde qui mure l'accès de la chambre mortuaire. Mais Marc, ici pas plus qu'ailleurs, ne porte intérêt à la psychologie de ses personnages. Le souci des femmes n'est là que pour mettre davantage en relief la surprise qui suit : elles découvrent que la pierre, pour elles impossible à mouvoir, a été roulée (v. 4). Une « main invisible » est intervenue qui dépasse les forces humaines. On a littéralement, en grec : « La pierre a été roulée. » Cette forme passive suggère, sans le nommer, l'action de Dieu lui-même (voyez l'ange de Dieu, son substitut, roulant la pierre chez Matthieu 28,2). Et le tombeau ouvert n'est que la première surprise. Une autre, bien plus importante, attend les femmes : la vision d'un jeune homme assis à droite, vêtu de blanc (v. 5*a*). Cette vision intrigue le lecteur moderne. Que peut bien signifier cet étrange personnage ainsi posté et vêtu, à la place du mort ? Marc le désigne comme un « jeune homme ». On pense aussitôt à celui qui, lors de l'arrestation de Jésus, s'est échappé en abandonnant le drap (tel un linceul ?) qui l'enveloppait, entre les mains de ses poursuivants (14,51-52). Plus encore, ce jeune homme se présente « assis à droite »... C'est la place d'honneur que les chrétiens reconnaîtront au Christ glorieux « assis à la droite de Dieu » le Père (*cf.* 16,19*b*). Enfin, il est « vêtu de blanc », tout comme était apparu Jésus à ses disciples lors de sa transfiguration (9,3). Tout suggère presque une « apparition » de Jésus ! Mais l'évangéliste ne le dit pas. Et la tradition évangélique parle à cet endroit d'un ou deux « anges » (Mt 28,2*b*-3 ; Lc 24,4 ; Jn 20,12). Les anges sont des « messagers » de Dieu, de véritables substituts de sa personne invisible. Leur entrée en scène signifie que le message dont ils sont porteurs ne vient pas des hommes, mais de Dieu même.

Le jeune homme, de fait, annonce la Bonne Nouvelle par excellence qui dépasse l'entendement humain (v. 6*b*). Le message de l'ange tient en un saisissant contraste : le crucifié est ressuscité. Celui qui est mort, de cette mort atroce de la croix est revenu à la vie : Il est Vivant ! C'est le message « pascal » tel que l'ont proclamé les apôtres au peuple (*cf.* Ac 2,22-36 ; 3,12-20 etc.). Le trouble des femmes exprime le profond émoi religieux qui saisit les humains devant le surnaturel. L'expression « saisies de peur » (v. 6*a*) est très forte et propre à Marc qui souligne sans cesse l'abîme qui sépare les humains de Dieu (*cf.* 1,27 ; 9,15 ; 10,24*a*). La Bonne Nouvelle de la victoire de Jésus sur la mort ne peut être tue. Les femmes sont invitées à la communiquer aux disciples, à Pierre en tête (v. 7). Tous les disciples sont conviés à se rendre « en Galilée » où le Ressuscité se remet en marche devant eux. Qu'est-ce à dire ? La Galilée, au nord de la Palestine, est le lieu où Jésus a inauguré sa mission (1,14-15), où il l'a longuement poursuivie jusqu'à sa montée à Jérusalem (9,30). Pour l'évangéliste, la Galilée est le milieu type du brassage entre Juifs et païens, le symbole de l'ouverture vers le monde entier. Les disciples sont donc invités à un regroupement derrière Jésus Ressuscité pour un nouveau départ missionnaire (*cf.* La géographie de Marc, p. 133).

Ainsi les femmes se trouvent-elles être les dépositaires d'un magnifique programme : relancer l'évangile avec une force nouvelle.

Or, que lisons-nous ? Elles s'enfuient, transies de peur, sans rien communiquer à personne (v. 8). Cette attitude est pleinement déroutante. Elle intrigue d'autant plus le lecteur qu'avec ces mots (du verset 8) s'achève l'évangile de Marc. Tous les spécialistes en sont d'accord. La suite (16,9-20), l'épilogue, n'est pas de la plume de l'évangéliste. C'est un « appendice » ajouté, après coup, à son œuvre, justement pour gommer sa fin abrupte, pour offrir une finale heureuse.

Il nous faut donc dire pourquoi l'évangile de Marc se concluait primitivement sur la peur des femmes, leur fuite et leur silence. D'abord la peur. Le texte montre ces femmes « toutes tremblantes et hors d'elles-mêmes ». Marc a été fidèle jusqu'au bout à ce trait constant de son évangile : en présence de la manifestation divine, les hommes entrent en un profond désarroi. Ce fut le cas des foules (2,12), des disciples devant les miracles de leur Maître (5,42*b* ; 6,50). Comment la révélation suprême de la Résurrection de Jésus n'aurait-elle pas jeté les femmes dans l'effroi, la crainte et le tremblement ?

Ensuite le silence. Que les femmes ne disent rien à personne est d'autant plus choquant qu'elles ont reçu un message à transmettre (v. 7). Et si elles ne l'avaient pas finalement transmis — comme l'attestent les autres évangélistes (Mt 28,8 ; Lc 24,9 ; Jn 20,2.18) —, les disciples n'en auraient rien su... et nous non plus ! Mais ce silence des femmes est, lui aussi, bien dans la veine de Marc. L'évangéliste, ici ou là, a montré combien la révélation de Jésus amenait ses amis à l'impossibilité de comprendre son mystère : (« Ils avaient peur de l'interroger » 9,32). Il n'est donc pas étonnant que la peur et le silence aient été les premiers réflexes des femmes devant cette incommensurable annonce de la Résurrection du Crucifié. La Bonne Nouvelle, « Christ est ressuscité », demeure toujours la plus difficile à proclamer tant cette vérité inouïe défie tout raisonnement.

Cette finale de l'évangile de Marc peut nous surprendre. Elle a le mérite de souligner avec force que le tombeau « ouvert » et le message divin qui s'y délivre ne peuvent être reçus que dans la foi nue : « l'expérience » déroutante qu'ont faite ceux-là même qui ont suivi le Maître au travers de sa Passion et de sa Résurrection.

L'ÉPILOGUE

## *LES APPARITIONS DE JÉSUS ET L'ENVOI EN MISSION* (16,9-20)

**Le Seigneur Jésus, après leur avoir parlé, fut enlevé au ciel et s'assit à la droite de Dieu. Quant à eux, ils s'en allèrent proclamer partout la Bonne Nouvelle. Le Seigneur travaillait avec eux et confirmait la Parole par les signes qui l'accompagnaient.**

Les versets qui closent présentement l'évangile de Marc n'appartiennent pas à cet auteur. Ils manquent dans certains manuscrits importants. Ils tranchent par leur style abstrait avec le vocabulaire concret et pittoresque de Marc. C'est — au dire des spécialistes — un passage manifestement « rajouté » pour atténuer le malaise causé par la finale abrupte de l'évangile : la peur et la fuite des femmes hors du tombeau vide (16,8).

Pour autant, cet épisode n'est pas sans valeur : il appartient aux Écritures inspirées. Il rejoint du reste les trois autres évangiles qui, tous, après le récit du tombeau ouvert, rapportent des « apparitions de Jésus » aux femmes d'abord, aux disciples ensuite, au groupe des apôtres enfin (*cf.* Mt 28,9-20 ; Lc 24,13-49 ; Jn 20,11-29). Mais le rédacteur qui a composé cet épilogue l'a fait sous forme d'un « sommaire » reprenant, sans détails, des données de Luc (surtout) et de Jean.

C'est d'abord l'apparition privilégiée à une femme des plus ferventes de ses « accompagnatrices » (v. 9). Le récit détaillé de cette apparition à Marie de Magdala se trouve en Jean (20,11-18). Luc parle aussi de cette femme, fidèle à Jésus, en des termes analogues à ceux-ci (Lc 8,2*b*). C'est cette expression de la femme « aux sept démons » qui a fait de Marie Madeleine, dans la tradition, une pécheresse repentie. Mais nous savons que Jésus chassait aussi les démons des malades (par exemple 3,10-11). Marie Madeleine n'a pas forcément été une pécheresse. Il ne s'agissait peut-être que d'une femme gravement malade qu'il a guérie...

Dans les quatre évangiles, comme ici Marie Madeleine, ce sont bien les femmes qui ont cru les premières et sont devenues les premières missionnaires de la Bonne Nouvelle, alors qu'elles ne jouissaient, à l'époque, d'aucun droit public (v. 10-11). Notons que ce texte relève l'affliction profonde dans laquelle la mort de Jésus avait plongé ses disciples. Il ne faut pas occulter ce temps de deuil historique, en laissant croire qu'ils attendaient la résurrection de leur Maître. L'auteur souligne, au contraire, l'incrédulité notoire des amis de Jésus : ils refusent de croire à « l'expérience » faite par les femmes qu'il est « vivant » (*cf.* Lc 24,9-11). La manifestation de Jésus, toute particulière, à deux de ses disciples est mentionnée (v. 12). La référence ici est claire au merveilleux épisode des « pèlerins d'Emmaüs » raconté par Luc (24,13-35). Les mots « sous un aspect inhabituel » caractérisent Jésus dans « l'incognito » de sa marche avec Cléophas et son compagnon (Lc 24,15-16). Puis c'est une dernière accusation d'incrédulité portée contre les apôtres (v. 13).

Après ces deux échecs, patents pour se faire reconnaître, Jésus va-t-il enfin rencontrer la foi de ceux qui furent ses plus proches collaborateurs ? Rien de moins sûr ! (v. 14) On est là au cœur des récits d'apparition. Il s'agit maintenant des « Onze », le groupe des Douze, moins Judas. C'est le collège apostolique qui — dans tous les évangiles — est devenu le témoin officiel de la Résurrection. Or, Jésus, à nouveau, commence par reprocher à ses amis leur incrédulité et leur endurcissement tenaces. Dans chacun des évangiles, on trouve ce fait, bien attesté, que le premier mouvement des Onze a été le doute, un doute profond (*cf.* Mt 28,17 ; Lc 24,37-38 ; Jn 20,25-27). C'est là un trait d'historicité certaine qu'on n'aura garde d'oublier ! Après ce reproche de non-foi à l'adresse de ces futurs témoins, le rédacteur final de Marc n'évoque pas les signes de reconnaissance que Jésus leur a prodigués pour amener ses amis à croire (*cf.* la marque de ses plaies : Lc 24,39 ; Jn 20,20). Il en vient à l'envoi en mission qui a été le but même des apparitions de Jésus. L'universalisme de cet envoi est patent (v. 15). On peut ici mesurer l'extraordinaire prise de conscience de la primitive Église. Elle se sait appelée à porter l'Évangile à tous les hommes, à la création entière.

Et Jésus ajoute que la foi du baptisé le sauvera, tandis que celui qui refuse de croire sera condamné (v. 16). En cette phrase s'exprime une autre perception particulièrement vive du christianisme naissant. L'annonce de la Bonne Nouvelle doit conduire à la conversion : à la foi. Le baptême vient après, comme le couronnement naturel d'une démarche de croyant. Il agrège les croyants à la communauté du salut (*cf.*, dans le même sens, Ac 2,38 ; Mt 28,19). Il ne faut pas dissocier la foi du baptême — encore moins le baptême de la foi — ni les détacher de la voie du salut dans laquelle ils engagent. Le refus, volontaire et libre, de la foi par ceux qui connaissent la Bonne Nouvelle est jugé comme leur propre condamnation. Peut-être l'auteur pense-t-il surtout au drame du peuple élu qui a majoritairement rejeté Jésus ? Enfin le texte déclare que les croyants seront crédibles par les signes qu'il leur sera donné d'accomplir (v. 17-18).

Durant sa propre mission, Jésus a fait bon nombre de signes pour accréditer son message. Dans les Actes des Apôtres, l'on voit ses apôtres opérer des miracles pour authentifier leur proclamation (voyez

Philippe : Ac 8,4-7) ; Pierre : Ac 9,32-43 ; etc.). Nous retrouvons ici la liste de certains de ces signes, plus ou moins « merveilleux ». L'expulsion des esprits mauvais selon la médecine antique (Ac 5,12-16 ; 8,7 ; 16,16-18) ; le « parler » en langues inconnues, un charisme accompagnant parfois le don de l'Esprit saint (Ac 2,4-13 ; 10,44-46 ; 1 Co 14,2-40) ; l'imposition des mains aux malades pour leur guérison (Ac 4,30 ; 9,10-17) ; la capture de serpents, en toute innocuité, comme dans l'anecdote rapportée sur saint Paul (Ac 28,3-6). L'ensemble de ces signes, certains très archaïques (marqués au coin de la culture de l'Orient au temps de Jésus), veut manifester le pouvoir décisif du Ressuscité sur les forces du Mal et de la Mort. C'est le témoignage que l'évangile se veut un message porteur de la force du salut.

Après cet ultime récit de l'apparition de Jésus au groupe des Onze et leur envoi en mission avec les moyens de l'accomplir, le rédacteur conclut son propos par une suite d'images parlantes (v. 19).Une phrase concise campe, pour le lecteur, la situation nouvelle du Christ Ressuscité. Il est « enlevé au ciel ». C'est l'Ascension. Une manière biblique, imagée, pour dire que Jésus ressuscité a quitté la terre, pour rejoindre Dieu en son lieu propre : le ciel. L'enlèvement au ciel des hommes, justes et saints, qui ont marché avec Dieu durant leur vie terrestre, est un thème courant de la tradition juive (voyez Hénok en Gn 5,24 ; Élie en 2 R 2,9-18). Le but même de l'Ascension de Jésus est particulier. Le texte précise : il « s'assit à la droite de Dieu ». C'est dire, toujours en image, que Jésus est pleinement devenu Messie et Seigneur par sa Résurrection. Dieu lui a donné de partager ses pleins pouvoirs divins de Juge et Sauveur de tous les hommes pour la fin des temps (voyez ce thème esquissé en Mc 12,35-37 ; développé en Ac 2,32-36).

Le don de l'Esprit de Pentecôte n'est pas ici signalé (à l'inverse de Ac 2,32-33 ; Jn 20,22), c'est pourtant le don messianique essentiel du Christ ressuscité qui a permis à ses disciples d'entrer totalement dans la foi pascale. C'est lui, l'Esprit saint reçu, qui peut seul expliquer l'élan missionnaire décrit en finale (v. 20). Les Onze s'en vont proclamer la Bonne Nouvelle du Seigneur ressuscité. Et leur Parole (qui vient de Dieu et jaillit de l'Esprit) s'accompagne de signes qui la rendent crédible.

Une ultime fois, nous est livrée la vive conscience qu'a eue l'Église naissante d'être envoyée en mission « partout » dans le monde, pour annoncer le joyeux message du Messie crucifié, mais revenu à la vie et ouvrant désormais à tous les hommes les sources du salut universel. Le dernier mot insiste sur la présence active et pleinement efficace du Seigneur Jésus à l'action missionnaire : le Ressuscité lui-même « travaille » avec les croyants. L'évangile est puissance de salut pour tous : ceux qui en témoignent et ceux qui l'accueillent dans la foi (voyez l'exemple de Paul dans sa lettre aux chrétiens de Rome : 1,1-7).

## Pour continuer l'étude...

J. DELORME, *Lecture de l'évangile selon saint Marc*, « Cahiers évangile » 1/2, Le Cerf, 1972, 123 p.

J. RADERMAKERS, *La Bonne Nouvelle de Jésus selon saint Marc*, t. I : *Texte*, 80 p. ; t. II : *Lecture continue*, 448 p. Louvain, 1974.

R. SCHNACKENBURG, *L'évangile selon saint Marc*, 2 volumes, 228 et 344 p., Desclée, 1973.

E. POUSSET, *Une présentation de l'évangile selon saint Marc*, Desclée de Brouwer, 1978, 218 p.

G. MINETTE DE TILLESSE, *Le Secret messianique de Marc*, coll. « Lectio divina », n° 47, Cerf, 1968, 575 p.

Collectif Avènement : *Évangile selon saint Marc*, coll. « Écouter la Bible », n° 16, Desclée de Brouwer, 1978, 324 p.

P. MOURLON BEERNAERT, *saint Marc*, Lumen vitae, Bruxelles, 1985, 160 p.

A. KOK, J. ROUY, M. SEVIN, *Crie et vis, une lecture de Marc*, Fleurus, 1978, 120 p.

M. QUESNEL, *Comment lire un évangile — saint Marc*, Le Seuil, 1984, 320 p.

J. VALETTE, *L'évangile de Marc, parole de puissance, message de vie*, 3 vol. ; vol. I et II : commentaires, 307 et 316 p. ; vol. III : notes sur le texte, 322 p., Les Bergers et les Mages, 1986.

Pour l'introduction au style de Marc, la composition de l'évangile, la communauté destinataire, on peut lire :

J. AUNEAU, *Petite Bibliothèque des sciences bibliques* N.T. 4, Desclée, 1981, p. 57-129.

X. LÉON-DUFOUR, *Nouvelle Introduction à la Bible*, t. III, vol. 2, Desclée, 1976, p. 33-72.

Achevé d'imprimer en juin sur les presses de Normandie Roto S.A. 61250 Lonrai
N° éditeur Centurion : 1113 - Dépôt légal : juin 1991
Editeur Novalis/Canada – Dépôts légaux 2e trimestre 1991
Bibliothèque nationale du Canada – Bibliothèque nationale du Québec